U0945705

主 编

卢意光

编委会

（以姓氏笔画为序）

于伟勇　于佳佳　石国景　卢意光　汤　晖
戎晓溪　陆　因　陈昕昕　李　恒　赵丹蕾
崔宇杰　黄　玥　魏俊璟

医药健康合规法律实务丛书

医疗合规
典型案例解析

卢意光 / 主编

中国法制出版社
CHINA LEGAL PUBLISHING HOUSE

序一

欣闻卢意光律师主编的《医药健康合规法律实务丛书》即将逐本付梓面世，并请我作序，我非常高兴。

大健康产业在我国正蓬勃发展，社会经济水平的提高，人口的老龄化，人民群众对更高生活质量的追求，都对医药健康行业提出了新的期待。同时，行业的法治建设也在紧锣密鼓地进行，因为，只有不断加强和巩固法治建设，行业才能得以健康、有序发展。

但是，我国在医药健康领域的法治建设时间并不长，受到的重视程度也还不够，无论是医疗、药品、医疗器械、养老等，这些涉及生命健康的领域，法治建设的程度还不是非常成熟、非常完善，还有很大的提升空间。同时，关注该领域的理论专家或实务律师还并不多，还需要全社会各个方面的共同努力。

行业的法治建设，离不开律师的参与。卢意光律师花费了大量心血，在医药健康领域，选取典型案例，进行专业解读，形成系列丛书，这给行业的法治建设提供了很好的素材，值得赞许。

我也非常期待，《医药健康合规法律实务丛书》能不断推陈出新，为行业法治建设作出更大的贡献。

是为序！

中华全国律师协会会长

王俊峰

2021年4月10日

序二

上海市联合律师事务所卢意光律师即将出版《医药健康合规法律实务丛书》，我非常欣慰，愿以序言感。

我和卢律师相识已久。2001—2005年，我有幸当选为上海市律协第六届会长并主持协会的各项工作，我和卢律师在此期间得以结识。在协会的业务研讨活动中，卢律师所展现出的专业素养给我留下了非常深刻的印象。2013年，卢律师携其团队加入我时任主任的上海市联合律师事务所，我们又有缘成为同事，并有了更多的交流与合作机会。卢律师为人严谨、务实，在重视法律实践的同时坚持撰文著书，可以说是一位学者型的专业律师。

卢律师不仅是一位学者型律师，同时也是一位复合型的法律人才。在加入上海律师队伍之前，他曾是江苏省某知名三甲医院的一名外科医生。有如“经济学之父”亚当·斯密在其著作《国富论》中所言，“我们把自己的健康托付给医生，把自己的财富，并且有时还把自己的名誉和生命托付给律师”。医生和律师这两个职业虽术业有专攻，但黑色的律师袍、白色的医生褂，不同颜色的制服下承载着同样的职业操守和专业追求。先后从事过这两个特殊职业的卢律师，多年来一直结合自身的医学和法律知识背景，在医药健康法律服务领域进行大量的实务研究。卢律师所带领的联合所医药健康团队，一直精耕于医疗、医药合规运营及争议解决，不仅出版了多部实务著作，更承办了众多颇具影响力的法律服务案例，获得行业内外的一致好评。

专业领域积累经典案例，并对实务问题提炼思考，然后撰文著书，是律师成长、积累的重要阶梯，也是律师参与国家法治建设的重要方式之一。卢律师之前已出版了《医疗机构及医药企业法律风险管理实务》《医事法律律师实务》等诸多专业著作，本次出版的《医药健康合规法律实务丛书》，则是以医药健康法律实务为视角，并结合相关经典案例对医疗、药品、医疗器械等涉及生命健康领域的法律问题进行系统梳理，这使得本书具有很强的实务参考价值。我衷心希望，通过本书的出版，卢意光律师能够继续深耕医药健康法律服务领域，为法律服务行业以及整个社会不断贡献自己和团队的智力成果，积极推动行业发展，为国家法治建设作出贡献！

是为序！

朱洪超

2021 年 4 月 15 日

前言

经过一年多的思考、准备、整理，本系列丛书的第一本《医疗合规典型案例解析》得以面世。

医疗合规，有着非常丰富、非常广泛的内涵和外延，涉及医疗资质、医疗行为、医疗管理等。本书无法包罗万象，故选取了实践中较为常见且过往案例较为丰富的二十个案由，作为基本内容。

每一章中，我们都通过案由所涉及的相关判例，包括行政诉讼、刑事案件以及民事判决（主要是行政诉讼），进行提炼加工，然后对与该案由相应的典型案例涉及的知识点进行具体讲解，最后将每一章的内容归纳为“本章概要”“典型案例”“知识要点”“案例解析”“法律依据”几个模块。

由于医疗行业的专业性，医疗体制的复杂性，以及很多医疗法规，如《医疗机构管理条例》，立法时间较早，因此，对于医疗机构如何合规运营，在实务中虽讨论多年，但有可能还会存在不同的观点。

本书试图对实务中大家普遍关注的问题进行梳理，如“诊疗活动”的理解、“科室出租承包”的认定等，都是实践中的重点和难点问题，这些问题，直接涉及民事主体的合法权益如何保护、违法行为如何处理、法律权威如何维护、医疗行业如何健康发展等；同时，对于行政法的相关问题，如行政处罚、行政复议、行政诉讼中与医疗合规有关的内容等，也在每一章中予以关注和讨论，借此为医疗行业的合规实践提供参考。

需要说明的是，本书以外的内容，比如一些新出现的问题，如医疗数据合规、人类遗传资源管理等，同样应是医疗合规中重点关注的内容。但鉴于其典型案例还有待进一步丰富、法律责任还有更多讨论的空间，故暂未收录进本书，待再版时补充。

今后，我们还将关注医疗美容、药品、医疗器械等，并形成《医药健康合规法律实务丛书》，以期对医药健康行业的合规运营，进行全面、系统的分析和总结。

“吾生也有涯，而知也无涯”，因时间和水平有限，书中疏忽和纰漏在所难免，请读者批评指正！

卢意光

2021年4月12日

目录

第一章

末取得《医疗机构执业许可证》擅自执业

本章概要

1. 理解“诊疗活动”的概念，应当着眼于《医疗机构管理条例实施细则》第88条对“诊疗活动”的定义，可以从是否采用医学手段、主观目的是否为诊断或治疗两个方面进行分析。诊疗活动中的医学手段，包括各种检查、服用或输注药品、安装医疗器械、进行手术操作等行为，诊疗活动的主观目的包括对疾病的诊断或治疗，具体包括消除疾病、缓解病情、减轻痛苦、改善功能、延长生命、恢复健康等。

2. 行政执法证据与行政诉讼中的证据既有联系，又有区别，执法人员在证据的收集和审查方面，既要保证将来在行政诉讼中符合证据的要求，又要保持收集证据的独立性，区分事实与证据，使证据符合证明事实的要求；另外，在收集证据时，审查证据的客观性、关联性、合法性，保证证据的案卷性和时效性。

典型案例

案例一①

2017年3月15日，某市卫生计生、食药、工商、公安等部门50多名执法人员对“某视光中心”经营门店（以下简称某公司）进行了现场联合检查。经查，某公司持有工商部门颁发的《营业执照》和食品药品监督管理部门颁发的《医疗器械经营企业许可证》。卫生执法机关认为某公司未取得《医疗机构执业许可证》擅自开展角膜塑形镜验配，违反了《医疗机构管理条例》第24条“任何单位或者个人，未取得《医疗机构执业许可证》，不得开展诊疗活动”的规定，对原告作出行政处罚如下：(1) 没收非法所得1182260元和药品器械；(2) 罚款9999元，并责令其立即停止营业，改正违法行为。

某公司不服，向某市卫计委申请复议。某市卫计委维持原行政处罚决定，某公司仍不服，诉至法院。

一审法院认为，角膜塑形镜是一种硬性透气性接触镜，该镜中央平坦、

① （2018）豫01行终316号。

周边陡峭。通过配戴，使角膜中央区域的弧度受压变平，从而可产生短期提高视力的效果。该镜晚上佩戴、白天取下，主要针对特定人群、特定需求。该镜对近视没有治疗作用。因该镜和角膜接触的特性，及个体差异等因素，不当配戴、使用存在一定的安全风险。故国家药监局将其定为三类医疗器械。生产或经营该产品的企业必须取得市级食品药品监督管理部门批准的《医疗器械生产企业许可证》或者《医疗器械经营企业许可证》。某公司是经某市食品药品监督管理局批准从事医疗器械经营的企业，其经营范围包括硬性角膜塑形镜及其护理产品等。角膜塑形镜验配行为从属于其经营行为。规定角膜塑形镜应到医疗机构验配的核心意义是提醒配戴者做好前期首次配戴眼科检查，避免安全隐患。该规定与市场准入、执法部门职权变更没有关系，也不应理解为药监局对卫计委的授权和禁止性行为规范。要求企业就角膜塑形镜的验配行为办理《医疗机构执业许可证》，是对相关文件规定的不当理解、主观推断，不仅没有法律依据，也不可能、不必要。故判决撤销卫生执法机关行政处罚决定书及行政复议决定书。

二审法院认为，本案争议的焦点是行政处罚行为及复议行为是否正确合法的问题，核心争议点在于角膜塑形镜的验配行为是否属于诊疗活动。

角膜塑形镜溯源及其作用机理。现代角膜塑形术采用一种特殊逆几何形态设计的角膜塑形镜片，其内表面由多个弧段组成，镜片与泪液层分布不均，由此产生的流体力学效应改变角膜几何形态，在睡觉时戴在角膜前部，逐步使角膜弯曲度变平，控制眼轴进一步延长，提高裸眼视力，并获得控制近视发展的效应。实际上是采用非手术的方法对角膜进行矫形治疗。

角膜塑形镜属于三类医疗器械，不是普通商品，更不是普通眼镜。《医疗器械监督管理条例》规定，国家对医疗器械实行分类管理，其中第三类属于需要严格控制的医疗器械。由于角膜塑形镜需要接触眼球，对人体具有潜在的危险性，故自 1998 年角膜塑形镜进入中国至今，无论卫生、药监行政监管部门几经分合演变，我国一直将其作为三类医疗器械严格管控，国家食品药品监督管理局还将角膜塑形镜列入重点监管医疗器械目录。合格安全的验配包括适配的专业评估、患者的依从度及配后的复查三方面，缺一不可，否则由于角膜塑形镜本身的风险性，可能会造成角膜损伤，甚至失明的严重后果。也正因如此，角膜塑形镜作为三类医疗器械，其在结构、作用机理方面、使用风险方面与普通眼镜之间存在巨大差异。因此，角膜塑形镜本身的性质决定了其验配行为属于诊疗活动。

另外，无论是《卫生部关于加强医疗机构验配角膜塑形镜管理的通知》，还是原国家药品监督管理局经营验配规定，验配过程中要进行眼科和相关必要检查，除眼科裂隙灯等常规检查外，还包括角膜形态、角膜厚度、眼轴、屈光度、泪液测试、眼底、裂隙灯显微镜等检查，排除不适宜佩戴的禁忌症，配后定期复查监控及不适的医学处置。在确定是否适合佩戴过程中利用相关眼科光学等仪器所进行的验光检查、眼底检查等项目有赖于专业医生的医学判断。因此，从检查到戴镜再到后期复查，角膜塑形镜的验配过程体现的也是医疗行为，属于诊疗活动。

二审法院判决如下：撤销某市管城回族区人民法院行政判决；驳回被上诉人某公司的诉讼请求。

案例二①

2015 年 4 月 20 日，某医疗器械经营部在工商行政部门取得《营业执照》。2015 年 8 月 13 日，某医疗器械经营部在平顶山市食品药品监督管理局进行备案，取得了第二类医疗器械经营备案凭证，经营范围为第Ⅱ类：6826 物理治疗及康复设备。2015 年 11 月 9 日，某市卫计委（以下称卫生执法机关）在日常监督检查中发现，在某医疗器械经营部经营场所内，其代表人正在给顾客讲解理疗知识，有 8 名顾客正在做理疗，该场所内未见悬挂《医疗机构执业许可证》。同日，卫生执法机关向某医疗器械经营部下发了卫生监督意见书，责令其即日起停止一切理疗活动，并告知其未取得《医疗机构执业许可证》不得开展任何理疗活动。2015 年 11 月 10 日卫生执法机关对徐某林、姬某成进行了询问。徐某林称“某医疗器械经营部经营场所内楼下是讲解的，楼上是免费体验的，每天大概有 100 名顾客，每次有 30 人至 40 人进行体验，体验一次大概 40 分钟”，姬某成称其“在某医疗器械经营部做理疗，就是躺在喜来健多功能理疗床上，大概有 30 分钟至 40 分钟，之后就去楼下听课，一起体验的大概有 30 多个人”。2015 年 11 月 20 日，卫生执法机关作出《行政处罚决定书》。某医疗器械经营部不服该处罚决定，故提起诉讼。

---

① （2016）豫 04 行终 218 号。

一审法院认为，根据国家食品药品监督管理局《关于以提供免费体验方式从事医疗器械经营活动有关问题的批复》（国食药监市［2006］203号），在医疗器械经营过程中的“免费体验”，法律、法规没有禁止性条款，但要严格遵守相关规定。某医疗器械经营部通过让顾客免费体验的方式销售喜来健多功能（RHV）温热理疗床的行为，法律、法规未作出禁止性规定。卫生执法机关作出的《行政处罚决定书》认定某医疗器械经营部的上述行为属于诊疗活动，主要证据不足，依法应予撤销。判决撤销《行政处罚决定书》。

二审法院认为，国务院颁布的《医疗器械监督管理条例》第30条规定：“从事第二类医疗器械经营的，由经营企业向所在地设区的市级人民政府食品药品监督管理部门备案并提交其符合本条例第二十九条规定条件的证明资料。”本案被上诉人某医疗器械经营部于2015年4月20日在工商行政部门取得《营业执照》，并在平顶山市食品药品监督管理局进行备案，取得了第二类医疗器械经营备案凭证，经营范围为第Ⅱ类：6826物理治疗及康复设备。根据国家食品药品监督管理局《关于以提供免费体验方式从事医疗器械经营活动有关问题的批复》，在医疗器械经营过程中的“免费体验”，法律、法规没有禁止性条款，但要严格遵守相关规定。某医疗器械经营部通过让顾客免费体验的方式销售喜来健多功能温热理疗床的行为，法律、法规未作出禁止性规定。《行政处罚决定书》认为某医疗器械经营部的上述行为属于违法诊疗活动，并因此给予罚款处罚的主要证据不足。原审判决撤销《行政处罚决定书》，认定事实清楚，适用法律、法规正确，应予维持。

案例三①

2016年9月22日，上海市某区卫生和计划生育委员会（以下简称区卫计委）对某公司位于上海市胶州路的经营场所进行现场监督检查。监督检查中发现，某公司正在营业中，其一名工作人员在操作显微镜观察血液载玻片，并为案外人陆某讲解。另一名工作人员在《人体生态健康研究院会员服务本》上记录。在该服务本上查见以下内容：“姓名：陆某，首检镜下所见及分析：血压140/70～80降压药半粒，大便偏干一些，心慌，睡得着，半夜起床上厕所后，无法再次入睡，大RBC，WBC多，HDL－C可见，血小板聚集＋＋……

① （2018）沪03行终16号。

服务记录：(299) 2号2瓶、4号3瓶 (2, 2, 5) ……检验师：刘某，检验日期：2016.3.16。”人体内环境评估报告记载“血流速度快，纤维蛋白网外周致密，WBC活跃，HDL－C可见，五角星状RBC针状体，肝脏损伤有修复(明显)，脾胃弱”。查见施莱一次性末梢采血器4盒、SAILINGBOAT载玻片4盒、鸿信一次性使用医用PVC手套4盒、利器盒1个，利器盒内有少量使用过的一次性末梢采血器。某公司当场未能提供《医疗机构执业许可证》及上述两名工作人员的相关资质证书。区卫计委经初步审查认为某公司上述行为涉嫌违反《医疗机构管理条例》第24条之规定，于当日予以立案调查，并将采血器、载玻片等物品作为证据以原地保存方式，从2016年9月22日至同月28日进行登记保存。区卫计委经调查发现，某公司未取得《医疗机构执业许可证》且擅自执业3个月以上，其工作人员刘某非卫生技术人员，亦在某公司处执业3个月以上，并于同年10月10日调查终结。同日，区卫计委根据《行政处罚法》第23条、《医疗机构管理条例》第44条和《医疗机构管理条例实施细则》第77条之规定，责令某公司停止在上海市胶州路的执业活动。2016年12月9日，区卫计委作出行政处罚决定，认定某公司的行为违反了《医疗机构管理条例》第24条之规定，依据《医疗机构管理条例》第44条和《医疗机构管理条例实施细则》第77条之规定，对某公司罚款人民币8000元，并没收施莱一次性末梢采血器4盒、SAILINGBOAT载玻片4盒、鸿信一次性使用医用PVC手套4盒、利器盒1个。

某公司不服行政处罚决定，向法院提起行政诉讼，请求法院判决撤销被诉处罚决定。

一审法院认为，本案的争议焦点为某公司实施的行为是否为诊疗活动，区卫计委作出被诉处罚决定，适用法律是否正确，处罚幅度是否适当。本案中，某公司在其经营场所内，对其客户进行末梢采血，通过对人体血液中的白细胞、红细胞、血小板等进行观察分析，评估人体肝脏等器官的健康状况，并根据评估结论，给客户服用特定食品，一个月后再重复该行为进行复检，以调整客户的身体健康状况。上述整个行为过程属于《医疗机构管理条例实施细则》第88条规定的诊疗活动。某公司在未取得《医疗机构执业许可证》的情况下，雇用非卫生技术人员，擅自执业超过3个月，并收取客户每三月10000元的服务费，违反了《医疗机构管理条例》第24条之规定。该条例第

44条规定，违反本条例第24条规定，未取得《医疗机构执业许可证》擅自执业的，由县级以上人民政府卫生行政部门责令其停止执业活动，没收非法所得和药品、器械，并可以根据情节处以1万元以下的罚款。《医疗机构管理条例实施细则》第77条规定："对未取得《医疗机构执业许可证》擅自执业的，责令其停止执业活动，没收非法所得和药品、器械，并处以三千元以下的罚款；有下列情形之一的，责令其停止执业活动，没收非法所得和药品、器械，处以三千元以上一万元以下的罚款：……（二）擅自执业的人员为非卫生技术专业人员；（三）擅自执业时间在三个月以上；……"区卫计委依据上述规定，根据某公司的违法情节和事实，对某公司作出被诉处罚决定，认定事实清楚，适用法律正确，处罚幅度适当。综上，某公司的诉讼请求缺乏事实根据和法律依据，原审不予支持。原审遂依照《行政诉讼法》第69条之规定，判决驳回某公司的诉讼请求。

某公司不服一审判决，上诉称：其系全国首家人体生态健康新兴、新型企业，根据其研究，人类疾病是由人体内的垃圾引起，其通过血液观察不明物质，清除人体内的污染物质，以改善人体健康；其之前曾取得过《医疗机构执业许可证》，但后因采血用的三棱针属于不需要医疗器械经营企业许可证的二类医疗器械，故其对客户采血无须再经许可；其向客户收取的费用是会员费，不是诊疗费，其实施的行为属于向其会员提供人体环保服务，并非"诊疗活动"，不应当依照《医疗机构管理条例》予以处罚。原审判决认定事实不清，适用法律错误，请求依法撤销原判，改判支持其原审诉讼请求。

区卫计委辩称：监管部门审查行为实质，尽管上诉人声称其属于人体生态健康服务，但其实施的行为实质属于诊疗活动，应予监管；为了方便人民群众对部分医疗器械的购买和使用，采血针可以自行购买和使用，但不代表单位运用采血针进行检测属于自我保健，破皮采血属于诊疗活动，应当取得医疗机构执业许可；无论收取费用的名义或方式如何，不能改变其提供有偿诊疗活动的性质。因上诉人未取得《医疗机构执业许可证》，擅自开展诊疗活动，被上诉人依法作出被诉处罚决定认定事实清楚、程序合法，适用法律正确。原审判决正确，请求依法驳回上诉，维持原判。

二审法院认为：根据《医疗机构管理条例》第24条之规定，任何单位或者个人，未取得《医疗机构执业许可证》，不得开展诊疗活动。被上诉人区卫计委系因上诉人某公司违反上述规定，作出被诉处罚决定，故本案争议焦点在于上诉人某公司所实施的行为是否属于《医疗机构管理条例实施细则》第88条规定的“诊疗活动”。根据该条规定，诊疗活动是指通过各种检查，使用药物、器械及手术等方法，对疾病作出判断和消除疾病、缓解病情、减轻痛苦、改善功能、延长生命、帮助患者恢复健康的活动。本案中，被上诉人区卫计委在现场监督检查当天发现，某公司工作人员在使用末梢采血器对其客户进行指腹采血后，通过显微镜对其人体血液中的白细胞、红细胞、血小板等进行观察分析，评估人体肝脏等器官的健康状况，并根据评估结论，给其客户服用特定食品，并定期收取费用。对此节事实，双方当事人不持异议，区卫计委据此认定某公司实施了《医疗机构管理条例实施细则》第88条所规定的“诊疗活动”。某公司则认为，上诉人系人体生态研究机构，其核准的经营范围包括技术服务、检测，其通过指腹采血，观察血液不明物质，并通过给客户服用有针对性的食品，以达到清除人体污染物质，改善人体健康的目的；其并不诊断某种疾病，亦不针对某种疾病进行治疗，故其实施的行为不属于“诊疗活动”。

基于上述争议，二审法院认为《医疗机构管理条例实施细则》第88条对于“诊疗活动”的定义包括三大要素，一是“检查”；二是“方法”，即使用药物、器械及手术等方法；三是“目的”，即对患者做出各种处理措施，如疾病判断、缓解病情、减轻痛苦等活动。三要素之间具有定量、定性和目的实施的关系，是检查、诊断和治疗的结合。本案中，某公司工作人员使用采血器、显微镜等常用医疗器械，运用医学检测方法对客户的血液进行观察分析，对人体器官健康状况作出评估，以改善身体状况为目的，向他人提供食物调理，其行为符合“诊疗活动”的定义及特征。针对上诉人某公司就其实施的行为属于“人体生态健康服务”的意见，二审法院认为，首先，某公司虽经市场监督行政机关核准登记，具有“在人体生态专业领域内从事技术咨询、技术服务、技术检测等”经营范围，但根据营业执照明确记载，“依法须经批准的项目，经相关部门批准后方可开展经营活动”，因此其经营范围虽包括技术服务和技术检测，但并不代表其具有医疗服务和医疗检测的资质，将人体生态研究技术服务应用于临床属于开展诊疗活动，必须根据《医疗机构管理条例》等规定领取《医疗机构执业许可证》等许可项目方可执业。其次，采血用的三棱针虽不再需要医疗器械经营企业许可证，但某公司是在固定场所使用采血针向不特定对象进行破皮采血，该行为与个人的自我检测行为本质不同，因此对采血针作为医疗器械在经营许可管理上的变化，不能作为某公司不再申领医疗机构执业许可的理由。最后，某公司虽声称其观察血液不明物质并予以清除的方法不同于传统医疗对单个疾病的诊治，但并不能因诊疗方法的不同而改变其诊疗活动的实质，也不能因诊疗方法的创新而规避法律的监管。某公司实施的诊疗活动直接作用于不特定对象的身体，影响公民生命健康，应当属于卫生行政部门监督管理的范畴。综上，区卫计委认定某公司未取得《医疗机构执业许可证》，擅自开展诊疗活动，认定事实清楚。区卫计委据此作出的被诉处罚决定经审查程序合法、适用法律正确、处罚幅度适当。上诉人要求撤销被诉处罚决定的诉讼主张不能成立，原审判决驳回某公司的诉讼请求正确，应予维持。据此，驳回上诉，维持原判。

知识要点

1. 如何认定是否构成“诊疗活动”。
2. 行政执法证据的收集与审查。

案例解析

一、如何认定是否构成“诊疗活动”

如何理解“诊疗活动”的概念，是一个非常重要的问题，因为，如果属于“诊疗活动”，则只有医疗机构才能开展，否则将受到行政处罚，如果不属于“诊疗活动”，则非医疗机构也可以开展。实践中，比较容易与“诊疗活动”混淆的有健康管理、健康咨询等，很多健康管理公司由于未能恰当区分两个概念而受到行政处罚。

典型的“诊疗活动”，一般不难判断，就是医疗机构常见的手术、治疗等，典型的“健康管理”“健康咨询”也不难识别，比如针对特定人群建立健康档案，出现异常症状、体征，协助其到医疗机构就诊等。但是，世界的复杂就在于我们面临的问题常常并不总是典型情况，很多非典型情况下，在临界点附近，如何准确判断事物的性质，是一件不容易的事情。对于非典型的“诊疗活动”，如何准确区分，涉及市场主体的业务范围，是相关企业应当关注的问题，也涉及法律的权威和严肃，是执法、司法实务中应当妥善处理的问题。

在“中国裁判文书网”上检索“诊疗活动、行政处罚”，可以看到很多因对于是否构成诊疗活动有争议而引发的行政诉讼，如前述所引案例，即对“诊疗活动”有不同理解而引发争议的典型案例。因此，有必要对如何理解“诊疗活动”的概念进行讨论与分析。

依据《医疗机构管理条例实施细则》第 88 条的规定，诊疗活动是指“通过各种检查，使用药物、器械及手术等方法，对疾病作出判断和消除疾病、缓解病情、减轻痛苦、改善功能、延长生命、帮助患者恢复健康的活动”。2005 年，当时的国家卫生部曾发布公告，将医疗救护员和健康管理师纳入卫生行业特有职业范围，其中健康管理师是指“从事对人群或个人健康和疾病的监测、分析、评估以及健康维护和健康促进的专业人员”。

依据以上概念，并结合目前公布的裁判文书以及文献资料，关于如何理解“诊疗活动”的概念，本书将从医学手段、主观目的两个方面进行分析。

（一）是否采用医学手段

分析“诊疗活动”的行为特征，应当围绕《医疗机构管理条例实施细则》第 88 条的规定进行。从该规定中，可以看出诊疗活动应当采用医学手段进行，比如采用各种辅助检查、实验室检查、服用或输注药品、安装医疗器械、进行手术操作等。在《医疗机构管理条例实施细则》第 88 条中，表述为“通过各种检查，使用药物、器械及手术等方法”，这些医学手段，都具备共同的特点，就是具备高度的专业性，具体实施人员应当接受过系统的训练，从而能够完成这些专业工作，同时，这些医学手段都可以溯源到医学教材或诊疗规范、指南，是医学专业知识长期积累、反复论证所形成的智力成果。如果操作不当，将可能产生损害患者身体健康的严重后果。

如果不采用医学手段，则不认定为诊疗活动。

（二）主观目的是否为诊断或治疗

进行“诊疗活动”的目的，在《医疗机构管理条例实施细则》第 88 条中，表述为“对疾病作出判断和消除疾病、缓解病情、减轻痛苦、改善功能、延长生命、帮助患者恢复健康”，这些目的可以归纳、概括为诊断或治疗，对疾病作出判断，是诊断；消除疾病、缓解病情、减轻痛苦、改善功能、延长生命、帮助患者恢复健康则可以理解为治疗。

要认定是否为“诊疗活动”，离不开对诊断或治疗目的的评判。如果仅仅采用医学手段，但并不以诊断或治疗为目的，本书认为，不宜认定为“诊疗活动”。举例来说，采集健康数据，测量血压、心率、体重、视力等，进行记录，建立健康档案，但并不对数据进行分析判断，这种情况，可以理解为健康管理；但是，如果采集这些数据时虽未用于诊疗，但之后或者又于他处用于诊断治疗目的，则可以理解为诊疗活动的组成部分，仍然属于诊疗活动。

案例二中，法院最后没有认定涉案行为构成诊疗活动，其主要原因也是被处罚人主观目的不具有明确性，不是明确的诊断或治疗某种疾病，而是提供“免费体验”。反之，在案例一、案例三中，则存在采用医学手段、有明确诊疗目的等要素，因此被法院确认为诊疗活动。

法律之所以禁止非医疗机构从事诊疗活动，其目的在于防止出现社会危害。不具备医学知识和能力的机构从事诊疗活动，对患者生命健康将构成极大威胁，无论是操作本身带来的危害（如有创检查本身就有风险），还是误诊、误治的风险，都直接牵涉到患者的人身安全，一旦出现危险，很可能产生不可逆的损害，因此，有必要通过法律手段对患者安全进行保护。

当然，对于是否构成“诊疗活动”，如果卫生行政主管部门的规范性文件已经做出说明的，则应当重点参考这些资料，以其为行为依据。如 2014 年《国家中医药管理局办公室、国家卫生和计划生育委员会办公厅关于打击非法行医专项行动中有关中医监督问题的批复》指出，“非医疗机构及其人员在经营活动中不得使用针刺、瘢痕灸、发泡灸、牵引、扳法、中医微创类技术、中药灌洗肠以及其他具有创伤性、侵入性或者高危险性的技术方法”。

二、行政执法证据的收集与审查

在行政处罚中，都会涉及行政执法证据，比如案例一中行政执法机关对“角膜塑形镜验配”的调查取证，案例二中行政执法机关对“利用喜来健多功能（RHV）温热理疗床进行理疗”的调查取证，案例三中行政执法机关“将采血器、载玻片等物品作为证据以原地保存方式，从 2016 年 9 月 22 日至同月

28 日进行登记保存”。上述执法过程中形成的证据，即为行政执法证据。

1. 行政执法证据的概念

据樊崇义主编的《证据法学》①，认为行政执法证据是指行政机关或法律、法规授权的组织在执法过程中收集、形成的证据，它不仅包括能够证明行政违法案件真实情况的材料，而且还包括能够证明行政处罚行为具有法律依据的材料，亦包括能够证明是否从重、从轻、减轻、免予行政处罚真实情况的材料。

行政执法证据产生有两种途径：一种是行政执法机关在执法过程中收集而来，如物证、书证、视听资料等；另一种是行政执法机关自行制作产生，如现场笔录、检查笔录、询问笔录、决定文书等。

2. 行政执法证据的收集

在我国，无论是理论界还是实务界，大都将目光集中于司法程序中的证据，即诉讼证据；而对于行政程序中收集的证据，则缺少必要的关注和研究。由此造成的弊端是，很多情况下用所谓的诉讼证据规则来“绑架”行政执法证据，认为在所有的执法程序中，证据都是“定案”的依据，证据都应当经过质证，都应当符合“三性”标准。但是，行政程序和司法程序是不同的，不同的程序如何能完全套用一样的标准呢？更何况，行政程序本身就具有独立性，不是诉讼程序所能涵盖的，行政执法证据的收集与司法证据的收集存在明显的差异。

行政执法证据收集应当注意区分证据与事实。如在执法人员认为可能存在“无证行医”的事实时，需要收集证据。案件事实不会不证自明，也不会自动地呈现在人们眼前，必须借助一定的手段或方式，这个手段或方式就是证据。正是因为事实与证据之间的紧密联系，人们很容易形成“事实就是证据或证据就是事实”的假命题。但实际上，证据与事实之间是无法等同的。首先，事实是证据所要证明的对象，但并不是所有的事实都需要证据来证明，自然现象、科学规律等是无须证明的。其次，证据的目的是尽可能还原事实，而不是复制事实，因为，通过证据所证明的事实（法律真实）与需要证明的事实（客观真实）不可能完全重合。再次，事实与证据虽然都具有客观性，

① 樊崇义主编：《证据法学》（第六版），法律出版社 2017 年版，第 203 页。

但事实是一种判断、一种关系，而非客观物体本身，看不见摸不着；而证据则是切切实实存在的东西，看得见摸得着。例如案例一中，行政机关认为被处罚人“擅自开展角膜塑形镜验配”，这是事实，而要证明这一事实，所需要的证据是“角膜塑形镜”这一物证、“验配”的照片或现场笔录、顾客的证人证言、被处罚人未取得《医疗机构执业许可证》的询问笔录，等等。最后，证据是一个中性的词语，它没有任何真假、善恶的价值取向，证据本身并不表达任何东西，而仅仅是因人的介入而不同程度地包含人的主观因素——人对证据的收集、鉴定和操作正是可能出现错案的根源之一，证据可以证明事实，但也可能掩盖事实，或否定事实。

证据的收集，简单来讲就是我们通常所说的取证。取证是正确实施行政处罚的基础，是证据活动中的基础工作和必经阶段。如案例三中，执法机关立案后，“将采血器、载玻片等物品作为证据以原地保存方式，从 2016 年 9 月 22 日至同月 28 日进行登记保存”，就是经常用到的收集证据方式。对行政相对人提供的证据，行政机关着重判断证据的真实性、关联性等问题；而对于行政机关主动收集的证据，则主要是合法与否的问题，这在诉讼中也有所体现。当然，行政执法证据也有合法性的例外，如果仅仅存在轻微的违法取证情形，那么在权衡违法行为所侵犯的利益以及程序正当之后，考虑到行政效率问题，程序合法可以作出适当的让步。

3. 行政执法证据的审查

行政机关审查证据与司法机关审查证据既有联系，又有区别。在上述非法行医案例中，执法人员收集证据以后，都需要进行审查，才能成为定案依据。

（1）证据的客观性

证据应当是客观存在的事实，它不以人的意志为转移，任何推测、假想、估算的情况都不能作为证据。

（2）证据的关联性

关联性，是指证据必须同案件事实存在某种联系，并因此对案件事实的证明具有一定实际意义。然而，在行政程序中，证据的关联性并非完全绝对，因为行政处罚程序是一种“经验思维”，即根据某一个或某几个已知迹象来锁定某个人或某企业成为违法者，然后调查、收集相关证据来证明其违法行为，进而作出行政处罚，在这一过程中，执法者的经验判断是一个很重要的因素。执法人员很可能将有关联、没有关联的证据一并收集。

（3）证据的合法性

合法性，即证据应当符合法律的规定，是指收集证据的主体、程序、手段以及证据的形式等内容都符合法律的规定。世界上大多数国家并不直接对证据的合法性作出界定，而多从反面，即非法证据排除方面进行列举式规定。例如，欧盟国家的《刑事大法典》（the Corpus Juris）将非法证据分为非法获得的证据（evidence obtained illegally）、违规获得的证据（evidence obtained irregularly）以及不正当获得的证据（evidence obtained improperly）三类；美国联邦宪法第四修正案、德国证据禁止规则等，都是对非法证据排除的规定。我国《行政诉讼法》第43条第3款规定，以非法手段取得的证据，不能作为认定案件事实的根据。可见，合法性是证据具有法律效力的重要条件。然而，需要注意的是，在某些案件中，合法性并不必然成为行政处罚证据的一个排除指标，而是要衡量这一处罚行为所要保护的利益需求。

（4）证据的案卷性

“先取证、后处罚”是行政机关作出行政处罚所应遵循的一项基本原则。依据该原则，行政处罚证据应当具有案卷性，即行政机关作出行政处罚决定，只能以案卷作为根据，除法律规定的以外，不能在案卷之外、以行政相对人所未知悉和未质证的证据材料作为裁决的事实依据，此即“案卷排他性原则”。

（5）证据的时效性

任何证据都要讲究时效，但行政执法案件中对证据的时效性要求更高。时效性是行政处罚证据的重要属性，行政处罚证据的收集应当在处罚决定作出之前完成，欠缺时效性的行政执法证据很可能就丧失了证明力而不能成为定案根据，甚至不能作为证据使用。

法律依据

《中华人民共和国基本医疗卫生与健康促进法》

第九十九条　违反本法规定，未取得医疗机构执业许可证擅自执业的，由县级以上人民政府卫生健康主管部门责令停止执业活动，没收违法所得和药品、医疗器械，并处违法所得五倍以上二十倍以下的罚款，违法所得不足一万元的，按一万元计算。

违反本法规定，伪造、变造、买卖、出租、出借医疗机构执业许可证的，由县级以上人民政府卫生健康主管部门责令改正，没收违法所得，并处违法所得五倍以上十五倍以下的罚款，违法所得不足一万元的，按一万元计算；情节严重的，吊销医疗机构执业许可证。

《医疗机构管理条例》

第二十四条　任何单位或者个人，未取得《医疗机构执业许可证》，不得开展诊疗活动。

第四十四条　违反本条例第二十四条规定，未取得《医疗机构执业许可证》擅自执业的，由县级以上人民政府卫生行政部门责令其停止执业活动，没收非法所得和药品、器械，并可以根据情节处以1万元以下的罚款。

《医疗机构管理条例实施细则》

第八十八条　条例及本细则中下列用语的含义：

诊疗活动：是指通过各种检查，使用药物、器械及手术等方法，对疾病作出判断和消除疾病、缓解病情、减轻痛苦、改善功能、延长生命、帮助患者恢复健康的活动。

医疗美容：是指使用药物以及手术、物理和其他损伤性或者侵入性手段进行的美容。

特殊检查、特殊治疗：是指具有下列情形之一的诊断、治疗活动：

（一）有一定危险性，可能产生不良后果的检查和治疗；

（二）由于患者体质特殊或者病情危笃，可能对患者产生不良后果和危险的检查和治疗；

（三）临床试验性检查和治疗；

（四）收费可能对患者造成较大经济负担的检查和治疗。

卫生技术人员：是指按照国家有关法律、法规和规章的规定取得卫生技术人员资格或者职称的人员。

技术规范：是指由国家卫生计生委、国家中医药管理局制定或者认可的与诊疗活动有关的技术标准、操作规程等规范性文件。

军队的医疗机构：是指中国人民解放军和中国人民武装警察部队编制内

的医疗机构。

《中华人民共和国行政诉讼法》

第四十三条　证据应当在法庭上出示，并由当事人互相质证。对涉及国家秘密、商业秘密和个人隐私的证据，不得在公开开庭时出示。

人民法院应当按照法定程序，全面、客观地审查核实证据。对未采纳的证据应当在裁判文书中说明理由。

以非法手段取得的证据，不得作为认定案件事实的根据。

第二章

诊疗活动超出登记范围

本章概要

1. 不同的医疗机构，所能够从事的诊疗活动的具体范围会有很大差别。从目前法律的规定来看，对医疗机构具体可以从事何种诊疗活动，主要有三种类型的规定：一种是以“诊疗科目”为管理对象，对诊疗活动范围进行规定，违反规定的，应当被认定为“诊疗活动超出登记范围”。还有两种情形，以“医疗技术”为管理对象，或以“诊疗项目”为管理对象，对诊疗活动范围进行规定，违反“医疗技术”“诊疗项目”相关规定的，因具体法规不同而应做不同处理。

2. 当事人主张权利，信访与复议、诉讼是相互独立、相互分离的权利救济制度，如何区分信访与复议、诉讼，决定了当事人行使权利的方式。区分信访与复议、诉讼，可以从反映的事件是否与其本人有关、反映的事件是否涉及侵犯其合法权益、反映事件的诉求是否具体明确等三个方面进行考量。

典型案例

案例一①

2017 年 9 月 11 日，区卫计局作出《行政处罚决定书》，该决定书的主要内容为：2015 年 10 月 13 日 17 点左右，陈某芳等六人实名举报济南某医院张某某院长从事取卵取精活动。……经查证实：济南某医院未经批准擅自开展人类辅助生殖技术，从事取卵取精活动。……你单位未经批准擅自开展人类辅助生殖技术，开展人类辅助生殖技术收入三千元以上，违反了《人类辅助生殖技术管理办法》第 12 条、《医疗机构管理条例》第 27 条的规定。现依据《人类辅助生殖技术管理办法》第 21 条、《医疗机构管理条例》第 47 条、《医疗机构管理条例实施细则》第 80 条第 2 款的规定，决定予以你单位：(1) 警告；(2) 罚款人民币 3000 元；(3) 吊销《医疗机构执业许可证》的行政处罚。

济南某医院不服行政处罚，提起行政诉讼。

---

① （2018）鲁 01 行终 695 号。

一审法院经审理查明，2015 年 10 月 13 日 17 时许，被告区卫计局接到六名举报人实名举报济南某医院院长张某某从事人体取卵取精活动，并提交了与张某某个人签订的《“治疗不孕症”协议书》六份及收款收据等证据材料。被告接举报后，给举报人制作了询问笔录，并于当日受理了该举报，于次日立案，于 10 月 16 日开始对原告济南某医院的场所和从业人员从事开展人类辅助生殖技术的场所进行调查取证。2016 年 5 月 12 日作出案件调查终结报告，该报告认定原告济南某医院未经批准擅自开展人类辅助生殖技术，违反了《人类辅助生殖技术管理办法》第 12 条的规定，建议对原告警告、罚款 3000 元并吊销妇科诊疗科目。2016 年 9 月 5 日被告依据《人类辅助生殖技术管理办法》第 21 条、《医疗机构管理条例》第 47 条、《医疗机构管理条例实施细则》第 80 条的规定，作出《行政处罚决定书》，对原告作出警告、罚款人民币 3000 元和吊销妇科诊疗科目的行政处罚决定。原告于 2016 年 9 月 6 日收到上述《行政处罚决定书》。另查明，举报人王某某于 2015 年 6 月 29 日通过 POS 机刷卡支付给原告济南某医院人民币 5 万元。另经核查原告不具有开展人类辅助生殖技术的资格。

一审法院认为，程序方面，2015 年 10 月 13 日 17 时许，被告区卫计局接到六名举报人实名举报原告院长张某某从事人体取卵取精活动，并提交了相关证据材料。被告接举报后，给举报人制作了询问笔录，并于当日受理该举报，次日立案，于 10 月 16 日开始对原告的场所和从业人员从事开展人类辅助生殖技术的场所进行调查取证。于 2016 年 5 月 12 日做出调查终结报告。之后，被告行政处罚重大案件集体讨论领导小组对原告非法开展人类辅助生殖技术案进行了集体讨论，作出处罚意见，并下达《行政处罚决定书》，均以特快专递的方式送达给原告。因此，被告行政处罚程序合法。

事实认定方面。被告收到六名举报人的举报后，四次对原告进行了监督检查。通过举报人提供的证据及卫生监督员的现场检查，可以证实张某某本人违法开展人类辅助生殖技术，并且原告参与试管婴儿手术临床手术部分。举报人王某某于 2015 年 6 月 29 日通过 POS 机支付给原告人民币 5 万元。被告核实原告设置审批、年度检验材料，原告没有人类辅助生殖技术的审批手续。原告是被告登记注册的医疗机构，其法定代表人是张某某。根据《医疗机构管理条例》第 25 条，医疗机构执业，必须遵守有关法律、法规和医疗技术规范。原告未经批准擅自开展人类辅助生殖技术，违反了《人类辅助生殖技术管理办法》第 12 条“人类辅助生殖技术必须在经过批准并进行登记的医疗机构中实施。未经卫生行政部门批准，任何单位和个人不得实施人类辅助生殖技术”的规定，被告认定原告存在未经批准擅自开展人类辅助生殖技术的违法行为事实清楚，认定的处罚对象主体正确。

法律适用方面。根据《医疗机构管理条例》第 47 条之规定：“违反本条例第二十七条规定，诊疗活动超出登记范围的，由县级以上人民政府卫生行政部门予以警告、责令其改正，并可以根据情节处以 3000 元以下的罚款；情节严重的，吊销其《医疗机构执业许可证》。”《医疗机构管理条例实施细则》第 80 条之规定：“除急诊和急救外，医疗机构诊疗活动超出登记的诊疗科目范围，情节轻微的，处以警告……有下列情形之一的，处以三千元罚款，并吊销《医疗机构执业许可证》：（一）超出登记的诊疗科目范围的诊疗活动累计收入在三千元以上……”被告对原告作出警告；罚款 3000 元和吊销《医疗机构执业许可证》的行政处罚决定适用法律正确，处罚幅度适当。

综上所述，原告要求撤销处罚决定的诉讼请求，不予支持。依照《行政诉讼法》第 69 条之规定，判决驳回原告要求撤销处罚决定的诉讼请求。

上诉人济南某医院不服一审判决，上诉称：第一，一审法院及被上诉人作出的行政处罚适用法律错误。上诉人所实施的“试管婴儿技术”属于国家规定的第三类医疗技术，后下放到省级卫生部门审批，属于二类医疗技术，根据《国务院关于取消非行政许可审批事项的决定》（国发［2015］27 号）、《国家卫生计生委关于取消第三类医疗技术临床应用准入审批有关工作的通知》（国卫医发［2015］71 号）和《国务院关于第一批取消 62 项中央指定地方实施行政审批事项的决定》（国发［2015］57 号）文件第 29 项，国务院也指示各省级医疗卫生部门取消二类医疗技术审批，一类医疗技术不需要审批，也就是 2015 年国务院取消了所有医疗技术的临床应用审批。被上诉人依据 2001 年的《人类辅助生殖技术管理办法》中“未经批准任何人不得开展辅助生殖技术”的规定来认定上诉人违法显然适用法律不当。第二，一审法院及被上诉人认定事实错误。被上诉人是依据 1994 年的《医疗机构管理条例》《医疗机构管理条例实施细则》来认定上诉人实施了辅助生殖技术是超范围执业明显错误。辅助生殖技术是一个技术，很多医疗领域都可以使用，使用该技术研究高龄妇女再孕仅是不孕问题，上诉人营业执照范围明确包含了妇产科、妇科专业，妇产科就包括了不孕不育的医学范畴，这是医学常识，不存在所谓超范围营业的问题，被上诉人认定超范围营业没有法律和事实依据。请求二审法院依法撤销一审判决并改判撤销行政处罚决定。

被上诉人答辩称，行政处罚认定事实清楚，证据确实充分，适用法律正确。请求二审法院驳回上诉，维持原判。

二审法院认为，《人类辅助生殖技术管理办法》第 12 条规定："人类辅助生殖技术必须在经过批准并进行登记的医疗机构中实施。未经卫生行政部门批准，任何单位和个人不得实施人类辅助生殖技术。"第 21 条规定："违反本办法规定，未经批准擅自开展人类辅助生殖技术的非医疗机构，按照《医疗机构管理条例》第四十四条规定处罚；对有上述违法行为的医疗机构，按照《医疗机构管理条例》第四十七条和《医疗机构管理条例实施细则》第八十条的规定处罚。"《医疗机构管理条例》第 47 条规定："违反本条例第二十七条规定，诊疗活动超出登记范围的，由县级以上人民政府卫生行政部门予以警告、责令其改正，并可以根据情节处以 3000 元以下的罚款；情节严重的，吊销其《医疗机构执业许可证》。"《医疗机构管理条例实施细则》第 80 条规定："除急诊和急救外，医疗机构诊疗活动超出登记的诊疗科目范围，情节轻微的，处以警告……有下列情形之一的，处以三千元罚款，并吊销《医疗机构执业许可证》：（一）超出登记的诊疗科目范围的诊疗活动累计收入在三千元以上……"本案中，上诉人济南现代康桥医院未经批准擅自实施人类辅助生殖技术违法事实成立，被上诉人对上诉人作出行政处罚，处罚主体正确。被上诉人在履行了受理举报、立案、调查取证、单位领导集体讨论、行政处罚事先告知、听证、作出处罚决定、送达等程序后作出处罚决定，程序合法。被上诉人依据《人类辅助生殖技术管理办法》第 21 条、《医疗机构管理条例》第 47 条、《医疗机构管理条例实施细则》第 80 条的规定，对上诉人作出行政处罚于法有据，适用法律正确，作出的行政处罚幅度适当。

关于上诉人主张根据《国务院关于取消非行政许可审批事项的决定》（国发［2015］27 号）和《国家卫生计生委关于取消第三类医疗技术临床应用准入审批有关工作的通知》（国卫医发［2015］71 号），国家已经取消了第三类医疗技术临床应用（即试管婴儿）的准入审批，其开展试管婴儿手术合法的问题，本院认为，上述文件并未涉及人类辅助生殖技术，其主张不能成立。

综上，一审判决认定事实清楚，适用法律正确。判决驳回上诉，维持原判。

案例二①

2018年2月2日，区卫计委对于某某作出《关于对于某某“要求履行法定职责申请书”的答复》（以下简称《答复》），内容为：

于某某：我委于2017年12月29日收到您“要求履行法定职责申请书”，申请事项“北京某医院未经行政许可擅自设置‘重症医学科’超科目诊疗长达4年，要求依法查处并将处理决定书面告知申请人。”现答复如下：我委于2013年7月至9月在对首都医科大学附属北京某医院（下称北京某医院）调查中发现，北京某医院在2009年1月19日至2013年9月26日期间，涉嫌未取得重症医学诊疗科目擅自开展诊疗活动。经调查研究，我委认为北京某医院在2009年1月19日至2013年9月26日期间开展重症医学科的诊疗活动不能认定为诊疗活动超出登记范围，即北京某医院未取得重症医学科诊疗科目擅自开展诊疗活动的违法事实不能成立，理由如下：（1）北京某医院在20世纪90年代即已开展临床重证医学诊疗工作，是北京市最早开展此项服务的医院之一。根据《卫生部关于在〈医疗机构诊疗科目名录〉中增加“重症医学科”诊疗科目的通知》（卫医政发［2009］9号）（以下简称《通知》）第七条规定，北京某医院应重新申请“重症医学科”诊疗科目登记。北京某医院于2009年7月21日向原北京市卫生局提交了相关请示。北京医学会受原北京市卫生局委托，组织专家对北京某医院的申请进行了评审，认为：北京某医院在既往外科ICU多年医教研工作的基础上，危重病人的救治已经逐步规范化和制度化；该院在安全设施、资源配置、人员资质、病人收治、管理制度和应急预案等方面基本具备将重症医学科作为一级诊疗科目的条件，同意其设置重症医学科诊疗科目。据此，可以认为北京某医院已经按照《通知》要求，履行了重新申请登记的义务，处于登记变更的过渡期。由于《通知》未对完成登记的时间进行限定，因此，虽然北京某医院完成登记的时间较晚，但是不应该认定北京某医院违反《通知》的要求。（2）《通知》并未要求原

① （2019）京02行终483号。

已设置综合重症加强治疗科的医院停止相关诊疗活动，从医疗法律与医学伦理角度看，医院也有及时救治急危重症患者的义务。因此，从最大程度保护患者的生命健康权角度出发，不能认为在完成“重症医学科”登记之前，原来已经开展临床重症医学诊疗工作的医院继续提供相应的诊疗服务违反《通知》规定。事实上，为了最大限度地保障患者生命健康，《医疗机构管理条例实施细则》第八十条规定，在急诊和急救的情形中，免除了医疗机构超出登记的诊疗科目范围开展诊疗活动的法律责任。（3）卫生部《关于下发〈医疗机构诊疗科目名录〉的通知》附件2《〈诊疗科目名录〉使用说明》第二条规定：“医疗机构实际设置的临床专业科室名称不受本《名录》限制，可使用习惯名称和跨学科科室名称。”考虑到，尽管《通知》下发后“重症医学科”已经成为法律名词，但其实更是医学名词，因此北京某医院在完成登记之前继续沿用“重症医学科”的习惯名称也无不妥。

2018 年 6 月 7 日，市卫计委作出《行政复议决定书》（以下简称《复议决定书》），决定维持区卫计委作出的被诉《答复》。

于某某向一审法院诉称，北京某医院诊疗活动超出登记的诊疗科目范围违法事实清楚，证据确凿。请求确认区卫计委作出的《答复》违法并依法撤销；撤销原北京市卫计委作出的《复议决定书》；判令区卫计委书面明确告知对北京某医院超科目诊疗行为的处理决定。

区卫计委辩称，区卫计委对于某某申请的履责事项已经依法履职，履职行为程序合法，认定事实清楚，证据确凿，适用法律正确。请求依法驳回于某某的诉讼请求。

市卫计委（因机构改革，该机关已更名为市卫生健康委员会）辩称，《复议决定书》认定事实清楚，适用法律正确，符合法定程序，请求依法驳回于某某的诉讼请求。

2018 年 9 月 30 日，一审法院作出行政判决认为，依照《医疗机构管理条例》，区卫计委具有对东城区行政区域内医疗机构进行监督管理的职权。依照《行政复议法》，市卫计委具有接收、审查行政复议申请和作出行政复议决定的职权。区卫计委收到于某某递交的申请后，及时依法受理，查阅复制病例档案和相关材料，与医务人员进行谈话。上述活动，形成了对于某某请求事项的全面调查，依法履行了法定职责。对于于某某主张区卫计委未明确告知其对北京某医院超科目诊疗行为的处理决定，区卫计委在《答复》第二段记载，“经调查研究，我委认为北京某医院在2009年1月19日至2013年9月26日期间开展重症医学科的诊疗活动不能认定为诊疗活动超出登记范围，即北京某医院未取得重症医学科诊疗科目擅自开展诊疗活动的违法事实不能成立”。市卫计委作出《复议决定书》符合复议程序规定。综上，一审法院依照《行政诉讼法》第69条、第79条的规定，判决驳回于某某的诉讼请求。

于某某不服一审判决，以一审法院审判程序违法、诉争焦点认定错误等为由提出上诉，请求撤销一审判决、改判撤销区卫计委所作被诉《答复》和原市卫计委所作16号《复议决定书》。区卫计委、市卫计委均同意一审判决，请求予以维持。

二审法院认为，于某某2017年12月29日向区卫计委申请的事项，即对北京某医院2009年1月至2013年9月间，未经行政许可擅自设置“重症医学科”超科目诊疗长达4年的行为，予以依法查处一事，区卫计委已在2013年7月至9月间处理的相应案件中进行了调查、处理。区卫计委此次对于某某作出的被诉《答复》，将此前案件的调查、处理结论，向于某某进行了告知，该告知内容事实清楚、证据充分。市卫计委作出16号《复议决定书》的行政复议程序亦符合《行政复议法》有关行政复议程序的规定。综上，一审法院依照《行政诉讼法》第69条、第79条的规定，判决驳回于某某的诉讼请求是正确的，本院应予维持。遂判决驳回上诉，维持一审判决。

案例三①

骆某某于2014年9月在某医学院附属医院实施髋关节翻修术。2016年3月21日原告向区卫计委申请公开某医学院附属医院人工髋关节技术职业信息，2016年4月5日区卫计委以《关于骆某某申请公开某医学院附属医院人工髋关节技术职业信息的告知书》告知：（1）2014年9月22日公布某医学院附属医院获得人工髋关节技术准入资格；（2）2014年10月24日区卫计委行政审批窗口同意某医学院附属医院办理人工髋关节技术的准入登记。骆某某获此信息后于2016年8月29日向某市卫计委邮寄递交申请书，请求“依

① （2016）桂0304行初69号。

法对超出登记范围（实施人工髋关节翻修手术）造成严重后果的违法行为人某医学院附属医院进行处罚，并将结果书面答复申请人”。某市卫计委收到骆某某邮寄件即受理，于2016年9月6日到某医学院附属医院现场调查，制作了现场笔录，并出具了卫生监督意见书，要求某医学院附属医院提供：（1）2014年9月11日为原告实施手术为何种手术和哪一类手术；（2）严某某医生的职称证和髋关节置换技术的系统培训证明。某医学院附属医院提交：医师从事人工关节置换手术准入申请表、医师从事相关医疗技术专家推荐书（共两份）、严某某执业医师资格证、《关于我院髋关节手术执业范围的答复》及附件严某某医师（2005年12月副主任医师）资质材料。

2016年10月12日某市卫计委作出《关于对骆某某的答复》，内容为：

我委于2016年8月31日收到您寄的“违法超出登记范围执业处罚申请书”信访件，市卫计委高度重视，立即组织相关科室人员开会，布置工作任务，并安排相关科室组织卫生监督工作人员对您提出的信访情况进行现场调查核实。现将有关情况函复如下：“一、您提出医学院附属医院‘违法超出登记范围实施手术’是违法行为。经调查，根据原卫生部于2012年下发的《人工髋关节置换技术管理规范（2012版）》中第二项，‘人员基本要求（一）开展人工髋关节置换技术的医师。1. 取得《医师执业证书》，执业范围为外科专业、中医专业、中西医结合专业。2. 有8年以上骨科临床诊疗工作经验，具有副主任医师以上专业技术职务任职资格。3. 近3年每年作为术者完成髋关节相关手术不少于30例。4. 经过卫生行政部门认定的人工髋关节置换技术培训基地系统培训并考核合格，或具备免培训考核条件。’第五项‘其他管理要求：在本规范实施前具备下列条件的医师，可以直接认定具有开展人工髋关节置换技术的资质：（一）具有良好的职业道德，同行专家评议专业技术水平较高，并获得2名本专业主任医师推荐，其中至少1名为外院医师。（二）在三级甲等医院连续从事骨科诊疗工作10年以上，具有副主任医师以上专业技术职务任职资格。（三）近3年累计独立完成人工髋关节置换诊疗病例100例以上。’规定，术者严某某医师具有开展人工髋关节置换技术的资质。二、您提出的‘被申请人超出登记范围执业造成严重后果，情节严重，依法应当受从重处罚’的诉求。因诉求一的答复已证实被申请人‘违法超出登记范围实施手术’的现象不存在。所以您的第二条诉求不予受理。特此函复。”

骆某某不服某市卫计委的答复，向法院提起行政诉讼，认为被告的答复事实不清、证据不足、程序违法，理由如下：“一、某医学院附属医院 2014 年 9 月 11 日对原告实施手术时未获得人工髋关节置换技术登记，其行为属超登记范围执业，违反《医疗机构管理条例》第 47 条的规定，应当受到处罚。而被告无任何证据和依据的答复称‘术者严某某医师具有开展人工髋关节置换技术的资质’。答复与原告的查处请求完全是牛头不对马嘴，由此可见，被告的行政行为已到了荒谬的地步，甚至可以推知被告都没有细看就作出答复意见书，更不可能有履行调查取证等查处行为。另外，从程序上讲被告的上述行政行为严重违法，其答复当然也是违法的，对这样明显违法的答复，不予以撤销，不足以维护行政机关执法的严肃性和权威性。二、根据《医疗技术临床应用管理办法》第 34 条、第 48 条及《医疗机构管理条例》第 47 条之规定，某医学院附属医院对原告实施人工髋关节翻修手术时并未获得人工髋关节置换技术登记，其贸然实施手术的行为显然是违反了上述法律规定。被告称‘被申请人违法超出登记范围实施手术的现象不存在’没有事实和法律依据。因此，原告提起行政诉讼，请求依法判令撤销被告作出的《关于对骆某某的答复》，责令被告就原告向其提出的请求事项依法重新作出行政行为。”

被告某市卫计委辩称，第一，被告做出的行政答复内容真实，证据确实，程序合法。（1）内容真实。被告于 2016 年 8 月 31 日收到原告邮寄的信访件《违法超出登记范围执业处罚申请书》。原告要求被告对某医学院附属医院超出登记范围对其实施人工髋关节翻修手术造成严重后果的违法行为进行处罚，并书面答复其处理结果。被告接到信访后，立即组织相关科室人员开展调查核实工作。被告《关于对骆某某的答复》是基于调查核实内容及法律授权范围做出的。（2）证据确实。被告向某医学院附属医院调查核实相关情况，并于 2016 年 9 月 26 日收到该医院《关于我院髋关节手术执业范围的答复》及严某某医师的资质证明材料。上述材料均为被告做出答复的证据依据。（3）程序合法。被告于 2016 年 8 月 31 日收到原告邮寄的信访件，于当日受理，并将该申请书扫描录入被告收文处理系统。由被告医政医管科、综合监督科及某医学院附属医院所属卫生监督所共同讨论调查核实，形成处理意见后请呈党组阅示。分管领导于 2016 年 10 月 12 日同意拟稿，并报呈主任签发。被告对于该申请的答复程序，从文件受理、调查到做出答复，均符合法定程序。第二，被告做出上述答复，法律依据充分。（1）根据《医疗机构管理条例》第5条规定：国务院卫生行政部门负责全国医疗机构的监督管理工作。县级以上地方人民政府卫生行政部门负责本行政区域内医疗机构的监督管理工作。根据《广西壮族自治区医疗机构管理办法》第3条规定：医疗机构管理实行属地化和全行业管理。被告是某医学院附属医院的属地监管部门，有监督管理职权。被告基于属地监管职权，向某医学院附属医院调查了解相关情况。（2）被告依据《人工髋关节置换技术管理规范（2012版）》，核实为原告实施手术的严某某医师的执业资质，并认定其具有实施人工髋关节置换技术的资质。（3）根据《信访条例》第33条规定：信访事项应当自受理之日起60日内办结；情况复杂的，经本行政机关负责人批准，可以适当延长办理期限，但延长期限不得超过30日，并告知信访人延期理由。法律、行政法规另有规定的，从其规定。被告根据上述规范，在规定时限内办结了原告请求的信访事项。第三，被告已做出答复，应驳回原告的起诉。原告提出的申请是信访件，被告已经依法做出答复。根据《信访条例》第34条规定：信访人对行政机关作出的信访事项处理意见不服的，可以自收到书面答复之日起30日内请求原办理行政机关的上一级行政机关复查。收到复查请求的行政机关应当自收到复查请求之日起30日内提出复查意见，并予以书面答复。第35条规定：信访人对复查意见不服的，可以自收到书面答复之日起30日内向复查机关的上一级行政机关请求复核。收到复核请求的行政机关应当自收到复核请求之日起30日内提出复核意见。复核机关可以按照本条例第31条的规定举行听证，经过听证的复核意见可以依法向社会公示。听证所需时间不计算在前款规定的期限内。信访人对复核意见不服，仍然以同一事实和理由提出投诉请求的，各级人民政府信访工作机构和其他行政机关不再受理。根据《最高人民法院关于适用〈中华人民共和国行政诉讼法〉若干问题的解释》第3条规定："有下列情形之一，已经立案的，应当裁定驳回起诉：……（八）行政行为对其合法权益明显不产生实际影响的；……人民法院经过阅卷、调查和询问当事人，认为不需要开庭审理的，可以迳行裁定驳回起诉。"综上所述，被告对原告的信访件已经依法做出了答复，原告如果对信访回复不满意，可以申请复查或者复核。信访答复为对事实情况的回复，对原告的合法权益明显不产生实际影响，请法院依法驳回其起诉。

针对本案争议焦点，法院分析如下：

1. 原告有权要求被告履行法定职责。原告于2014年9月11日在某医学院附属医院实施髋关节翻修术。因其向区卫计委申请公开某医学院附属医院人工髋关节技术职业信息，从2016年4月5日区卫计委的《关于骆某某申请公开某医学院附属医院人工髋关节技术职业信息的告知书》得知2014年9月22日某医学院附属医院获得人工髋关节技术准入资格。原告要求被告履行法定职责合法。

2. 被告以信访的方式答复原告不当。原告作为被某医学院附属医院实施髋关节翻修术的患者，认为某医学院附属医院诊疗活动超出登记范围请求被告查处，系申请被告履行保护其人身权的法定职责，并非投诉。因此被告作出《关于对骆某某的答复》不当。

3. 被告调查处理违反法定程序。被告的答复根据为《人工髋关节置换技术管理规范（2012版）》。经查，该规范为原卫生部卫办医政发［2012］68号，该规范目的"为规范人工髋关节置换技术的临床应用，保证医疗质量和医疗安全，根据《医疗技术临床应用管理办法》，我部组织制定了《人工髋关节置换技术管理规范（2012版）》。现印发给你们，请遵照执行"。该规范内容包含：医疗机构基本要求；人员基本要求。但被告调查处理时只调查人员基本要求，未调查某医学院附属医院在对原告实施人工髋关节置换时是否具备医疗机构基本要求。

综上，被告作出的答复，违反法定程序，应予撤销。本院依照《行政诉讼法》第70条第（3）项之规定，判决如下：一、撤销被告市卫生和计划生育委员会2016年10月12日作出的《关于对骆某某的答复》；二、责令被告市卫生和计划生育委员会在60天内重新作出行政行为。

知识要点

1. 如何认定"诊疗活动超出登记范围"。
2. 信访制度与行政复议、行政诉讼的区分。

案例解析

一、如何认定“诊疗活动超出登记范围”

诊疗活动超出登记范围，出自《医疗机构管理条例》第 47 条：“违反本条例第二十七条规定，诊疗活动超出登记范围的，由县级以上人民政府卫生行政部门予以警告、责令其改正，并可以根据情节处以 3000 元以下的罚款；情节严重的，吊销其《医疗机构执业许可证》。”

由于“诊疗活动超出登记范围”可能涉及吊销《医疗机构执业许可证》，因此，受到医疗机构及执法机关的高度关注。但实务中，也存在不少误解，导致法律规定没有得到正确实施。

不同的医疗机构，所能够从事的诊疗活动的具体范围会有很大差别，从目前法律的规定来看，对医疗机构具体可以从事何种诊疗活动，主要有三种类型的规定：一种是以“诊疗科目”为管理对象，对诊疗活动范围进行规定，违反规定的，应当被认定为“诊疗活动超出登记范围”。还有两种情形，以“医疗技术”为管理对象，或以“诊疗项目”为管理对象，对诊疗活动范围进行规定，违反“医疗技术”“诊疗项目”相关规定的，因具体法规不同而应做不同处理。

（一）以“诊疗科目”为管理对象，对诊疗活动范围进行规定

以“诊疗科目”为管理对象，对诊疗活动范围进行规定，这就是《医疗机构管理条例》第 27 条的规定，即医疗机构必须按照核准登记的诊疗科目开展诊疗活动。诊疗科目，依据《诊疗科目名录》使用说明第 3 条，诊疗科目分为“一级科目”和“二级科目”。一级科目一般相当临床一级学科，如“内科”“外科”等；二级科目一般相当临床二级学科，如“呼吸内科”“消化内科”等。对于违反《医疗机构管理条例》第 27 条的规定，超出“诊疗科目”范围执业，其处罚依据为《医疗机构管理条例》第 47 条“违反本条例第二十七条规定，诊疗活动超出登记范围的，由县级以上人民政府卫生行政部门予以警告、责令其改正，并可以根据情节处以 3000 元以下的罚款；情节严重的，吊销其《医疗机构执业许可证》”，以及《医疗机构管理条例实施细则》第 80 条：“除急诊和急救外，医疗机构诊疗活动超出登记的诊疗科目范围，情节轻微的，处以警告；有下列情形之一的，责令其限期改正，并可处

以三千元以下罚款；（一）超出登记的诊疗科目范围的诊疗活动累计收入在三千元以下；（二）给患者造成伤害。有下列情形之一的，处以三千元罚款，并吊销《医疗机构执业许可证》：（一）超出登记的诊疗科目范围的诊疗活动累计收入在三千元以上；（二）给患者造成伤害；（三）省、自治区、直辖市卫生计生行政部门规定的其他情形。”

（二）以“医疗技术”为管理对象，对诊疗活动范围进行规定

由于诊疗活动的复杂性，仅根据诊疗科目进行管理有很大的局限性，因而在诊疗科目之内，还有对医疗技术的管理。如《医疗机构手术分级管理办法（试行）》第10条规定：“三级医院重点开展三、四级手术。二级医院重点开展二、三级手术。一级医院、乡镇卫生院可以开展一、二级手术，重点开展一级手术。”

另外，自2018年11月1日起施行的《医疗技术临床应用管理办法》将医疗技术分为禁止、限制和允许三类，其第5条规定：“国家建立医疗技术临床应用负面清单管理制度，对禁止临床应用的医疗技术实施负面清单管理，对部分需要严格监管的医疗技术进行重点管理。其他临床应用的医疗技术由决定使用该类技术的医疗机构自我管理。”

在某些特殊领域，也有一些以医疗技术作为管理对象的法律规定，如《人类辅助生殖技术管理办法》第12条规定：“人类辅助生殖技术必须在经过批准并进行登记的医疗机构中实施。未经卫生行政部门批准，任何单位和个人不得实施人类辅助生殖技术。”

（三）以“诊疗项目”为管理对象，对诊疗活动范围进行规定

除了诊疗科目、医疗技术以外，在医疗美容等领域，还对具体的诊疗项目进行管理，法律要求医疗机构从事的每一个项目都应当具体明确，比如《医疗美容服务管理办法》第2条第5款规定：“根据医疗美容项目的技术难度、可能发生的医疗风险程度，对医疗美容项目实行分级准入管理，《医疗美容项目分级管理目录》由卫生部另行制定。”并在第16条中进一步明确规定：“美容医疗机构和医疗美容科室应根据自身条件和能力在卫生行政部门核定的诊疗科目范围内开展医疗服务，未经批准不得擅自扩大诊疗范围。美容医疗机构及开设医疗美容科室的医疗机构不得开展未向登记机关备案的医疗美容项目。”

理解“诊疗活动超出登记范围”，主要是理解“登记范围”的具体含义，一般情况下，诊疗活动超出登记范围指的是诊疗活动超出“诊疗科目”，在某些特殊情况下，法律将开展未经许可或备案的“医疗技术”或“诊疗项目”行为视为诊疗活动超出登记范围。实务中，有人将登记范围随意扩大理解为“医疗技术”或“诊疗项目”，这是不符合立法本意的。

在管理手段上，诊疗科目需要行政许可，而医疗技术或诊疗项目有些需要行政许可，有些则进行备案即可。而行政许可与备案是完全不同的两个概念。依据我国《行政许可法》第 2 条的规定，行政许可是指行政机关根据公民、法人或者其他组织的申请，经依法审查，准予其从事特定活动的行为。而备案与行政许可不同，2013 年 9 月 19 日，国务院发布《关于严格控制新设行政许可的通知》（国发〔2013〕39 号），其中明确要求：“对违法设定行政许可、增设行政许可条件，以备案……等形式变相设定行政许可，……要坚决纠正。”

在法律责任上，诊疗活动超出“诊疗科目”的法律后果比较明确，由县级以上人民政府卫生行政部门予以警告，责令其改正，并可以根据情节处以 3000 元以下的罚款，情节严重的，吊销其《医疗机构执业许可证》。然而，诊疗活动超出登记的“医疗技术”或“医疗项目”，则根据具体违法情况，会有不同的法律后果。需要说明的是，即便医疗机构取得《医疗机构执业许可证》，在某些情况下，也有可能构成未取得医疗机构执业许可证擅自执业。比如，医疗机构不在本机构注册的地点开展诊疗活动，又不属于法律规定的特殊情形，这种情况下，就有可能被行政机关认定为未取得医疗机构执业许可证擅自执业，从而受到行政处罚。

二、信访制度与行政复议、行政诉讼的区分

案例三中，行政机关接到骆某某要求处理桂林医学院附属医院“诊疗活动超出登记范围”的信件后，按照信访程序处理，并在行政诉讼中，认为应驳回原告的起诉。理由是，原告提出的申请是信访件，被告已经依法做出答复。如果是信访案件，人民法院的确不列入行政诉讼审理范围。因此，如何区分是属于信访，还是属于行政诉讼的受案范围，值得重视。

（一）关于信访制度的相关规定

关于信访的概念，见于我国《信访条例》第 2 条，是指公民、法人或者其他组织采用书信、电子邮件、传真、电话、走访等形式，向各级人民政府、县级以上人民政府工作部门反映情况，提出建议、意见或者投诉请求，依法由有关行政机关处理的活动。

对于信访的处理，根据《信访条例》第34条规定，信访人对行政机关作出的信访事项处理意见不服的，可以自收到书面答复之日起30日内请求原办理行政机关的上一级行政机关复查。收到复查请求的行政机关应当自收到复查请求之日起30日内提出复查意见，并予以书面答复。第35条规定，信访人对复查意见不服的，可以自收到书面答复之日起30日内向复查机关的上一级行政机关请求复核。收到复核请求的行政机关应当自收到复核请求之日起30日内提出复核意见。复核机关可以按照本条例第31条的规定举行听证，经过听证的复核意见可以依法向社会公示。听证所需时间不计算在前款规定的期限内。信访人对复核意见不服，仍然以同一事实和理由提出投诉请求的，各级人民政府信访工作机构和其他行政机关不再受理。

可见，信访的处理有其法定途径。

（二）关于行政诉讼受案范围的相关规定

2017年，全国人大常委会修正《行政诉讼法》，行政诉讼受案范围规定于该法第12条："人民法院受理公民、法人或者其他组织提起的下列诉讼：（一）对行政拘留、暂扣或者吊销许可证和执照、责令停产停业、没收违法所得、没收非法财物、罚款、警告等行政处罚不服的；（二）对限制人身自由或者对财产的查封、扣押、冻结等行政强制措施和行政强制执行不服的；（三）申请行政许可，行政机关拒绝或者在法定期限内不予答复，或者对行政机关作出的有关行政许可的其他决定不服的；（四）对行政机关作出的关于确认土地、矿藏、水流、森林、山岭、草原、荒地、滩涂、海域等自然资源的所有权或者使用权的决定不服的；（五）对征收、征用决定及其补偿决定不服的；（六）申请行政机关履行保护人身权、财产权等合法权益的法定职责，行政机关拒绝履行或者不予答复的；（七）认为行政机关侵犯其经营自主权或者农村土地承包经营权、农村土地经营权的；（八）认为行政机关滥用行政权力排除或者限制竞争的；（九）认为行政机关违法集资、摊派费用或者违法要求履行其他义务的；（十）认为行政机关没有依法支付抚恤金、最低生活保障待遇或者社会保险待遇的；（十一）认为行政机关不依法履行、未按照约定履行或者违法变更、解除政府特许经营协议、土地房屋征收补偿协议等协议的；（十二）认为行政机关侵犯其他人身权、财产权等合法权益的。除前款规定外，人民法院受理法律、法规规定可以提起诉讼的其他行政案件。”

同时，该法第13条规定：“人民法院不受理公民、法人或者其他组织对下列事项提起的诉讼：（一）国防、外交等国家行为；（二）行政法规、规章或者行政机关制定、发布的具有普遍约束力的决定、命令；（三）行政机关对行政机关工作人员的奖惩、任免等决定；（四）法律规定由行政机关最终裁决的行政行为。”

2018年2月8日《最高人民法院关于适用〈中华人民共和国行政诉讼法〉的解释》施行，对于不属于人民法院行政诉讼的受案范围进行了更加具体的解释：“（一）公安、国家安全等机关依照刑事诉讼法的明确授权实施的行为；（二）调解行为以及法律规定的仲裁行为；（三）行政指导行为；（四）驳回当事人对行政行为提起申诉的重复处理行为；（五）行政机关作出的不产生外部法律效力的行为；（六）行政机关为作出行政行为而实施的准备、论证、研究、层报、咨询等过程性行为；（七）行政机关根据人民法院的生效裁判、协助执行通知书作出的执行行为，但行政机关扩大执行范围或者采取违法方式实施的除外；（八）上级行政机关基于内部层级监督关系对下级行政机关作出的听取报告、执法检查、督促履责等行为；（九）行政机关针对信访事项作出的登记、受理、交办、转送、复查、复核意见等行为；（十）对公民、法人或者其他组织权利义务不产生实际影响的行为。”

可见，对于行政机关针对信访事项作出的登记、受理、交办、转送、复查、复核意见等行为，不属于行政诉讼的受案范围。

（三）区分信访与复议、诉讼

信访与复议、诉讼是相互独立、相互分离的权利救济制度，如何区分信访与复议、诉讼，决定了当事人行使权利的方式。如案例三中，如果属于信访事项，人民法院就有可能裁定驳回起诉；但是，如果属于可以复议、诉讼的范围，人民法院就将依法审理。本书认为，虽然实践中对于信访与复议诉讼的区分存在争论，且从不同角度（如行政机关、复议机关、信访人等）会有不同结论，但救济类诉求应当纳入可复议、可诉讼范围，已基本成为共识，并可以着重考量以下三个方面。

1. 反映的事件是否与本人有关

《宪法》规定，我国公民对于国家机关和国家工作人员，有批评、建议的权利；对于其违法失职行为，有提出申诉、控告或者检举的权利。信访、复议、诉讼是接受公民反映诉求的主要路径。在《信访条例》与《行政复议法》《行政诉讼法》中，信访与复议、诉讼的主要分界点之一就是反映的事件与反映人是否有关。反映的事件与本人有关，指反映事项与其自身利益直接、密切相关，提出诉求的目的是维护自身利益，而非他人利益或公共利益。

2. 反映的事件是否涉及侵犯其合法权益

根据我国《行政复议法》规定，公民、法人或者其他组织认为具体行政行为侵犯其合法权益，可以申请行政复议，如申请行政机关履行保护人身权利、财产权利、受教育权利的法定职责，行政机关没有依法履行的。因此，侵犯其合法权益是申请复议的条件之一。换言之，行政机关的处理结果与公民、法人或其他组织的合法权益直接、密切相关，提出诉求是为了维护其合法权益，处理结果对其有实质性影响，则属于可复议、可诉讼范围。

3. 反映事件的诉求是否具体明确

这一点，在当前司法实践中体现得比较充分。在上海市第一中级人民法院（2010）沪一中行终字第148号判决书，以及（2015）沪一中行终字第77号判决书，（2017）沪0115行初739号判决书，（2016）闽02行终112号判决书中，均涉及信访与复议、诉讼的区分，其中分界点之一就是诉求是否具体明确。

基于以上分析，结合案例三所述案情，骆某某于2014年9月在桂林医学院附属医院实施髋关节翻修术。2016年8月29日，骆某某向某市卫计委邮寄递交《违法超出登记范围执业处罚申请书》，请求“依法对超出登记范围（实施人工髋关节翻修手术）造成严重后果的违法行为人桂林医学院附属医院进行处罚，并将结果书面答复申请人”，某市卫计委对此进行回复。该回复涉及骆某某的人身、财产权利，属于与申请人自身相关的合法权益，对申请人的权利义务产生了实际影响，其诉求具体明确。因此，本案应当属于人民法院行政诉讼的受案范围。

最后，需要说明的是，公民、法人或其他组织向行政机关提出信访事项是一种形式。行政机关依法受理后，应当分类处理，对于需要履行法定职责的，应与其他信访事项分别处理。如果处理不当，又属于救济类诉求的，公民、法人或其他组织有权通过复议、诉讼维护自身合法权益。

法律依据

《医疗机构管理条例》

第二十七条　医疗机构必须按照核准登记的诊疗科目开展诊疗活动。

第四十七条　违反本条例第二十七条规定，诊疗活动超出登记范围的，由县级以上人民政府卫生行政部门予以警告、责令其改正，并可以根据情节处以3000元以下的罚款；情节严重的，吊销其《医疗机构执业许可证》。

《医疗机构管理条例实施细则》

第八十条　除急诊和急救外，医疗机构诊疗活动超出登记的诊疗科目范围，情节轻微的，处以警告；有下列情形之一的，责令其限期改正，并可处以三千元以下罚款：

（一）超出登记的诊疗科目范围的诊疗活动累计收入在三千元以下；

（二）给患者造成伤害。

有下列情形之一的，处以三千元罚款，并吊销《医疗机构执业许可证》：

（一）超出登记的诊疗科目范围的诊疗活动累计收入在三千元以上；

（二）给患者造成伤害；

（三）省、自治区、直辖市卫生计生行政部门规定的其他情形。

《中华人民共和国行政诉讼法》

第十二条　人民法院受理公民、法人或者其他组织提起的下列诉讼：

（一）对行政拘留、暂扣或者吊销许可证和执照、责令停产停业、没收违法所得、没收非法财物、罚款、警告等行政处罚不服的；

（二）对限制人身自由或者对财产的查封、扣押、冻结等行政强制措施和行政强制执行不服的；

（三）申请行政许可，行政机关拒绝或者在法定期限内不予答复，或者对行政机关作出的有关行政许可的其他决定不服的；

（四）对行政机关作出的关于确认土地、矿藏、水流、森林、山岭、草原、荒地、滩涂、海域等自然资源的所有权或者使用权的决定不服的；

（五）对征收、征用决定及其补偿决定不服的；

（六）申请行政机关履行保护人身权、财产权等合法权益的法定职责，行政机关拒绝履行或者不予答复的；

（七）认为行政机关侵犯其经营自主权或者农村土地承包经营权、农村土地经营权的；

（八）认为行政机关滥用行政权力排除或者限制竞争的；

（九）认为行政机关违法集资、摊派费用或者违法要求履行其他义务的；

（十）认为行政机关没有依法支付抚恤金、最低生活保障待遇或者社会保险待遇的；

（十一）认为行政机关不依法履行、未按照约定履行或者违法变更、解除政府特许经营协议、土地房屋征收补偿协议等协议的；

（十二）认为行政机关侵犯其他人身权、财产权等合法权益的。

除前款规定外，人民法院受理法律、法规规定可以提起诉讼的其他行政案件。

第十三条　人民法院不受理公民、法人或者其他组织对下列事项提起的诉讼：

（一）国防、外交等国家行为；

（二）行政法规、规章或者行政机关制定、发布的具有普遍约束力的决定、命令；

（三）行政机关对行政机关工作人员的奖惩、任免等决定；

（四）法律规定由行政机关最终裁决的行政行为。

第三章

医疗机构使用非卫生技术人员

本章概要

认定医疗机构使用非卫生技术人员，首先要明确卫生技术人员的概念、范围，然后才能理解非卫生技术人员的含义，并对几种特殊情形，如医学毕业生、实习生等人员在医疗机构如何合法开展工作进行界定；在认定医疗机构使用非卫生技术人员后，对于如何确定一般情节、情节严重要进行区分，并明确相应法律责任。

典型案例

案例一①

2017 年 7 月 18 日，陈某某向市卫生和计划生育委员会（以下简称市卫计委）递交非法行医举报信称：禹某未取得医师资格、未进行执业医师注册、未取得母婴保健技术考核合格证书，违法对陈某某及腹中胎儿进行单独的错误的产前诊疗服务，致使陈某某和腹中胎儿受到严重的医疗损害；妇幼保健院任用非卫生技术人员从事医疗卫生技术工作。市卫计委收悉该举报投诉后，于同年 7 月 20 日将上述举报投诉转交给市卫生监督所调查核实。

同年 12 月 20 日，市卫生监督所调查后核实以下情况：禹某，目前尚未取得《医师执业证书》，禹某在市妇幼保健院实习期间，2017 年 4 月至 7 月的带教老师是医师李某。据调查，同年 4 月 15 日上午 9：30 左右，禹某接诊了一位名为陈某某的孕妇，初步诊断为“G1P0，孕 40 +5 周”。由于当时管床医师李某正在产科手术室做手术，禹某立即用电话报告了带教老师李某，医师李某接电话后，指示禹某对患者陈某某采集病史、进行一般检查。当天 10：40 左右，医师李某做完手术，来到医生办公室指导禹某开医嘱，开具了血常规、心电图和彩超检查等申请单，带教老师李某在病历、申请单等相关医疗文书上均签了字。下午 2：30 左右监测发现患者陈某某胎心异常，当即建议急行剖宫产术终止妊娠。剖宫产手术由医师李某主刀完成。婴儿出生后立即转该院新生儿科抢救治疗。

① （2018）黔 04 行终 85 号。

市卫计委根据《医学教育临床实践管理暂行规定》第 12 条以及《卫生部关于医学生毕业后暂未取得医师资格从事诊疗活动有关问题的批复》（卫政法发［2005］357 号）、《卫生部办公厅关于正规医学专业学历毕业生试用期期间的医疗活动是否非法行医的批复》（卫办医发［2002］58 号）的规定，向陈某某作出并送达《关于陈某某反映妇幼保健院涉嫌聘用非卫生人员和非法行医处理意见书》，处理决定：（1）妇幼保健院不存在聘用非卫生人员从事临床诊疗活动行为；（2）医学毕业生禹某是在带教老师李某医师的指导下对患者开展一般诊查活动，不属于非法行医。

陈某某对上述处理意见不服，提起诉讼。

一审法院认为，本案应重点审查被告针对原告的举报投诉所作的处理决定的合法性。具体如下：

第一，关于被告所作处理决定的依据是否充分的问题。被诉行为的依据应包含事实依据及法律依据。首先，在投诉举报案件中，行政机关是基于投诉举报人提供的线索，对可能存在的违法行为进行调查，因此案件事实是否能够得以查明取决于具体案件中线索的明确和充分程度，法院的审查范围在于行政机关是否已经尽到了合理审慎的调查义务。就本案而言，对于禹某对患者陈某某采集病史、进行一般检查的行为，经被告调查核实，由于当时管床医师李某正在产科手术室做手术，禹某已用电话向其带教老师李某医师报告，医师李某对禹某的上述行为作了指示。当天上午 10：40 左右，医师李某做完手术，来到医生办公室指导禹某开医嘱，开具了血常规、心电图和彩超检查等申请单，李某作为执业医师在病历、申请单等相关医疗文书上均签了字，即应对其认可的诊疗活动负责。基于相关法律规定和现有证据情况，被告在法定职权范围内已经尽到了调查职责。在本案已有证据证明李某对禹某进行过电话指导，又无其他证据能够予以推翻的情况下，被告认定李某对禹某当天上午诊疗行为进行指导，并无不当。其次，关于被诉处理决定的法律依据是否充分的问题。根据《行政诉讼法》第 67 条的规定，行政机关应当向人民法院提交所依据的规范性文件，用以证明行政行为的“合法性”。结合前述被告查明的事实，被告依据《医学教育临床实践管理暂行规定》第 12 条“医学生在临床带教教师的监督、指导下，可以接触观察患者、询问患者病史、检查患者体征、查阅患者有关资料、参与分析讨论患者病情、书写病历及住院患者病程记录、填写各类检查和处置单、医嘱和处方，对患者实施有关诊疗操作、参加有关的手术”以及《卫生部关于医学生毕业后暂未取得医师资格从事诊疗活动有关问题的批复》《卫生部办公厅关于正规医学专业学历毕业生试用期期间的医疗活动是否非法行医的批复》的规定，作出被诉处理决定，并无不当。

第二，关于本案争议的其他问题。关于电话指导是否违反医学教育临床实践活动管理规定。《医疗机构管理条例》第 28 条规定，医疗机构不得使用非卫生技术人员从事医疗卫生技术工作。《医学教育临床实践管理暂行规定》第 17 条规定，医学生和试用期医学毕业生在临床带教教师和指导医师指导下参与医学教育临床实践活动，不承担医疗事故或医疗纠纷责任。上述规定表明，在医学教育临床实践活动中，医学生和试用期医学毕业生的身份具有一定的特殊性，不能简单等同于一般非卫生技术人员。医学生和试用期医学毕业生在临床带教教师和指导医师指导下参与医学教育临床实践活动，既是医学生和试用期医学毕业生学习掌握诊疗技能的重要途径，同时也是负责指导的执业医师实施诊疗活动的一种方式。关于“指导”的具体方式，法律法规均未明确限定为“现场指导”，因此认定以电话方式指导构成违法，缺乏明确的法律依据。本案中，李某以电话方式对禹某进行指导，并不违反我国目前医学生和试用期医学毕业生参与医学教育临床实践活动的相关管理规定。

综上，被告市卫计委所作被诉处理决定依据充分，符合法定程序，并无不当。原告的诉讼请求无事实依据和法律依据，不予支持。

判决后，陈某某不服上诉。

二审法院认为：禹某是否属于非法行医以及妇幼保健院是否存在任用非卫生技术人员从事医疗卫生技术工作的关键性事实是本案争议焦点的核心。

关于禹某是否属于非法行医的问题。对于禹某对患者陈某某采集病史、进行一般检查的行为，由于当时管床医师李某正在产科手术室做手术，禹某已用电话向其带教老师李某报告，医师李某对禹某的上述行为作了指示。当天上午 10：40 左右，医师李某做完手术后，指导禹某开医嘱，开具血常规等申请单，李某作为执业医师在病历、申请单等相关医疗文书上均签了字，即表示其认可该诊疗活动，并为此负责。因此，禹某的行为并不属于非法行医。

关于妇幼保健院是否存在任用非卫生技术人员从事医疗卫生技术工作的

问题。《医学教育临床实践管理暂行规定》第3条第3款规定，试用期医学毕业生是指被相关医疗机构录用并尚未取得执业医师资格的医学毕业生。试用期医学毕业生的临床实践活动在相关医疗机构进行，在指导医师指导下从事临床诊疗活动，在实践中提高临床服务能力。第17条规定，医学生和试用期医学毕业生在临床带教教师和指导医师指导下参与医学教育临床实践活动，不承担医疗事故或医疗纠纷责任。本案中，禹某未取得执业医师资格，其作为妇幼保健院的试用期毕业生对上诉人陈某某的产前诊疗行为在临床带教教师李某医师的指导下完成，符合法律规定。因此，妇幼保健院并不存在任用非卫生技术人员从事医疗卫生技术工作的情形。

综上，一审判决认定事实清楚，适用法律正确，程序合法，应予维持。

案例二①

2016年5月27日，区卫计委工作人员对某感冒专科医院进行现场检查，发现该医院现场工作人员7名，其中执业人员4人，未能提供4人的执业医师资格证书，并有1名患者正在接受治疗。治疗登记本显示，该院已收治多名患者。同日，区卫计委向该医院下达了卫生监督意见书，责令该医院在暂缓校验期内，及时到某区卫生局医政科进行2015年度《医疗机构执业许可证》校验；在暂缓校验期内，不得开展门诊治疗活动，未取得执业医师证书和执业护士证书人员不得开展诊疗活动。同年7月25日，区卫计委对某感冒专科医院再次进行现场检查，发现该医院两名未取得执业医师资格的人员在给患者进行治疗。2016年9月14日，区卫计委作出行政处罚决定，认定：某感冒专科医院使用李某林、李某斌两名非卫生技术人员从事医疗卫生技术工作，违反了《医疗机构管理条例》第28条“医疗机构不得使用非卫生技术人员从事医疗卫生技术工作”的规定，依据《医疗机构管理条例》第48条“违反本条例第二十八条规定，使用非卫生技术人员从事医疗卫生技术工作的，由县级以上人民政府卫生行政部门责令其限期改正，并可以处以5000元以下的罚款；情节严重的，吊销其《医疗机构执业许可证》”，参照《河南省卫生行政处罚裁量标准》第4条第2款，违法行为情形和处罚标准，按照《医疗机构管理条例实施细则》第81条执行。《医疗机构管理条例实施细则》第81条规

① （2017）豫05行终83号。

定："任用非卫生技术人员从事医疗卫生技术工作的，责令其立即改正，并可处以三千元以下的罚款；有下列情形之一的，处以三千元以上五千元以下罚款，并可以吊销其《医疗机构执业许可证》：（一）任用两名以上非卫生技术人员从事诊疗活动；（二）任用的非卫生技术人员给患者造成伤害。医疗机构使用卫生技术人员从事本专业以外的诊疗活动的，按使用非卫生技术人员处理。"决定给予该医院罚款3700元，吊销《医疗机构执业许可证》，同时责令立即改正违法行为的行政处罚。该医院不服，于2016年9月22日提出行政复议，市人民政府于2016年9月30日立案受理，于2016年12月23日作出行政复议决定，维持区卫计委作出的行政处罚决定。

一审法院认为：本案中，区卫计委在履行其监督管理职责时，发现某感冒专科医院使用两名非卫生技术人员从事医疗卫生技术工作，其行为违反了《医疗机构管理条例》第28条之规定，区卫计委依据《医疗机构管理条例》第28条、第48条，《医疗机构管理条例实施细则》第81条之规定，按照法定程序对某感冒专科医院作出的行政处罚决定，认定事实清楚，证据充分，适用法律正确，依法应予维持。市人民政府作出的被诉行政复议决定适用法律正确，程序合法，亦无不当。某感冒专科医院对区卫计委在履行监督管理职责时查处的违法事实不持异议，要求撤销被诉行政行为的主要理由为区卫计委给该医院发放《医疗机构执业许可证》违法，造成该医院违法用人。一审法院认为，《医疗机构管理条例》是为了加强对医疗机构的管理，促进医疗卫生事业的发展，保障公民健康而制定，任何医疗机构在执业过程中都应该严格遵守。区卫计委、市卫计委给某感冒专科医院发放《医疗机构执业许可证》的行为是否存在问题都不应是该医院可以违法使用非卫生技术人员从事医疗卫生技术工作的理由。该医院的诉讼理由依法不能成立。某感冒专科医院提交卫生部卫政法发［2006］237号《关于实施吊销〈医疗机构执业许可证〉有关问题的批复》，认为应吊销诊疗科室的执业许可，而不应吊销整个医院的执业许可。该批复具有针对性，不适用于本案。综上所述，某感冒专科医院要求撤销该处罚决定的诉讼请求，缺乏事实根据和法律依据，不予支持。

二审法院认为：关于区卫计委作出的被诉行政处罚决定是否合法的问题。《医疗机构管理条例》第28条规定："医疗机构不得使用非卫生技术人员从事医疗卫生技术工作。"这是行政法规的强制性规定，任何医疗机构不得以任何理由违反该规定。上诉人关于因为医疗卫生管理机构的工作过错，导致其招录的执业医师不敢注册，所以其违法行为情有可原的上诉理由不能成立。上诉人称涉案非卫生技术人员具有相应医疗卫生技术，医疗成效明显，应按国家确有专长医师人员对待的上诉理由没有法律依据。《医疗机构管理条例》第48条规定："违反本条例第二十八条规定，使用非卫生技术人员从事医疗卫生技术工作的，由县级以上人民政府卫生行政部门责令其限期改正，并可以处以5000元以下的罚款；情节严重的，吊销其《医疗机构执业许可证》。"上诉人使用两名非卫生技术人员从事诊疗活动，区卫计委作出被诉处罚决定，吊销上诉人的《医疗机构执业许可证》，符合法律规定。虽然卫生部《关于实施吊销〈医疗机构执业许可证〉有关问题的批复》（卫政法发［2006］237号文件）中有关于"对医疗机构诊疗活动超出登记范围或使用非卫生技术人员从事医疗卫生技术工作情节严重的，卫生行政部门可以根据实际情况吊销医疗机构相关诊疗科目的执业许可"的规定，但该文件系国务院部委制定的非规范性法律文件，其效力低于《医疗机构管理条例》；且从该批复附件看，其适用的情况主要是二、三级医疗机构或承担社区基本医疗和预防保健服务功能的医疗机构，而本案上诉人的情况显然与该批复适用的情况并不相符。上诉人认为不应吊销某感冒专科医院的《医疗机构执业许可证》而应该吊销该医院头痛科执业许可的上诉理由不能成立。综上，区卫计委作出的本案被诉行政处罚决定认定事实清楚，证据确凿，程序合法，适用法律正确。市人民政府作出的被诉复议决定程序合法。原审判决认定事实清楚，适用法律正确。上诉人的上诉理由不能成立，其上诉请求本院不予支持。

案例三①

县卫计委提供的某卫生室《医疗机构执业许可证》记载：诊疗科目：内科，有效期自2014年1月1日至2014年12月31日。根据陈某某2015年1月21日举报，该卫生室负责人妻子孟某某于2014年8月在卫生室给陈某某做妇科B超检查、清宫手术后，陈某某一直出血不止。县卫计委立案并展开调查取证，调取了相关证据材料，认定了卫生室使用未按照注册执业地点、执业类别、执业范围执业的助理医师孟某某擅自开展妇科诊断活动的违法事实，

① （2017）豫05行终26号。

违法情节为一般违法。2016年3月15日，县卫计委对卫生室作出《行政处罚决定书》，认为卫生室的行为违反了《医疗机构管理条例》第25条、第28条的规定，属使用非卫生技术人员，违法事实情节属一般违法行为。依据《医疗机构管理条例实施细则》第81条第2款的规定，参照《河南省卫生行政处罚裁量标准》，对卫生室作出罚款人民币2000元的行政处罚，同时责令立即改正。

原审法院认为，《医疗机构管理条例》第28条规定："医疗机构不得使用非卫生技术人员从事医疗卫生技术工作。"《医疗机构管理条例实施细则》第81条第2款规定："医疗机构使用卫生技术人员从事本专业以外的诊疗活动的，按使用非卫生技术人员处理。"本案中，卫生室2014年的诊疗范围登记属内科，孟某某，2013年3月28日至2015年1月21日执业助理医师，执业地点为城关张某某诊所，县卫计委根据调查取证的材料认定卫生室使用未按照注册执业地点、执业类别、执业范围执业的助理医师孟某某擅自开展妇科诊断活动，且违法事实属一般违法情节并无不妥。本案中，陈某某认为孟某某2014年8月30日在卫生室对其开展妇科诊疗活动，造成原告大出血、子宫切除并引发巨额医疗费用的严重后果，属严重违法行为，陈某某提供的视频光盘记录内容不能证明孟某某2014年8月在卫生室对其开展妇科诊疗活动，也不能证明8月30日给陈某某作妇科检查和治疗行为，且原县卫生局也未能对此予以确认；陈某某提供的住院病历也不能直接证明陈某某阴道出血是孟某某诊疗行为造成；陈某某提供的事发当日转入县人民医院住院治疗的住院病历诊断显示恶性滋养细胞肿瘤、侵袭性葡萄胎，陈某某提供的新乡医学院第一附属医院第二次住院切除子宫的病历记载诊断结果为绒癌、右卵巢黄体囊肿，该病情不能确定为孟某某诊疗行为所致，故陈某某的主张不予采信。陈某某称因孟某某误诊导致病情延误，未能提供相关证据。陈某某提供的视频光盘虽然记载了孟某某在卫生室向他人介绍妇科B超检查和治疗的相关情况，但不能证明孟某某2014年8月30日给陈某某作妇科检查和治疗的行为。县卫计委的行政处罚证据确凿，符合法定程序，适用法律、法规正确。陈某某的诉讼请求理由不能成立，依法应驳回陈某某的诉讼请求。

陈某某上诉称：卫生室容留非本所执业人员开展诊疗活动严重违法，且所容留的孟某某不具备开展妇科诊疗活动而长期开展诊疗活动情节严重。被诉处罚决定书仅认定孟某某实施妇科诊断、违法事实情节属一般违法行为而作出的处罚认定事实错误，采信证据违法，适用法律错误，处罚畸轻，实际上孟某某对陈某某实施了妇科清宫手术并造成了严重后果，应依法处以吊销《医疗机构执业许可证》。处罚决定程序违法，剥夺了陈某某在处罚程序中应享有的知情权、举证权、反驳权。原审判决错误。请求：撤销原判决，撤销行政处罚，撤销［2015］C009—01号行政处罚决定，并责令县卫计委重新作出行政处罚。

被上诉人县卫计委辩称：从调查的证据材料和陈某某提供的视频光盘记录及其数次病例相互印证，只能证实孟某某对陈某某做过诊断行为，不能确定孟某某对陈某某做过治疗行为，所以认定孟某某的行为属于诊断不属于治疗，属于一般情节。孟某某是否对陈某某实施治疗行为、后果是否严重，应当由陈某某申请医疗事故鉴定。陈某某提供的视频光盘不能确定孟某某对陈某某实施了清宫行为。对陈某某卫生室作出的行政处罚正确。原审判决正确。请求：驳回上诉，维持原判。

二审法院经审理查明：卫生室持有的《医疗机构职业许可证》记载的诊疗科目为内科。2016年3月15日，县卫计委应陈某某举报孟某某在卫生室对其实施妇科诊疗活动违法，对卫生室作出行政处罚决定，认定卫生室的行为违反了《医疗机构管理条例》第25条、第28条的规定，属使用非卫生技术人员，违法事实情节属一般违法行为，决定对卫生室罚款2000元并责令立即改正。陈某某主张孟某某对其实施了妇科诊断和治疗行为并且造成严重后果，卫生室不仅使用非卫生计生人员而且超越了诊所的执业范围。卫生室及孟某某否认对陈某某实施诊疗行为。

二审法院认为，县卫计委对卫生室作出行政处罚决定，在认定卫生室违法事实及情节方面，主要证据不足，事实不清。对于卫生室的违法行为、情节及定性方面有待进一步查证，并作出相应的行政行为。原审判决认定事实不清，应予撤销。判决如下：一、撤销县人民法院（2016）豫0523行初86号行政判决；二、撤销原县卫生局对卫生室作出的［2015］C009—01号行政处罚决定；三、判令县卫计委在本判决生效后的法定期限内重新作出行政行为。

知识要点

1. 如何理解“卫生技术人员”。
2. 如何认定“使用非卫生技术人员”。
3. 使用非卫生技术人员的法律责任。

案例解析

一、如何理解“卫生技术人员”

对于卫生技术人员的概念，我国《医疗机构管理条例实施细则》第 88 条规定为，卫生技术人员是指按照国家有关法律、法规和规章的规定取得卫生技术人员资格或者职称的人员。其涵盖面很广，在我国《卫生技术人员职务试行条例》中，将卫生技术职务分为医、药、护、技四类：（1）医疗、预防、保健人员；（2）中药、西药人员；（3）护理人员；（4）其它卫生技术人员。从事诊疗活动，应当具备上述卫生技术人员资格。

二、如何认定“使用非卫生技术人员”

按照卫生技术人员的概念，以及相关法律规定，“使用非卫生技术人员”可以分为以下三种情况：

1. 使用没有获得卫生技术人员资格或职称的人员

在实践中，对于完全没有医学知识，没有获得卫生技术人员资格或职称的人员，不难认定为非卫生技术人员。但是，对于具备医学知识的医科实习生、毕业生，以及在临床工作一段时间，但尚未取得相关资格或职称的人员，这些人员必须经过一个学习、实践的阶段，才能成长为卫生技术人员。如果对这些人员管理不当，可能增加医疗风险，造成医疗损害。因此，国家卫生主管部门对此有一系列规范性文件，如案例一中提到的《医学教育临床实践管理暂行规定》《卫生部关于医学生毕业后暂未取得医师资格从事诊疗活动有关问题的批复》等。如果违反这些规范性文件的要求从事相关工作，则可能认定为使用非卫生技术人员，承担相应的法律责任。

2. 获得卫生技术人员资格或职称但从事其他专业工作

《医疗机构管理条例实施细则》第 81 条第 2 款规定：“医疗机构使用卫生

技术人员从事本专业以外的诊疗活动的，按使用非卫生技术人员处理。”卫生技术人员各有其专业范畴，脱离专业范围，则无法保证医疗行为的安全，因此，法律作如上规定。同时，国家卫生行政主管部门对于一些比较容易混淆的情形，也以批复的形式进行了确认。

3. 获得卫生技术人员资格或职称但不在规定执业地点执业

按照卫生技术人员的执业注册规定，经注册后，应当在规定的执业地点执业，除非是法律规定的特殊情形，如援助、会诊、急救、医疗集团等。不在规定的执业地点执业，违反了相关法律规定，但是，可以视为“使用非卫生技术人员”吗？从目前国家卫生行政主管部门的部门规章、规范性文件及多次批复来看，要区分不同情形，进行不同认定，《台湾地区医师在大陆短期行医管理规定》第 17 条规定：“医疗机构聘用未经大陆短期行医执业注册的台湾医师从事诊疗活动，视为聘用非卫生技术人员，按照《医疗机构管理条例》第四十八条规定处理。”但是，对于其他未按规定办理执业地点变更的情形，一般不认定为“使用非卫生技术人员”。如在《处方管理办法》第 54 条中，对于“使用未取得处方权的人员、被取消处方权的医师开具处方的”，各地卫生行政部门在行政处罚裁量基准中与“使用非卫生技术人员”区分对待，一般不认为是“使用非卫生技术人员”。

三、使用非卫生技术人员的法律责任

使用非卫生技术人员进行诊疗活动，依据《医疗机构管理条例》第 48 条：“违反本条例第二十八条规定，使用非卫生技术人员从事医疗卫生技术工作的，由县级以上人民政府卫生行政部门责令其限期改正，并可以处以 5000 元以下的罚款；情节严重的，吊销其《医疗机构执业许可证》。”《医疗机构管理条例实施细则》第 81 条进一步规定：“任用非卫生技术人员从事医疗卫生技术工作的，责令其立即改正，并可处以三千元以下罚款；有下列情形之一的，处以三千元以上五千元以下罚款，并可以吊销其《医疗机构执业许可证》：（一）任用两名以上非卫生技术人员从事诊疗活动；（二）任用的非卫生技术人员给患者造成伤害。医疗机构使用卫生技术人员从事本专业以外的诊疗活动的，按使用非卫生技术人员处理。”

需要注意的是，《医疗机构管理条例实施细则》第 81 条规定，“任用的非卫生技术人员给患者造成伤害”，也就是说，任用的非卫生技术人员的诊疗活动导致了患者损害，当然，在存在因果关系的前提下，是否有必要进一步区分责任程度，究竟是主要责任还是次要责任，或者轻微责任就可以援引该条款，值得在实践中进一步讨论和明确。

法律依据

《医疗机构管理条例》

第二十八条　医疗机构不得使用非卫生技术人员从事医疗卫生技术工作。

第四十八条　违反本条例第二十八条规定，使用非卫生技术人员从事医疗卫生技术工作的，由县级以上人民政府卫生行政部门责令其限期改正，并可以处以5000元以下的罚款；情节严重的，吊销其《医疗机构执业许可证》。

《医疗机构管理条例实施细则》

第八十一条　任用非卫生技术人员从事医疗卫生技术工作的，责令其立即改正，并可处以三千元以下的罚款；有下列情形之一的，处以三千元以上五千元以下罚款，并可以吊销其《医疗机构执业许可证》：

（一）任用两名以上非卫生技术人员从事诊疗活动；

（二）任用的非卫生技术人员给患者造成伤害。

医疗机构使用卫生技术人员从事本专业以外的诊疗活动的，按使用非卫生技术人员处理。

《卫生部关于医学生毕业后暂未取得医师资格从事诊疗活动有关问题的批复》（卫政法发〔2005〕357号）

河南省卫生厅：

你厅《关于医学生毕业后暂未取得医师资格从事诊疗活动有关问题的函》（豫卫函监督〔2005〕5号）收悉。经研究，现答复如下：

医学专业毕业生在毕业第一年后未取得医师资格的，可以在执业医师指导下进行临床实习，但不得独立从事临床活动，包括不得出具任何形式的医学证明文件和医学文书。

医疗机构违反规定安排未取得医师资格的医学专业毕业生独立从事临床工作的，按照《医疗机构管理条例》第四十八条的规定处理；造成患者人身损害的，按照《医疗事故处理条例》处理。

未取得医师资格的医学专业毕业生违反规定擅自在医疗机构中独立从事临床工作的，按照《执业医师法》第三十九条的规定处理；造成患者人身损害的，按照《医疗事故处理条例》第六十一条的规定处理。

此复。

二〇〇五年九月五日

第四章

出卖、转让、出借《医疗机构执业许可证》

本章概要

认定医疗机构是否存在出卖、转让、出借《医疗机构执业许可证》，主要是判断其“经营管理权”是否转移，具体可以从“人”“财”“物”“责任承担”四个方面进行考量，即从人员管理、财产归属、设备设施投入以及由谁来承担风险这几个方面综合分析。需要注意的是，我国《基本医疗卫生与健康促进法》的相关规定比《医疗机构管理条例》更加严谨，处罚幅度明显加大。在行政处罚作出时，如何理解和适用裁量基准，对于行政处罚的合法性、合理性判断，有重要意义。

典型案例

案例一①

2016 年 5 月 10 日，马某成内科诊所取得卫计委颁发的《医疗机构执业许可证》，其中记载该诊所系私人营利性质的普通诊所。同年 5 月 20 日，市卫计委执法人员在对马某成内科诊所进行现场检查时发现，该诊所存在涉嫌违反《医疗机构管理条例》的行为，并予立案。市卫计委对马某成内科诊所相关人员进行了调查询问，经营者马某成称案外人台某银为诊所的实际投资人，其本人只是台某银聘用的医生，诊所医护人员由台某银招聘并发放工资，房屋租金、药品采购等费用也由台某银支付，若出现医疗纠纷，由台某银承担主要赔偿责任。台某银在询问笔录中亦称，其为马某成、周某珍、王某妹、周某良等四家诊所的实际出资人和控制人，负责四家诊所的日常经营管理，马某成是其聘请的医生，每月发放四五千元的工资，诊所房屋装修、租赁、仪器设备等均由其出资采购，诊所盈亏与马某成无关。同年 7 月 5 日，市卫计委出具《卫生监督意见书》，针对现场检查中发现的问题要求马某成内科诊所进行整改。因案情复杂，经向省卫计委申请并经批准，市卫计委将案件延长查处时限 3 个月。2016 年 8 月 29 日，市卫计委对马某成内科诊所进行处罚前告知，马某成内科诊所于同年 9 月 1 日申请处罚听证。2016 年 9 月 14 日，

---

① （2017）苏 05 行终 487 号。

市卫计委举行公开听证，后经集体讨论，作出行政处罚决定，认定马某成内科诊所存在三项违法行为：(1) 2016 年 5 月 19 日至 7 月 5 日，马某成内科诊所经营者马某成将《医疗机构执业许可证》出借给非卫生技术人员台某银开展诊疗活动，依据《医疗机构管理条例》第 46 条、《医疗机构管理条例实施细则》第 79 条的规定，处罚款 3000 元并吊销其《医疗机构执业许可证》；(2) 使用非卫生技术人员从事医疗卫生技术工作，依据《医疗机构管理条例》第 48 条的规定，责令立即改正，处罚款 2800 元；(3) 未将医疗废物按照类别分置于专用包装物或容器，依据《医疗废物管理条例》第 46 条的规定，予以警告并处罚款 1100 元。以上三项合并，决定给予马某成内科诊所警告、罚款 6900 元并吊销《医疗机构执业许可证》的行政处罚。

马某成内科诊所向市政府申请行政复议，市政府作出复议维持决定。

马某成内科诊所仍不服，诉至法院。

一审法院认为，本案争议焦点在于，马某成内科诊所的行为是否构成出借《医疗机构执业许可证》，市卫计委对其作出罚款 3000 元并吊销其《医疗机构执业许可证》的处罚决定是否合法。

事实方面，关于“出借”行为的认定，马某成内科诊所负责人马某成与案外人台某银在市卫计委调查过程中均陈述，诊所药品、器材、人员招聘、房屋租金等费用均由台某银支付，台某银为诊所的投资人与控制人，负责诊所日常经营管理，马某成仅为台某银招聘的医生。可见，形式上马某成虽为《医疗机构执业许可证》上登记的“诊所负责人”，对外具有开设诊所的名义及资质，但实际并不参与其诊所的投资、经营与管理，而是交由非卫生技术人员台某银，由其招聘人员开展诊疗活动，即台某银实际控制与管理该诊所的运营，马某成内科诊所上述行为构成出借《医疗机构执业许可证》给非卫生技术专业人员，违反了《医疗机构管理条例》第 23 条第 1 款的规定，具有客观违法性及可罚性。

法律适用方面，根据《医疗机构管理条例》第 46 条的规定，违反本条例第 23 条规定，出卖、转让、出借《医疗机构执业许可证》的，由县级以上人民政府卫生行政部门没收非法所得，并可以处以 5000 元以下的罚款，情节严重的，吊销其《医疗机构执业许可证》；《医疗机构管理条例实施细则》第 79 条第（4）项规定，转让、出借《医疗机构执业许可证》给非卫生技术专业人员，没收其非法所得，处以3000元以上5000元以下的罚款，并吊销《医疗机构执业许可证》。据此，市卫计委对马某成内科诊所出借《医疗机构执业许可证》给非卫生技术人员台某银的行为给予罚款3000元并吊销其《医疗机构执业许可证》的处罚，符合上述规定的处罚权限，处罚幅度亦无不当。

处罚程序方面，市卫计委依法进行了现场检查、受理、立案、调查、取证、申请延期等程序，将拟处罚决定向马某成内科诊所进行了处罚前告知，应马某成内科诊所要求召开听证会，后在调查核实基础上经集体讨论并由负责人批准作出最终处罚决定，送达马某成内科诊所，符合卫生行政处罚相关程序规定。

至于被诉处罚决定中第二项、第三项内容，马某成内科诊所均不持异议，经查，该两项处罚符合法律规定，并无不当。

综上，经对被诉行政行为全面审查，市卫计委所作行政处罚决定事实清楚，适用法律正确，程序合法，处罚幅度适当；市政府经复议作出维持决定，依据正确，程序合法。马某成内科诊所要求撤销行政处罚决定中对其吊销《医疗机构执业许可证》的处罚及市政府行政复议决定的诉请，缺乏事实和法律依据，不予支持。

马某成内科诊所不服一审判决，上诉称，第一，原审法院事实认定不清，确认上诉人出借《医疗机构执业许可证》事实依据不足。原审法院关于“出借”行为的认定，依据的证据是上诉人负责人马某成和案外人台某银在被上诉人调查过程中的陈述，特别需要指出的是，在被上诉人提供的以上询问笔录、当事人陈述中，存在大量的当事人陈述前后不一致、当事人陈述与证人陈述互相矛盾、主观证据与客观证据不一致等问题，而且案外人台某银在此后否认了其之前的陈述。在证明上诉人实施了“出借”行为的事实上不能形成完整的证据链。根据行政诉讼法的原则，仅有主观证据无客观证据的情况，不能单独作为行政处罚的依据。上诉人在一审过程中均有提出，但一审法院避重就轻未予采纳。第二，被上诉人市卫计委的行政程序违法。（1）调查程序违法。本案调查机关是苏州市卫生监督管理所（以下简称市卫监所），作为事业单位和一家独立法人，该所无行政处罚权。（2）调查过程中调查人员存在诱供。被上诉人提供的工资表旨在证明由台某银向马某成等人发放了工资，是本案中的极少的客观证据之一。而根据案外人台某银的陈述，被上诉人所出具的该份工资表是卫计委在调查过程中要求其提供的，台某银应被上诉人要求临时制作，该工资表的签名并非本人所签，存在伪造之嫌。该表中所反映的工资数额与询问笔录中的数额也不一致。被上诉人使用了诱供手段收集本案证据，应当予以排除。请求撤销原判，撤销行政处罚决定书中对上诉人吊销《医疗机构执业许可证》的处罚并撤销行政复议决定。

被上诉人市卫计委答辩称，第一，上诉人在接受被上诉人调查时所做的陈述基本反映出了上诉人出借医疗卫生许可证的违法事实。上诉人及其诊所内的其他工作人员包括案外人的调查笔录均能反映出上诉人对以自己名义开设的诊所不投资、不经营、不管理，也不能够依法承担医疗责任的风险。虽然上诉人在有的陈述笔录中作了部分辩解，有陈述前后不一致的地方，但是并不影响原审法院根据被上诉人提供的大量证据依法作出认定。第二，市卫监所是由被上诉人依法授权进行执法的合法单位，被上诉人根据《行政诉讼法》第十八条的规定，将法定权限内的部分调查权限授权给依法成立的市卫监所实施符合法律规定，并无不当。市卫监所根据授权依法进行履职，最后作出的行政处罚是以被上诉人名义作出，被上诉人对所作的行政处罚负责监督并且承担法律责任，符合《行政处罚法》的规定。第三，在受到被上诉人的行政处罚后，上诉人以所谓的合作关系来掩盖其非法出借许可证的事实。从涉案四个案件合作对象均是台某银就能看出，作为非卫生技术专业人员的台某银一手投资操控了四家诊所的开办、设立、日常的经营管理，证明上诉人和台某银之间系非法出借《医疗机构执业许可证》的关系。综上所述，被上诉人所作的行政处罚事实清楚，证据确凿，适用法律正确，请求二审法院依法驳回上诉，维持原判。

被上诉人市政府答辩称，马某成和台某银的笔录均证实，诊所的药品、器材、人员招聘、房屋租金等费用均由台某银支付。马某成仅为台某银招聘的医生，其虽为《医疗机构执业许可证》登记的诊所负责人，但实际并未参与诊所投资、经营与管理，台某银才是诊所的实际投资人和控制人，负责诊所的日常经营管理。故上诉人确有实施出借《医疗机构执业许可证》给非卫生技术专业人员的行为，违反了《医疗机构管理条例》第 23 条第 1 款之规定。被上诉人经复议审理后维持市卫计委的行政处罚决定，并无不当。

二审法院认为，关于上诉人是否存在出借《医疗机构执业许可证》给非卫生技术人员的事实，根据上诉人负责人及案外人台某银的陈述，可以确认上诉人诊所药品、器材、人员招聘、房屋租金等费用均由台某银支付，台某银为诊所的投资人与控制人，负责诊所日常经营管理，并为马某成发放工资。马某成实际并不参与诊所的投资、经营与管理，而是交由非卫生技术人员台某银，由其招聘人员开展诊疗活动，即台某银对该诊所实际控制与管理。由此可见，上诉人上述行为实质上构成非法出借《医疗机构执业许可证》给非卫生技术专业人员的情形。上诉人二审中提出：涉案询问笔录及当事人陈述中存在大量的前后不一、互相矛盾、主客观证据不一致等问题，被上诉人在证明上诉人实施了“出借”行为的事实上不能形成完整的证据链。对此，本院认为，在案证据能够综合反映出马某成不实际参与诊所的经营管理，而是交由台某银实际控制和管理。有关询问笔录等证据材料虽存有不一致情形，但并不影响该事实的认定。上诉人该理由不能成立，本院不予采纳。根据《医疗机构管理条例》第 46 条的规定，违反本条例第 23 条规定，出卖、转让、出借《医疗机构执业许可证》的，由县级以上人民政府卫生行政部门没收非法所得，并可以处以 5000 元以下的罚款，情节严重的，吊销其《医疗机构执业许可证》。《医疗机构管理条例实施细则》第 79 条第（4）项规定，转让、出借《医疗机构执业许可证》给非卫生技术专业人员，没收其非法所得，处以 3000 元以上 5000 元以下的罚款，并吊销《医疗机构执业许可证》。据此，二审法院维持原判。

案例二①

2018 年 3 月 14 日，行政机关对王某翔内科诊所依法进行卫生监督检查，发现护士徐某在该场所未取得医师资格和执业证书从事医师活动。经调查，王某翔内科诊所的营业执照字号为淮阴区王某翔诊所，经营者为王某翔。2014 年 7 月 1 日，王某翔与徐某签订一份《合作办理医疗机构协议》，合作期限为 2014 年 7 月 1 日至 2019 年 7 月 1 日，合作方式为：王某翔提供自己诊所的《医疗机构执业许可证》供徐某经营王某翔内科诊所使用，由徐某负责诊所的日常经营，徐某不仅负责提供诊所的医疗用房、办公场所、医疗设备设

① （2019）苏 08 行终 117 号。

施，而且还负责人员聘用及发放工资、药品器械购置、房租水电缴纳等。同时除每年度支付给王某翔合作利润36000元整外，其余利润由徐某占有和支配。

对于上述转让、出借《医疗机构执业许可证》的行为，行政机关于2018年3月19日予以立案调查后，作出行政处罚决定，认定淮阴区王某翔诊所向徐某转让、出借《医疗机构执业许可证》的行为，违反了《医疗机构管理条例》第23条第1款的规定，依据《医疗机构管理条例》第46条、《医疗机构管理条例实施细则》第79条的规定，决定没收非法所得135000元，罚款人民币3000元，并吊销《医疗机构执业许可证》。

行政相对人不服，遂起诉到法院。

一审法院认为，本案的争议焦点为被告认定原告的违法事实是否清楚。庭审中，原告主要主张实际上诊所的管理并没有脱离王某翔的控制，诊所依然是由王某翔在经营。法院认为，原告经营者王某翔与徐某签订的协议，明确载明了徐某以向王某翔预付固定“利润”的方式，使用原告的《医疗机构执业许可证》经营诊所，根据协议的约定，徐某不仅负责提供诊所的医疗用房、办公场所、医疗设备设施，而且还负责聘用人员及发放工资、药品器械购置、房租水电缴纳等，医疗事故责任亦约定由徐某承担，原告经营者王某翔的行为，属于典型的转让、出借《医疗机构执业许可证》行为。《医疗机构管理条例》第23条第1款明确规定《医疗机构执业许可证》不得伪造、涂改、出卖、转让、出借，本案中，被告在查明上述事实、履行相关法定程序后，对原告转让、出借《医疗机构执业许可证》的违法行为作出被诉处罚，认定事实清楚，程序合法，适用法律正确。原告诉请撤销被诉《行政处罚决定书》，无事实和法律依据，法院不予支持。

王某翔诊所不服，上诉称：一审判决认定事实有误。上诉人实际上是由王某翔作为名义和事实上的负责人，法律法规规定不得借用《医疗机构执业许可证》，目的是禁止不具有医师执业资格的人从事医疗业务的管理或指导工作，而不是禁止财务、人事、后勤等专业人员从事财务、人事、后勤等工作，这些工作不需要且法律也不强求非得具有医师执业资格的人来负责。王某翔诊所由王某翔负责对医师执业行为的管理，徐某仅对财务、行政等工作进行管理。这种所谓的合作不是法律所禁止的医疗机构合伙的行为，有利于诊所负责人王某翔更专心地对医生执业行为进行管理。综上，请求撤销一审判决，发回重审或依法改判。

本案的争议焦点为：（1）上诉人王某翔诊所是否存在转让、出借《医疗机构执业许可证》的违法行为；（2）被上诉人所作行政处罚决定是否合法。

二审法院认为：关于争议焦点一，上诉人王某翔诊所是否存在转让、出借《医疗机构执业许可证》的违法行为。根据《医疗机构管理条例》第23条第1款规定："《医疗机构执业许可证》不得伪造、涂改、出卖、转让、出借。"第46条规定："违反本条例第二十三条规定，出卖、转让、出借《医疗机构执业许可证》的，由县级以上人民政府卫生行政部门没收非法所得，并可以处以5000元以下的罚款；情节严重的，吊销其《医疗机构执业许可证》。"《医疗机构管理条例实施细则》第79条规定："转让、出借《医疗机构执业许可证》的，没收其非法所得，并处以三千元以下的罚款；有下列情形之一的，没收其非法所得，处以三千元以上五千元以下的罚款，并吊销《医疗机构执业许可证》：……（二）转让或者出借《医疗机构执业许可证》是以营利为目的；……"结合涉案《合作办理医疗机构协议》所约定的内容，以及被上诉人对徐某、王某翔、医生崔某斌、护士龚某等人的询问笔录等证据，可以证实上诉人的行为实质属于转让、出借《医疗机构执业许可证》的违法行为，依法应当予以处罚。

关于争议焦点二，被上诉人所作行政处罚决定是否合法。二审法院认为，被上诉人区卫计委在就相关事实调查核实后作出行政处罚事先告知书，告知当事人享有陈述申辩和听证权利，并依法组织听证。被上诉人区卫计委作出的行政处罚决定符合法律规定，并无不当。上诉人王某翔诊所称一审认定事实有误，其所谓的"合作"并非法律所禁止的行为等上诉理由不能成立，本院不予采纳。

综上，一审判决认定事实清楚，适用法律正确，程序合法，应予维持。

案例三①

2013年2月16日，原告史某金在女友张某霞、其父史某存、弟弟史某现的陪同下，到临沂市某中心卫生院北侧的门诊治疗，第三人赵某明对原告史

① （2017）鲁13行终221号。

某金治疗131天。2014年5月19日原告史某金实名向被告某区卫计局投诉门诊的违法行为，同日被告区卫计局作出受案登记，5月22日对赵某明作出2014－1025号卫生监督意见书，责令其停止执业活动。2014年10月22日被告区卫计局对原告史某金作出《关于对20141010001号信访件的答复》，答复主要内容为：执法人员多达8次对史某金反映的门诊进行突击检查，因诊所一直关门，均未取得诊所非法执业的直接证据，建议其根据自己已经掌握的证据，向公安机关举报查处。

2015年5月20日，被告区卫计局再次进行执法检查，在检查中发现中心卫生院提供的院方与赵某明签订的出租合同书及招聘合同书，才发现赵某明承包中心卫生院专科门诊的证据。自2015年5月20日正式立案至2015年8月20日作出行政处罚决定书，经多次对有关患者、中心卫生院工作人员、史某金及赵某明、赵某前现场做询问笔录，现场取证，调取中心卫生院的财务账目，依照卫生部《关于对有关医疗机构涉嫌出租承包科室处理意见的通知》（卫监督发［2004］342号文）的要求，依据《医疗机构管理条例》第44条、《医疗机构管理条例实施细则》第77条第2、3项和《山东省卫生计生行政处罚裁量基准（试行）》第1项（较重标准）的规定，于2015年8月20日对门诊作出行政处罚决定书，处以没收药品、器械并处人民币6000元罚款的行政处罚。依据《医疗机构管理条例》第46条、《医疗机构管理条例实施细则》第79条和《山东省卫生计生行政处罚裁量基准（试行）》第2项（严重标准）的规定，同日对中心卫生院出租承包科室的行为作出行政处罚：没收非法所得68586.43元并处罚款5000元。

2016年4月13日，史某金向被告区卫计局提出政府信息公开申请，2016年4月21日，区卫计局作出政府信息公开申请答复书，并同时将2014－1025卫生监督意见书、临东卫医罚［2015］1008号、1009号行政处罚决定书提供给史某金。2016年6月20日，史某金对区卫计局不履行查处投诉举报法定职责的行为不服，向区人民政府提出行政复议申请。区人民政府经审查，认为区卫计局在行政复议申请受理前已依法查处了史某金投诉的违法行为，履行了法定职责，于2016年8月16日作出行政复议决定，驳回了史某金提出的行政复议申请。史某金仍不服，提起行政诉讼。

法院认为：关于被告区卫计局是否已经履行法定职责。2014年5月19

日，原告史某金向被告区卫计局投诉门诊的违法行为，同日被告区卫计局作出受案登记，5 月 22 日作出卫生监督意见书，责令门诊停止执业活动。2014 年 10 月 22 日被告区卫计局作出《关于对 20141010001 号信访件的答复》。2015 年 5 月 20 日，原告史某金致电临沂市 12345 求助，反映 2014 年 5 月其到区卫计局反映问题至今无处理结果，同日被告区卫计局作出案件受理记录，次日作出立案报告。2015 年 8 月 20 日被告区卫计局对中心卫生院作出行政处罚决定，决定没收非法所得 68586.43 元并处罚款 5000 元；对某门诊作出行政处罚决定，决定予以没收药品、器械并处以罚款 6000 元。从被告区卫计局作出的上述一系列行政行为看，针对原告反映的问题，被告区卫计局对被举报人已经作出终局性的行政处罚决定，故原告主张被告区卫计局不作为的主张不能成立。因此，被告区卫计局针对原告举报的事项已经履行法定职责，依照《行政诉讼法》第 69 条的规定，判决驳回原告史某金的诉讼请求。

史某金不服，提起上诉。二审法院审理后判决：驳回上诉，维持原判。

知识要点

1. 如何认定出卖、转让、出借《医疗机构执业许可证》。
2. 行政处罚中的“裁量基准”。

案例解析

一、如何认定出卖、转让、出借《医疗机构执业许可证》

出卖、转让、出借《医疗机构执业许可证》的行为，为我国法律所禁止。单位或个人设置医疗机构，必须经县级以上地方人民政府卫生行政部门审查批准。也就是说，领取《医疗机构执业许可证》，需要获得行政许可，行政机关需要对申请人的经费、设施、设备、专业卫生技术人员、规章制度、场所等各个方面进行审查，符合条件以后，才予以批准。如果领取《医疗机构执业许可证》后，允许其出卖、转让、出借，则会导致上述审查批准行为失去意义，最终威胁医疗安全。

（一）关键在于判断其经营管理权是否转移，一般从“人”“财”“物”“责任承担”四个方面进行考察

从以上三个案例中，不难看出，对于出卖、转让、出借《医疗机构执业许可证》行为的认定，主要是判断其经营管理权是否转移，一般是围绕“人”“财”“物”“责任承担”等几个方面来综合判断。如案例一中，根据执法机关的调查，经营者马某成称案外人台某银为诊所的实际投资人，其本人只是台某银聘用的医生，诊所医护人员由台某银招聘并发放工资，房屋租金、药品采购等费用也由台某银支付，若出现医疗纠纷由台某银承担主要赔偿责任。台某银在询问笔录中亦称，其为马某成、周某珍、王某妹、周某良等四家诊所的实际出资人和控制人，负责四家诊所的日常经营管理，马某成是其聘请的医生，每月发放四五千元的工资，诊所房屋装修、租赁、仪器设备等均由其出资采购，诊所盈亏与马某成无关。

1. 人：人员管理。原医疗机构不再对医务人员进行管理，包括聘用、考勤、奖惩等均由实际经营控制人来负责。实践中，医务人员的执业地点一般也会变更为医疗机构的地址，但这种执业地点的变更，常常是为了获取处方权，而非对人员的行为进行管理，因此一般也不会影响出卖、转让、出借《医疗机构执业许可证》的认定。

2. 财：出资及财务管理。在出卖、转让、出借《医疗机构执业许可证》的案例中，一般可以看到原医疗机构在领取《医疗机构执业许可证》以后，不再出资，转由实际经营控制人来投资，并进行财务管理，收取营业收入并进行分配，包括日常开支、盈利分红及亏损承担，并一般通过合作费等形式向原医疗机构缴纳费用。

3. 物：药品、医疗器械、消毒药剂、设备、设施，以及其他办公用品等的投入和管理。在医疗机构经营期间，需要有药品、医疗器械、消毒药剂、办公用品的采购和使用，以及固定设备、设施的投入、使用和维护。在出卖、转让、出借《医疗机构执业许可证》的案例中，由于原医疗机构不再参与管理，因此，可以看到，上述这些“物”的管理一般由实际经营控制人来进行。

4. 责任承担：主要指医疗纠纷的处置，以及投资损失等。在出卖、转让、出借《医疗机构执业许可证》的案例中，一般双方通过协议，来约定责任的承担方式。

需要说明的是，现实情况是复杂的，要认定出卖、转让、出借《医疗机构执业许可证》，并非必须具备上述几个方面的全部内容，而是根据原医疗机构的实际控制情况进行综合认定。同时，上述几个方面也非法律的明确规定，而是实务中，大家比较一致认可的内容，当然也会从其他角度进行考量，如规章制度的制定、日常经营的管理等。如案例二中，王某翔提供自己诊所的《医疗机构执业许可证》供徐某经营王某翔内科诊所使用，由徐某负责诊所的日常经营，徐某不仅负责提供诊所的医疗用房、办公场所、医疗设备设施，还负责人员聘用及发放工资、药品器械购置、房租水电缴纳等。同时除每年度支付给王某翔合作利润36000元整外，其余利润由徐某占有和支配。

需要注意的是，对于出卖、转让、出借的理解，应结合相关有效的规范性文件及判例进行。比如2004年原国家卫生部曾发布《关于对非法采供血液和单采血浆、非法行医专项整治工作中有关法律适用问题的批复》，其中规定："医疗机构将科室或房屋承包、出租给非本医疗机构人员或者其他机构并以本医疗机构名义开展诊疗活动的，按照《医疗机构管理条例》第四十六条规定予以处罚。"这里，将"承包""出租"也纳入了禁止范畴，并且，不仅是《医疗机构执业许可证》，还包括科室、房屋，即不仅不允许全部出卖、转让、出借医疗机构，局部行为也在管控之列。

（二）注意新旧法律规定的变化

2020年6月1日起实施的《基本医疗卫生与健康促进法》对《医疗机构执业许可证》的管理也予以了高度的关注，如第38条第2款："医疗机构依法取得执业许可证。禁止伪造、变造、买卖、出租、出借医疗机构执业许可证。"第39条第4款："医疗卫生机构不得对外出租、承包医疗科室。……"同时，也设定了相应的法律责任：伪造、变造、买卖、出租、出借医疗机构执业许可证的，由县级以上人民政府卫生健康主管部门责令改正，没收违法所得，并处违法所得五倍以上十五倍以下的罚款，违法所得不足一万元的，按一万元计算；情节严重的，吊销医疗机构执业许可证。医疗卫生机构对外出租、承包医疗科室的，由县级以上人民政府卫生健康主管部门责令改正，没收违法所得，并处违法所得二倍以上十倍以下的罚款，违法所得不足一万元的，按一万元计算；对直接负责的主管人员和其他直接责任人员依法给予处分。

由此可见，《基本医疗卫生与健康促进法》的规定与《医疗机构管理条例》在表述上以及法律责任上，都有明显区别。在罚款金额上，伪造、变造、买卖、出租、出借医疗机构执业许可证的，没收违法所得，并处违法所得五倍以上十五倍以下的罚款；医疗卫生机构对外出租、承包医疗科室的，没收违法所得，并处违法所得二倍以上十倍以下的罚款，罚款幅度比旧法有显著的提高。另外，《基本医疗卫生与健康促进法》在吊销《医疗机构执业许可证》方面，显得更加谨慎，对于伪造、变造、买卖、出租、出借医疗机构执业许可证的，设定了“情节严重的，吊销医疗机构执业许可证”，但医疗卫生机构对外出租、承包医疗科室的，没有设定吊销医疗机构执业许可证的法律责任。

二、行政处罚中“裁量基准”

所谓裁量基准，全称为“裁量基本标准”，是指在行政处罚领域，行政主体在法律规定的范围内进行自由裁量的空间。行政机关一般会根据各地不同情况，制定具体的裁量标准，并在自由裁量的空间内进行格次的划分，根据具体案件的情况（包括性质、情节、社会危害程度和悔过态度），在相对固定的处罚种类和量罚幅度内进行处罚，同时明确从轻或从重处罚的要件。

几乎所有的行政处罚案例，都有可能涉及裁量基准的理解和适用。例如，在案例三中，行政机关依据《医疗机构管理条例》第 46 条、《医疗机构管理条例实施细则》第 79 条和《山东省卫生计生行政处罚裁量基准（试行）》第 2 项（严重标准）的规定，对中心卫生院出租承包科室的行为作出没收非法所得 68586. 43 元并处罚款 5000 元的行政处罚。

裁量基准的研究，在行政法的研究领域非常活跃，一般认为，由于存在争议的领域和相关知识的现实状况，可能使更为具体细致的规则无法形成，政治情势可能过于交错复杂或者过于变幻莫测，以至于不能形成稳定的政策，裁量基准的制定正体现了这个观点。由于社会实际的错综复杂，裁量基准的制定需要考虑行政机关与各领域相关人员的意见，经过反复的斟酌和修改。

（一）裁量基准的制定主体

首先，从立法机关的角度，裁量基准的制定与立法不同，立法上有宜粗不宜细之说，为了面对不断变化发展的社会实际和社会诉求，要求在立法的外延上不断扩大，同时尽可能疏而不漏，以实现形式意义上和实质意义上的法治的统一。而裁量基准的制定更多的是要注重各地实践的差异，从经验和惯例出发，总结出适合当地情况的可操作的规则。从另一个角度来说，立法是在一定程度上将该领域可以提炼总结的裁量基准以法律的形式确定下来，以成为可以在全国范围内普遍适用的规则，但由于法律固有的特征，无法也不宜做到事无巨细，此时就需要通过裁量基准补强法律的可操作性。从一定意义上说，裁量基准的制定是立法遗留问题的解决，是行政机关根据立法机关的默示授权而必须承接的任务。所以，立法机关不是适宜的裁量基准的制定主体，立法权应当对裁量基准的制定权进行让渡。

其次，从司法机关的角度，根据我国的现实情况，司法机关对于裁量基准的影响，或者说对于基于某些裁量基准作出的行政决定的影响，多为事后监督。司法机关主要在尊重行政机关自由裁量的前提下，从司法判断的角度，观察行政机关的决定是否合法，是否对权利造成了过度的侵扰，是否符合比例原则。即使根据现行《行政诉讼法》的相关规定，司法机关有权对规章以下的规范性文件进行附带审查，但是这样的审查对于裁量基准而言，终究只是一种事后的救济，也许会对行政机关未来案件的办理起到一定的指引和导向作用，但是终究无法成为明确的裁量基准。而且我国现阶段还不存在所谓的判例制度，司法机关对于相关案件的纠正意义更多在于实现个案正义，对于裁量标准的制定作用还不显著。但是，裁量基准的制定和实施都要受到司法审查，由司法机关对裁量基准本身的合法性，以及行政机关适用裁量基准是否合法、合理进行审查。

最后，从行政机关角度，其直接面对大量现实的案件，涉及裁量基准的具体适用，应当是最了解现实需要，也是最急迫需要明确标准的机关。从另一个角度而言，裁量基准是依附于裁量权的，享有裁量权的行政机关，应当不需要法律的特别授权，就有权制定裁量基准，而且行政机关可以自行判断有无制定的必要，从这个意义上说，行政机关作为裁量基准制定的机关应当是更为合适的，或者说，行政机关应当是制定裁量基准的义务机关。

（二）裁量基准制定的要求

无论是裁量基准的制定，还是从轻、减轻处罚规定的适用，关键都在于体现过罚相当原则。《行政处罚法》规定“设定和实施行政处罚必须以事实为依据，与违法行为的事实、性质、情节以及社会危害程度相当”，就体现了过罚相当原则。作为设定和实施行政处罚的法定原则，过罚相当原则的具体适用过程中有一个重要的问题就是，其只是原则性地规定了行政处罚要与违法事实具有相当性，而这也包括了违法行为的事实、性质、情节以及社会危害性，但是实际上这一原则无法提供具体的判断标准。对于行政机关而言，面对大量复杂的现实案件，明晰的规则、可操作性的裁量基准才是降低执法风险，保证行政处罚决定合法合理的关键。

比例原则相较于过罚相当原则，拥有更为切实可行的判断规则，从这个意义上说，在行政机关具体制定裁量基准的过程中，引入比例原则似乎是一个较为妥当的选择。通过对比例原则适当性、必要性和均衡性三个子原则的具体适用，可以从更直观的角度制定裁量基准；另一个角度上说，某个裁量基准同时符合比例原则的三个子原则，那么其应当是具有正当性和合理性的。行政机关需要严格遵循适当性、必要性与均衡性的要求，在较为宽泛的幅度内进行更为细化的规定，基于正当的目的，选择相适应的手段，同时要保证对当事人的最小侵害，使得相对人在相同的情况下得到相同的处理结果，且不考虑不相关因素，避免畸轻畸重。但显然裁量基准的存在也无法完全适应不断变化的社会实际，故想要做到过罚相当，不仅在裁量基准的制定过程中需要严格遵循比例原则，在行政机关具体适用裁量基准的过程中，对法律效果的裁量也要时刻考虑比例原则，此时，就会有从轻或者减轻处罚决定的出现。通过行政机关对裁量基准的反复实践和经验的积累，无数次地细化裁量标准，才能更进一步保证行政处罚决定的合法合理。

法律依据

《中华人民共和国基本医疗卫生与健康促进法》

第九十九条　违反本法规定，未取得医疗机构执业许可证擅自执业的，由县级以上人民政府卫生健康主管部门责令停止执业活动，没收违法所得和药品、医疗器械，并处违法所得五倍以上二十倍以下的罚款，违法所得不足一万元的，按一万元计算。

违反本法规定，伪造、变造、买卖、出租、出借医疗机构执业许可证的，由县级以上人民政府卫生健康主管部门责令改正，没收违法所得，并处违法所得五倍以上十五倍以下的罚款，违法所得不足一万元的，按一万元计算；情节严重的，吊销医疗机构执业许可证。

第一百条　违反本法规定，有下列行为之一的，由县级以上人民政府卫生健康主管部门责令改正，没收违法所得，并处违法所得二倍以上十倍以下的罚款，违法所得不足一万元的，按一万元计算；对直接负责的主管人员和其他直接责任人员依法给予处分：

（一）政府举办的医疗卫生机构与其他组织投资设立非独立法人资格的医疗卫生机构；

（二）医疗卫生机构对外出租、承包医疗科室；

（三）非营利性医疗卫生机构向出资人、举办者分配或者变相分配收益。

《医疗机构管理条例》

第二十三条　《医疗机构执业许可证》不得伪造、涂改、出卖、转让、出借。

《医疗机构执业许可证》遗失的，应当及时申明，并向原登记机关申请补发。

第四十六条　违反本条例第二十三条规定，出卖、转让、出借《医疗机构执业许可证》的，由县级以上人民政府卫生行政部门没收非法所得，并可以处以5000元以下的罚款；情节严重的，吊销其《医疗机构执业许可证》。

第五章

医疗机构发布违法医疗广告

本章概要

广告，既非常容易理解，也非常难以区分。医疗广告，由于其涉及公众生命健康，因而受到非常严格的监管，因此，如何区分是不是医疗广告，是不是违法医疗广告，就显得非常重要。违法医疗广告可以分为不同类型，有些违反行政许可，有些属于虚假广告，还有些使用了违禁用语等，不同违法情形，对应不同法律责任。在行政执法中，还应关注执法程序，如管辖、证据等。

典型案例

案例一①

2000年8月16日晚8点，上海有线电视台戏剧频道《闪亮时分》栏目播放了专题节目《共和国之歌——献给人民功臣》，该节目内容主要是介绍上海411医院院长章某等五位上海市新长征突击手的事迹。原告彭某纯于2000年12月向被告工商局投诉称，因为看了该节目，他妻子于2000年8月21日住进了411医院进行治疗，29天后死亡。彭某纯认为该节目系违法医疗广告，故要求工商局进行查处。对此，工商局口头答复该节目不属于广告，不同意立案查处。故彭某纯起诉要求工商局履行法定职责，查处电视台播出该医院违法广告的行为。

本案的争议焦点为：应该如何认定医疗广告以及上海有线电视台播出的有关411医院的节目是否应认定为医疗广告。

上海市徐汇区人民法院认为：被告工商局作为上海市的广告监督管理机关，对违反法律规定的广告活动，有权依照法律的规定进行行政处罚。国家工商行政管理局、卫生部1993年9月27日发布的《医疗广告管理办法》明确规定，医疗广告是指医疗机构通过一定的媒介或者形式，向社会或者公众宣传其运用科学技术诊疗疾病的活动。国家工商行政管理局2001年3月1日在工商广字（2001）第57号答复中进一步明确，大众传播媒介利用新闻报道

① 《最高人民法院公报》案例，2003年05期。

形式介绍医疗机构及其服务，如出现医疗机构的地址、电话号码或其他联系方式等内容的，在发表有关医疗机构报道的同时，在同一媒体同一时间（时段）发布该医疗机构广告的，即使发布者声称未收取费用，也应认定为利用新闻报道形式发布医疗广告。从彭某纯提供的电视节目内容可以看出，该专题报道从形式上具备了上述规定认定医疗广告的基本特征，工商局对彭某纯的投诉应予以调查处理，并将处理结果告知其本人。综上所述，彭某纯要求工商局履行法定职责的诉讼请求应予支持。依照《行政诉讼法》第 54 条第（3）项之规定，于 2002 年 12 月 9 日判决如下：被告上海市工商行政管理局应于本判决生效之日起三个月内，履行对上海有线电视台戏剧频道 2000 年 8 月 16 日 20 时播出的专题报道节目是否构成违法医疗广告进行调查处理的法定职责，并将结果告知原告彭某纯。

一审宣判后，上海市工商局向上海市第一中级人民法院提出上诉，认为有关电视专题报道主要是介绍海军医院院长等医务人员的事迹，虽然其中包括了关于骨病治疗的内容，但认定为广告依据不足；接到彭某纯的投诉后，已积极进行调查，将节目内容录制成了光盘交给其本人，并将处理结果告知了彭某纯，已履行了法定职责，请求驳回彭某纯的诉讼请求。

上海市第一中级人民法院认为：《广告法》第 6 条规定，县级以上人民政府工商行政管理部门是广告监督管理机关。根据广告法的规定，广告的管理和监督是工商行政管理部门的职责之一，因此，认定有关节目是否构成广告、是否构成违法广告以及如何依法进行行政处罚，均属于工商行政管理部门的职责范围。彭某纯认为上海市有线电视台播出节目属于违法广告，侵犯其合法权益，并向上海市工商局申请对该广告予以行政查处，符合《行政诉讼法》的有关规定。

1993 年国家工商行政管理局、卫生部《医疗广告管理办法》第 2 条第 2 款规定，医疗广告是指医疗机构通过一定媒介或者形式，向社会或者公众宣传其运用科学技术诊疗疾病的活动。公众所理解的广告，就是以一定的方式通过媒体对商品或者服务以及提供商品或者服务单位的宣传和介绍。从庭审播放的上海市有线电视台专题节目《共和国之歌——献给人民功臣》来看，尽管录制的光盘声音不清晰，但画面反映出节目中不仅有对 411 医院院长章某的事迹介绍，还有相当一部分内容是介绍其诊疗方法和疗效，画面上还三次出现411医院名称的特写镜头。该节目反映的信息既有医务人员工作事迹的介绍，又有医务人员医术和医疗专长的介绍，其宣传医院和医院服务的用意十分明显，彭某纯有理由得出该节目属于医疗广告的结论。因此，原审认定该专题报道从形式上具备了认定为医疗广告的基本特征，并无不当，符合《医疗广告管理办法》的有关规定，工商局以该节目不构成广告而不予查处的理由不成立。工商局虽然将不予立案查处的理由告诉了彭某纯本人，但由于工商局没有依法履行其法定的行政职责，未能够依法保护申请人的人身权和财产权，故原审判决认定工商局应对该节目进行查处，亦无不当，可予维持。据此，上海市第一中级人民法院依照《行政诉讼法》第61条第1款第（1）项之规定，于2003年4月21日判决：驳回上诉，维持原判。

案例二①

某门诊部经营范围为“化妆品、护肤品、保健用品零售。医学美容科：整形外科专业（一级、二级项目）、皮肤美容科；医学检验科、麻醉科服务”。2014年2月，某门诊部（甲方）与某网站建设工作室（乙方）订立网站设计制作协议书一份，约定乙方负责为甲方设计制作××、××（移动端）网站；2015年1月，某门诊部亦曾在淘宝网购买网站制作服务。2015年2月，某门诊部作为主办单位，在江苏省通信管理局备案登记了名称为“某医疗美容门诊部”，首页网址为“××”的网站。2017年3月28日，5月9日，镇江市某区市管局对网站××、××（移动端）进行网络巡查，发现在该网站页面显示的某门诊部介绍自己所推销的商品或者服务的用语中存在以下内容：第一，最高级用语（以下简称A类）：①“作为镇江最大整形医院”；②“拥有技术最为精湛的医生”；③“亚洲之最豪华专家团队”；④“镇江最好的鼻部整形医院”；⑤“镇江最权威的胸部整形医院”；⑥“王者之心和微针美塑，是祛除黄褐斑的最佳组合，也是……的王牌技术”；⑦“独创超微媚眼技术……是白领和学生群体的最佳选择”；⑧“超声波祛眼袋是目前最先进最安全的无创、无痛、无痕、去眼袋方法”。第二，B类：（1）表示功效、安全性的断言或保证、说明治愈率或者有效率等内容：①“迄今为止世界上400万例植入手术，没有一例发生过敏排斥反应”“国际鼻整形专家4大优势……

① （2019）苏11行终57号。

0失败”；②“绝对安全、成熟的水动力活细胞移植技术”；③“没有异物感，术后无疤痕，真实度100%”；④“通过瑞某LED红蓝光、王者之心、微针美塑三大祛痘利器……达成阶段治疗，一次祛痘，永不复发的治疗效果”。(2)利用患者的名义、形象作证明的内容：⑤网站××首页－案例发布求美者档案：小刘及照片；⑥“皮肤/激光祛斑瑞某真人案例——梁女士及照片”；⑦网站发布“真人案例刘小姐注射隆鼻”。第三，C类：①“国际整形美容医院，拥有首届‘中国整形美容白天鹅奖’获得者、港澳明星美肤顾问、亚太丰胸魁首、‘亚洲鼻王’、‘祛斑圣手’、‘眼整形亚洲坐标’、‘全球妙桃丰胸第一人’、‘精致五官神手’等多国籍顶级专家组建、技术精湛、国际最大阵容的整形美容专家团队”；②“顶级隆鼻专家多年专业鼻部整形临床经验”；③“高泰克斯隆鼻……目前国际上与人体相容性最好”；④“美国……公司采用最先进设备及生产技术工艺研制的（高泰克斯隆鼻材料）”；⑤“（高泰克斯隆鼻材料）是当今医学界公认最好的隆鼻材料”；⑥“镇江黄褐斑祛斑第一品牌”；⑦“（润百颜玻尿酸）是公认的最佳保湿产品”；⑧“宝尼达玻尿酸成为公认的最佳保湿产品”；⑨“中国最高规格乳房整形修复中心”；⑩“祛皱的最佳办法”；“BOTOX简介：早在1989年获得美国FDA认可，是世界上最先进最安全有效的肉毒素”；“全球顶尖美肤仪器支撑”。

市管局对上述内容录像并截图，并在截图上注明了取证时间、取证内容、取证人。3月28日，执法人员对某门诊部的经营场所进行了现场检查。4月27日，市管局申请镇江公证处出具保全互联网电子证据公证。11月17日，市管局对某门诊部作出行政处罚决定，主要内容为，某门诊部的自有网站由“某网站建设工作室”制作，建站后网站的维护及广告发布事宜由某门诊部自行负责，某门诊部无法联系并提供“某网站建设工作室”的营业执照和身份证明；某门诊部作为广告主，利用自己的网站从事广告宣传，属于广告费用难以计算的情况；某门诊部发布的互联网广告存在以下违法行为：第一，在广告中使用禁止性用语进行宣传（上述A类）；第二，发布违法医疗广告（上述B类）；第三，在网站宣传美容整形医疗服务、产品及专家团队且无法说明上述内容的来源和依据，发布虚假广告（上述C类）。对于上述违法行为一，根据《广告法》第9条第（3）项、第57条第（1）项之规定，决定责令停止发布违法广告，处罚款人民币贰拾万元；对于上述违法行为二，根据我国《广告法》第16条第（1）、（2）、（5）项，第58条第1款第（1）项，《医疗广告管理办法》第6条第（1）、（2）、（8）项，第21条之规定，决定责令停止发布违法广告，处罚款人民币十万元；对于上述违法行为三，根据我国《广告法》第28条、第55条第1款之规定，决定责令停止发布违法广告，在相应范围内消除影响，处罚款人民币二十万元。综上，依据《行政处罚法》第27条之规定，对某门诊部决定责令停止发布违法广告，在相应范围内消除影响，处罚款合计人民币五十万元。某门诊部不服，于2018年1月向某区政府申请行政复议，区政府经复议，维持了市管局的处罚决定。

一审法院认为，本案焦点：涉案网站上的相关信息是否属于商业广告？处罚决定是否有法律依据？

我国《广告法》第2条规定，在中华人民共和国境内，商品经营者或者服务提供者通过一定媒介和形式直接或者间接地介绍自己所推销的商品或者服务的商业广告活动，适用本法。《医疗广告管理办法》第2条规定，本办法所称医疗广告，是指利用各种媒介或者形式直接或间接介绍医疗机构或医疗服务的广告。《互联网广告管理暂行办法》第2条规定，本办法所称互联网广告，是指通过网站、网页、互联网应用程序等互联网媒介，以文字、图片、音频、视频或者其他形式，直接或者间接地推销商品或者服务的商业广告。本案中，网站显示的相关信息均属于为了商业利益直接或者间接地介绍某门诊部经营的医学美容服务及相关商品的内容，上述信息的发布属于商业广告活动，应适用上述法律、规章进行规制。我国《广告法》第2条规定，本法所称广告主，是指为推销商品或者服务，自行或者委托他人设计、制作、发布广告的自然人、法人或者其他组织。本案中，某门诊部通过自有网站，为推销商品或者服务自行发布广告，故某门诊部是广告主。

关于对某门诊部发布上述A类广告行为的处罚，我国《广告法》第9条第（3）项规定，广告不得使用“国家级”“最高级”“最佳”等用语；第57条第（1）项规定，发布有本法第9条规定的禁止情形广告的，由市场监督管理部门责令停止发布广告，对广告主处二十万元以上一百万元以下罚款。故市管局对某门诊部该行为的处罚符合法律规定。

关于对某门诊部发布上述B类广告行为的处罚，市管局适用法律、规章错误，主要证据不足，应予撤销。理由如下：第一，我国《广告法》第16条第（1）、（2）项规定，医疗、药品、医疗器械广告不得含有表示功效、安全性的断言或者保证，说明治愈率或者有效率的内容，某门诊部的B类①—④行为违反了上述规定；《医疗广告管理办法》第7条第（6）项规定，医疗广告的表现形式不得利用患者的名义、形象作证明，某门诊部的B类⑤—⑦行为违反了上述规定。我国《广告法》第58条第1款第（1）项规定，违反本法第十六条规定发布医疗、药品、医疗器械广告的，由市场监督管理部门责令停止发布广告，责令广告主在相应范围内消除影响，处广告费用一倍以上三倍以下的罚款，广告费用无法计算或者明显偏低的，处十万元以上二十万元以下的罚款；《医疗广告管理办法》第22条规定，工商行政管理机关对违反本办法规定的广告主依据我国《广告法》予以处罚，法律法规没有规定的，工商行政管理机关应当对负有责任的广告主给予警告或者处以一万元以上三万元以下的罚款。根据上述规定，对某门诊部的B类①—④行为应适用我国《广告法》第58条第1款第（1）项之规定处罚，但某门诊部的B类⑤—⑦行为并不属于我国《广告法》第16条规定的情形，故不能适用我国《广告法》第58条第1款第（1）项之规定对某门诊部处罚。第二，我国《广告法》第58条第1款第（1）项中有“责令广告主在相应范围内消除影响”之规定，市管局在处罚决定中并未对某门诊部作出。第三，市管局在处罚决定中适用《医疗广告管理办法》第6条第（1）、（2）、（8）项、第21条的规定属适用规章错误。第四，市管局认定某门诊部无法联系并提供“优速网站建设工作室”的营业执照和身份证明，且某门诊部作为广告主利用自己的网站从事广告宣传，属于我国《广告法》第58条第1款规定的“广告费用无法计算的”情形，对此原审法院认为该认定无法律法规依据，主要证据不足。首先，并无有效依据对“广告费用无法计算的”情形作出明确规定；其次，在对某门诊部适用罚则时应遵循“比例原则”。某门诊部向市管局提供了网站设计制作协议书，其中载明了合同金额，某门诊部亦提及在淘宝网购买过相关服务，市管局应能查清网站制作费用及其后的维护费用。某门诊部在其网站用于发布广告的费用不会大于某门诊部用于网站的全部费用，换言之，如果广告费用无法计算，只有在确定某门诊部用于网站的全部费用超过十万元的情况下，对某门诊部才应适用《广告法》第58条第1款规定的“广告费用无法计算的”情形。否则，就应以某门诊部用于网站的全部费用为基数决定对某门诊部的罚款金额。

关于对某门诊部发布上述 C 类广告行为的处罚，《广告法》第 4 条第 2 款规定，广告主应当对广告内容的真实性负责；第 28 条第 1 款规定，广告以虚假或者引人误解的内容欺骗、误导消费者的，构成虚假广告。某门诊部发布上述广告，无法提供广告内容的来源和依据，属于发布虚假广告。《广告法》第 55 条第 1 款规定，违法本法规定，发布虚假广告的，由市场监督管理部门责令停止发布广告，责令广告主在相应范围内消除影响，处广告费用三倍以上五倍以下的罚款，广告费用无法计算或者明显偏低的，处二十万元以上一百万元以下的罚款。市管局对某门诊部仍适用该条规定的“广告费用无法计算的”情形予以处罚，无法律法规依据，主要证据不足，应予撤销，理由同上。

被告区政府的复议程序合法，但认定部分事实错误，应予部分撤销。

综上，依照《行政诉讼法》第 70 条第（1）、（2）项，第 79 条之规定，判决：一、部分撤销市管局作出的镇润市监罚字［2017］10002 行政处罚决定书，即其中对某门诊部发布违法医疗广告、发布虚假广告行为所作出的行政处罚。二、部分撤销区政府作出的［2018］镇润行复第 1 号复议决定书，即其中维持市管局对某门诊部发布违法医疗广告、发布虚假广告行为所作出的行政处罚。

市管局不服，提起上诉。

二审法院认为：我国《广告法》第 2 条第 1 款规定，在中华人民共和国境内，商品经营者或者服务提供者通过一定媒介和形式直接或者间接地介绍自己所推销的商品或者服务的商业广告活动，适用本法；第 2 款规定，本法所称广告主，是指为推销商品或者服务，自行或者委托他人设计、制作、发布广告的自然人、法人或者其他组织。本案中，某门诊部为了商业利益在自有网站发布其所经营的医学美容服务及相关商品的信息，上述信息的发布属于商业广告活动，受《广告法》的规制，某门诊部是广告主。

关于市管局对某门诊部发布含有禁止性用语广告行为（A 类）的处罚。我国《广告法》第 9 条第（3）项规定，广告不得使用“国家级”“最高级”“最佳”等用语；第 57 条第（1）项规定，发布有本法第 9 条规定的禁止情形的广告的，由市场监督管理部门责令停止发布广告，对广告主处二十万以上一百万以下的罚款。故市管局依据我国《广告法》第57条第（1）项的规定，对某门诊部发布含有禁止性用语广告的行为作出罚款二十万的处罚，符合法律规定。

关于市管局对某门诊部发布违法医疗广告行为（B类）的处罚。我国《广告法》第2条第5款规定，本法所称广告代言人，是指广告主以外的，在广告中以自己的名义或者形象对商品、服务作推荐、证明的自然人、法人或者其他组织。我国《广告法》第16条第1款规定："医疗、药品、医疗器械广告不得含有下列内容：（一）表示功效、安全性的断言或者保证；（二）说明治愈率或者有效率；（三）与其他药品、医疗器械的功效和安全性或者其他医疗机构比较；（四）利用广告代言人作推荐、证明；（五）法律、行政法规规定禁止的其他内容。"我国《广告法》第58条第1款第（1）项规定，违反本法第十六条规定发布医疗、药品、医疗器械广告的，由市场监督管理部门责令停止发布广告，责令广告主在相应范围内消除影响，处广告费用一倍以上三倍以下的罚款，广告费用无法计算或者明显偏低的，处十万元以上二十万元以下的罚款；情节严重的，处广告费用三倍以上五倍以下的罚款，广告费用无法计算或者明显偏低的，处二十万元以上一百万元以下的罚款，可以吊销营业执照，并由广告审查机关撤销广告审查批准文件、一年内不受理其广告审查申请。此外，《医疗广告管理办法》第6条规定："医疗广告内容仅限于以下项目：（一）医疗机构第一名称；（二）医疗机构地址；（三）所有制形式；（四）医疗机构类别；（五）诊疗科目；（六）床位数；（七）接诊时间；（八）联系电话。（一）至（六）项发布的内容必须与卫生行政部门、中医药管理部门核发的《医疗机构执业许可证》或其副本载明的内容一致。"第21条规定，医疗机构篡改《医疗广告审查证明》内容发布医疗广告的，省级卫生行政部门、中医药管理部门应当撤销《医疗广告审查证明》，并在一年内不受理该医疗机构的广告审查申请。省级卫生行政部门、中医药管理部门撤销《医疗广告审查证明》后，应当自作出行政处理决定之日起5个工作日内通知同级工商行政管理机关，工商行政管理机关应当依法予以查处。

本案中，某门诊部B类①—④行为属于发布的医疗广告中含有表示功效、安全性的断言或保证、说明治愈率或有效率等内容，违反了我国《广告法》第16条第1款第（1）、（2）项的规定；B类⑤—⑦行为属于利用患者的名义、形象作证明，因患者的名义和形象符合我国《广告法》第 2 条第 5 款规定的“广告代言人”的特征，故 B 类⑤—⑦行为违反了我国《广告法》第 16 条第 1 款第（4）项的规定。因此，对某门诊部 B 类违法行为应依据《广告法》第 58 条第 1 款第（1）项进行处罚。而市管局认为 B 类违法行为违反了《广告法》第 16 条第（1）、（2）、（5）项以及《医疗广告管理办法》第 6 条第（1）、（2）、（8）项的规定，遂依据我国《广告法》第 58 条第 1 款第（1）项、《医疗广告管理办法》第 21 条的规定，对某门诊部的行为进行处罚，属于适用法律错误，原审法院判决撤销市管局对某门诊部发布违法医疗广告的处罚及区政府维持该项处罚的行政复议决定，并无不当，应予维持。

关于市管局对某门诊部发布虚假广告行为（C 类）的处罚。我国《广告法》第 28 条第 1 款规定，广告以虚假或者引人误解的内容欺骗、误导消费者的，构成虚假广告。第 55 条第 1 款规定，违反本法规定，发布虚假广告的，由市场监督管理部门责令停止发布广告，责令广告主在相应范围内消除影响，处广告费用三倍以上五倍以下的罚款，广告费用无法计算或者明显偏低的，处二十万元以上一百万元以下的罚款；两年内有三次以上违法行为或者有其他严重情节的，处广告费用五倍以上十倍以下的罚款，广告费用无法计算或者明显偏低的，处一百万元以上二百万元以下的罚款，可以吊销营业执照，并由广告审查机关撤销广告审查批准文件、一年内不受理其广告审查申请。本案中，某门诊部在自有网站发布了美容整形服务、8 位中外医生在内的专家团队以及相应的美容整形产品，但无法提供广告内容的来源和依据，属于发布虚假广告。对于广告费用计算的问题，参照《国家工商行政管理局关于在查处广告违法案件中如何确认广告费金额的通知》（1995 年 7 月 7 日国家工商行政管理局工商广字［1995］168 号公布）的规定，对广告主，广告费按其承担的广告设计、制作、代理、发布等费用的总额合并计算。某门诊部作为广告主，仅提供了网站制作协议书，未提供其他证明广告费支出的证据，且某门诊部自行在自有网站从事广告宣传，该行为本身就属于广告费用难以计算的情形。因此，本案中某门诊部发布违法医疗广告（B 类）、虚假广告（C 类）的行为均应适用广告费用无法计算的情形，原审认定某门诊部 B 类、C 类违法行为不适用广告费用无法计算的情形，认定错误，此处一并予以说明。对于 C 类违法行为的处罚，市管局依据我国《广告法》第 55 条第 1 款的规定，责令某门诊部停止发布违法广告，在相应范围内消除影响，对某门诊部处以二十万元罚款，适用法律准确、量罚适当。原审法院判决撤销市管局对发布虚假广告的行政处罚及区政府维持该项行政处罚的行政复议决定存在不当，应予纠正。

综上，依据《行政诉讼法》第89条第1款第（1）项、第（2）项、第3款之规定，判决如下：一、维持区人民法院行政判决第一项中关于“撤销区市场监督管理局作出行政处罚决定书中关于对某医疗美容门诊部发布违法医疗广告行为作出的行政处罚”的内容。二、维持区人民法院行政判决第二项中关于“撤销区人民政府作出的复议决定书中关于维持区市场监督管理局对某医疗美容门诊部发布违法医疗广告行为所作出的行政处罚”的内容。三、撤销区人民法院行政判决第一项中关于“撤销区市场监督管理局作出的行政处罚决定书中关于对某医疗美容门诊部发布虚假广告行为作出的行政处罚”的其他内容。四、撤销区人民法院行政判决第二项中关于“撤销区人民政府作出的复议决定书中关于维持区市场监督管理局对某医疗美容门诊部发布虚假广告行为所作出的行政处罚”的内容。五、责令区市场监督管理局两个月内对某医疗美容门诊部发布违法医疗广告行为重新作出处罚决定。

案例三①

2017年5月19日，昆明市卫生和计划生育委员会向昆明某专科医院有限公司发出《医疗广告审查证明》，载明广告发布的媒体类别为“影视、广播、报纸、期刊、户外、印刷品、网络”，广告时长为45秒，具体内容和形式以经审查同意的广告成品样件为准，该审查证明的有效期为2017年5月19日起至2018年5月18日止。《医疗广告成品样件表》载明的医疗广告成品样件包括原告医院的名称、诊疗项目、咨询电话和地址。

2018年2月8日昆明某专科医院有限公司作为甲方、昆明某文化传播有限公司作为乙方，签订了《户外广告位发布合同》，就昆明某专科医院有限公司填空式租赁昆明某文化传播有限公司广告位发布昆明某专科医院有限公司产品以及形象宣传事宜进行了约定，该合同的《填空广告牌明细表》载明的

① （2019）云01行终60号。

路段共有71个，每一路段的数量为1个点位，发布时间为一年，在无新客户上新画面的广告牌的情况下为2018年3月1日至2019年2月27日，合同约定每个广告点位1.5万元，甲方提供广告发布样稿、文字内容，乙方负责其图案色彩等艺术效果的设计，经甲方认可后乙方制作安装，乙方严格按照甲方认可（提供）的样稿制作发布。

2018年4月22日，昆明市某区市场监督管理局在日常检查中发现昆禄公路旁某村附近广告牌有昆明某专科医院有限公司发布的广告，与昆明某专科医院有限公司进行核实并制作了《现场检查笔录》，该广告发布地点系上述《户外广告位发布合同》载明的71个点位中的其中一个点位“昆禄公路西游洞附近”。

2018年4月23日，昆明市某区市场监督管理局对昆明某专科医院有限公司涉嫌发布违规医疗广告立案调查。

2018年6月4日，云南省昆明市工商行政管理局向昆明市某区市场监督管理局发出《指定管辖通知书》，指定昆明某专科医院有限公司涉嫌发布违法广告一案由昆明市某区市场监督管理局管辖。

发布的广告内容为“谁说大医院不做广告？专注皮肤诊疗24年专解各类皮肤疾顽”，广告内容亦包含原告医院的名称、电话、地址和“省市新农合医保定点医院”的字样。

2018年7月11日，昆明市卫生和计划生育委员会向昆明某专科医院有限公司发出《医疗广告审查表》，载明广告发布的媒体类别为户外，广告时长未载明，具体内容和形式以经审查同意的广告成品样件为准，该审查证明的有效期为2018年7月11日起至2019年5月22日止。《医疗广告成品样件表》载明的广告成品样件包括原告医院的名称、预约热线和地址。

2018年8月1日，被告昆明市某区市场监督管理局向原告昆明某专科医院有限公司送达《行政处罚决定书》。

2018年9月19日，原告向法院提起诉讼。

一审法院认为，根据《行政诉讼法》第6条“人民法院审理行政案件，对行政行为是否合法进行审查”之规定，一审法院对被告昆明市某区市场监督管理局作出《行政处罚决定书》的行政行为评判如下：

首先，关于原告昆明某专科医院有限公司的主体认定以及被告昆明市某区市场监督管理局是否有权限对违反我国《广告法》的行为进行行政处罚的主体资格的问题。第一，从一审法院查明的事实来看，本案原告昆明某专科医院有限公司系为推销商品或者服务，委托他人设计、制作、发布广告的法人，符合我国《广告法》对“广告主”的定义，广告主发布广告的相关行为受我国《广告法》的约束。第二，根据我国《广告法》的相关规定，昆明市某区市场监督管理局作为昆明市某区工商行政管理部门，具备负责广告管理相关工作并对违反我国《广告法》的行为进行行政处罚的主体资格。原告昆明某专科医院有限公司的注册登记机关为云南省昆明市工商行政管理局、案外人昆明某文化传播有限公司的注册登记地为昆明市某区市场监督管理局。被告昆明市某区市场监督管理局在本辖区内进行广告管理的过程中发现原告昆明某专科医院有限公司和昆明某文化传播有限公司的违法行为，云南省昆明市工商行政管理局作为与违法行为有联结因素的工商机关，向昆明市某区市场监督管理局发出《指定管辖通知书》，指定昆明某专科医院有限公司涉嫌发布违法广告一案由昆明市某区市场监督管理局管辖的行为并不违反法律规定。因此，一审法院依法认定被告昆明市某区市场监督管理局具备对原告昆明某专科医院有限公司违反我国《广告法》的行为进行行政处罚的主体资格。

其次，被告昆明市某区市场监督管理局对原告昆明某专科医院有限公司作出行政处罚决定的程序符合《行政处罚法》的相关规定，程序合法。

最后，被告昆明市某区市场监督管理局《行政处罚决定书》认定事实与一审法院经审理查明的事实一致，原告在被告作出行政处罚的过程中没有向被告提交昆明市卫生和计划生育委员会于2018年7月11日向原告昆明某专科医院有限公司作出的《医疗广告审查表》和《医疗广告成品样件表》并不影响本案事实的认定。原告昆明某专科医院有限公司在户外发布的包含原告医院的名称、电话、地址、“省市新农合医保定点医院”以及“谁说大医院不做广告？专注皮肤诊疗24年专解各类皮肤疾顽”的广告内容和样式与原告取得的《医疗广告成品样件表》上粘贴的广告成品样件不一致，原告亦未向一审法院提供相应证据证明其获得了相应的审批。昆明某专科医院有限公司作为广告主发布在昆禄公路西游洞附近的广告，系原告昆明某专科医院有限公司与案外人昆明某文化传播有限公司签订的《户外广告位发布合同》中载明的

71 个点位中的其中一个点位，结合相关询问笔录来看，其他广告点位的广告内容与该点位的广告内容均系原告打包填空式租赁昆明某文化传播有限公司的广告位发布的一致的广告内容，因发布广告的方式采用的是空时发布，结合原告昆明某专科医院有限公司与案外人昆明某文化传播有限公司签订的《户外广告位发布合同》的内容来看，71 个广告点位的广告发布的时间为一年，在无新客户上新画面的广告牌的情况下为 2018 年 3 月 1 日至 2019 年 2 月 27 日，原告并未提交证据证明有新客户上新画面导致广告未予发布的情形，被告昆明市某区市场监督管理局的《行政处罚决定书》认定事实清楚。原告昆明某专科医院有限公司未经审查发布广告的行为违反了我国《广告法》第 46 条之规定，因广告发布方式为空时发布，且每个广告牌发布广告的时间不具体，广告费用无法计算，被告根据《广告法》第 58 条第 1 款第（14）项的规定对原告作出《行政处罚决定书》适用法律正确。

综上所述，被告昆明市某区市场监督管理局制作《行政处罚决定书》主体适格，认定事实清楚，适用法律、法规正确，符合法定程序，无超越职权、滥用职权和明显不当的情形，依法不属于应当撤销的行政行为。根据《行政诉讼法》第 69 条之规定，判决驳回原告昆明某专科医院有限公司的诉讼请求。

昆明某专科医院有限公司不服一审判决提起上诉称：被诉行政处罚决定书中涉及的楚大高速、曲胜高速等广告点位不在昆明市的辖区范围内，昆明市某区依法不具有管辖权，被诉行政处罚决定把自己没有管辖权的楚大高速、曲胜高速的广告位都列入管辖处罚没有法律依据。被诉行政处罚决定认定的违法行为只有昆禄公路西游洞附近上行 K4（18 米 ×8 米）= 288 平方米的单立柱上的违法广告，便依据此单立柱上的违法广告，来推定其余 70 个广告点位违法的事实，显然是错误的，属于法律规定的主要证据不足的情形，依法应予撤销。行政机关对违规广告点的立案调查中，分别对昆明某专科医院的李某及昆明某文化传播有限公司总经理范某莱制作了询问调查笔录，两份调查笔录中均未能明确除西游洞附近的违法广告外，还有其他违法广告的事实。综上所述，请求二审法院撤销一审判决，改判支持上诉人一审诉讼请求。

被上诉人昆明市某区市场监督管理局未提交书面答辩意见。

二审法院认为：根据《行政处罚法》第 20 条“行政处罚由违法行为发生地的县级以上地方人民政府具有行政处罚权的行政机关管辖。法律、行政法规另有规定的除外”及我国《广告法》第 6 条第 2 款“县级以上地方市场监督管理部门主管本行政区域的广告监督管理工作，县级以上地方人民政府有关部门在各自的职责范围内负责广告管理相关工作”之规定，违法行为发生地的县级以上地方市场监督管理部门对其辖区内的广告违法行为享有管辖权。本案中，被诉处罚决定所确认的违法行为发生地点涉及楚大高速、曲胜高速等多条高速公路多个路段上的 71 个广告点位，但这些违法广告的发布点位并不在被上诉人昆明市某区市场监督管理局的管辖范围，即便被上诉人昆明市某区市场监督管理局系因昆明市市场监督管理局指定管辖，但并不免除被上诉人证明指定管辖的主体即昆明市市场监督管理局对本案中涉及的多个广告点位的广告违法行为享有管辖权的举证责任，被上诉人在本案中并未提供相应证据，故被上诉人对涉案多处违法广告发布行为的管辖权因缺乏证据证明，本院不予认可。

综上，被上诉人作出的被诉行政处罚决定，因被上诉人的管辖权缺乏证据支持，依据《行政诉讼法》第 70 条第（1）项之规定，行政行为存在主要证据不足情形的，应予撤销。故本案该被诉行政处罚决定依法应予撤销；一审判决适用法律有误，依法应予撤销；上诉人昆明某专科医院有限公司的上诉主张及请求，本院予以支持。

知识要点

1. 医疗广告的识别。
2. 医疗广告合法与违法的区分。
3. 行政处罚的管辖问题。

案例解析

一、医疗广告的识别

广告，依据我国《广告法》的规定，是指在中华人民共和国境内，商品经营者或者服务提供者通过一定媒介和形式直接或者间接地介绍自己所推销的商品或者服务的商业广告活动。医疗广告属于广告的一种，依据《医疗广告管理办法》第2条，医疗广告是指利用各种媒介或者形式直接或间接介绍医疗机构或医疗服务的广告。

随着社会经济以及科学技术的发展，广告的表现形式越来越多样化，在提升广告艺术方面起到积极的作用，同时也给广告监管带来困难。特别是医疗广告，由于其涉及人的生命健康，违法行为可能造成患者伤残或死亡的严重后果，因此属于高度监管的领域。无论是广告的发布主体，还是发布内容，以及发布形式等，都受到监管机构的严格管理。

在案例一中，患者从电视节目中得到医疗信息，从而就诊，后发生不良后果。从电视节目的形式来看，并非典型的广告节目，而是类似于一般的电视访谈节目，但在访谈过程中，同时对医疗信息进行介绍。根据国家工商行政管理局的答复，大众传播媒介利用新闻报道形式介绍医疗机构及其服务，如出现医疗机构的地址、电话号码或其他联系方式等内容的，在发表有关医疗机构报道的同时，在同一媒体同一时间（时段）发布该医疗机构广告的，即使发布者声称未收取费用，也应认定为利用新闻报道形式发布医疗广告。

因此，可以认为，只要通过一定的媒介介绍医疗机构或者医疗服务，能够具体指向某家医疗机构，无论是否支付广告费用，都可以认定为医疗广告。

二、医疗广告合法与违法的区分

究竟什么样的医疗广告才是合法的呢？或者说，违法医疗广告有哪些表现形式？

违法广告的表现形式多种多样，根据《广告法》的规定，可以归纳为违反广告内容准则和违反广告行为规范。以案例二为例，可以将常见的医疗广告违反广告内容准则分为三种类型。

（一）违反一般广告内容准则

《广告法》专章规定了广告内容准则，第9条规定：“广告不得有下列情形：（一）使用或者变相使用中华人民共和国的国旗、国歌、国徽，军旗、军歌、军徽；（二）使用或者变相使用国家机关、国家机关工作人员的名义或者形象；（三）使用“国家级”、“最高级”、“最佳”等用语；（四）损害国家的尊严或者利益，泄露国家秘密；（五）妨碍社会安定，损害社会公共利益；（六）危害人身、财产安全，泄露个人隐私；（七）妨碍社会公共秩序或者违背社会良好风尚；（八）含有淫秽、色情、赌博、迷信、恐怖、暴力的内容；（九）含有民族、种族、宗教、性别歧视的内容；（十）妨碍环境、自然资源或者文化遗产保护；（十一）法律、行政法规规定禁止的其他情形。”以上这些情形是针对所有广告的要求，包括医疗广告，都不允许违反这些强制性的规定，其中比较常见的违法广告就是使用“国家级”“最高级”“最佳”等用语。在案例二中，判决书列举了“作为镇江最大整形医院”“拥有技术最为精湛的医生”“亚洲之最豪华专家团队”等，对于上述违法行为，处罚条款见于我国《广告法》第57条之规定：“有下列行为之一的，由市场监督管理部门责令停止发布广告，对广告主处二十万元以上一百万元以下的罚款，情节严重的，并可以吊销营业执照，由广告审查机关撤销广告审查批准文件、一年内不受理其广告审查申请；对广告经营者、广告发布者，由市场监督管理部门没收广告费用，处二十万元以上一百万元以下的罚款，情节严重的，并可以吊销营业执照、吊销广告发布登记证件：（一）发布有本法第九条、第十条规定的禁止情形的广告的；……”案例二中，针对行政相对人的违法行为，行政机关给予二十万元的行政处罚。

（二）违反医疗广告的特殊要求

医疗广告，较其他类型的广告，要求更加严格。在我国《广告法》第16条中，专门规定了医疗广告的行为准则：“医疗、药品、医疗器械广告不得含有下列内容：（一）表示功效、安全性的断言或者保证；（二）说明治愈率或者有效率；（三）与其他药品、医疗器械的功效和安全性或者其他医疗机构比较；（四）利用广告代言人作推荐、证明；（五）法律、行政法规规定禁止的其他内容。”在案例二中，出现以下违法行为：（1）表示功效、安全性的断言或保证、说明治愈率或者有效率等内容，如“迄今为止世界上400万例植入手术，没有一例发生过敏排斥反应”“国际鼻整形专家4大优势……0失败”“绝对安全、成熟的水动力活细胞移植技术”等。（2）利用患者的名义、形象作证明的内容，如网站首页－案例发布求美者档案：小刘及照片；皮肤/激光祛斑真人案例——梁女士及照片；网站发布“真人案例刘小姐注射隆鼻”等。针对这些违法行为，处罚条款见于我国《广告法》第58条：“有下列行为之一的，由市场监督管理部门责令停止发布广告，责令广告主在相应范围内消除影响，处广告费用一倍以上三倍以下的罚款，广告费用无法计算或者明显偏低的，处十万元以上二十万元以下的罚款；情节严重的，处广告费用三倍以上五倍以下的罚款，广告费用无法计算或者明显偏低的，处二十万元以上一百万元以下的罚款，可以吊销营业执照，并由广告审查机关撤销广告审查批准文件、一年内不受理其广告审查申请：（一）违反本法第十六条规定发布医疗、药品、医疗器械广告的；……”

（三）虚假广告

广告以虚假或者引人误解的内容欺骗、误导消费者的，构成虚假广告。我国《广告法》第 28 条列举了几种虚假广告的情形：商品或者服务不存在的；商品的性能、功能、产地、用途、质量、规格、成分、价格、生产者、有效期限、销售状况、曾获荣誉等信息，或者服务的内容、提供者、形式、质量、价格、销售状况、曾获荣誉等信息，以及与商品或者服务有关的允诺等信息与实际情况不符，对购买行为有实质性影响的；使用虚构、伪造或者无法验证的科研成果、统计资料、调查结果、文摘、引用语等信息作证明材料的；虚构使用商品或者接受服务的效果等。在案例二中，出现“国际整形美容医院，拥有首届‘中国整形美容白天鹅奖’获得者、港澳明星美肤顾问、亚太丰胸魁首、‘亚洲鼻王’、‘祛斑圣手’、‘眼整形亚洲坐标’、‘全球妙桃丰胸第一人’、‘精致五官神手’等多国籍顶级专家组建、技术精湛、国际最大阵容的整形美容专家团队”等，均认定为虚假广告。

三、行政处罚的管辖问题

行政处罚中的管辖，主要是指地域管辖和级别管辖，我国《行政处罚法》第 22 条规定：“行政处罚由违法行为发生地的行政机关管辖。法律、行政法规、部门规章另有规定的，从其规定。”在案例三中，主要是因为地域管辖问题，被人民法院撤销行政处罚。

所谓地域管辖，又称属地管辖，是指同级人民政府之间横向划分其和其所属部门（含其他有处罚权的机关或组织）在各管辖区内实施行政处罚的权限分工。行政处罚坚持属地管辖的原则，即行政处罚由违法行为发生地的行政机关管辖。违法行为地包括违法行为着手地、经过地、实施（发生）地和危害结果发生地。受处罚行为的核心要件是违法。违法行为发生地的行政机关都有管辖权，一般应由最先发现违法行为的行政机关管辖。案例三中，无论是违法行为着手地、经过地、实施（发生）地还是危害结果发生地，都无法与行政机关发生联系，因此被人民法院认定为没有管辖权。

法律依据

《中华人民共和国广告法》

第九条　广告不得有下列情形：

（一）使用或者变相使用中华人民共和国的国旗、国歌、国徽，军旗、军歌、军徽；

（二）使用或者变相使用国家机关、国家机关工作人员的名义或者形象；

（三）使用“国家级”、“最高级”、“最佳”等用语；

（四）损害国家的尊严或者利益，泄露国家秘密；

（五）妨碍社会安定，损害社会公共利益；

（六）危害人身、财产安全，泄露个人隐私；

（七）妨碍社会公共秩序或者违背社会良好风尚；

（八）含有淫秽、色情、赌博、迷信、恐怖、暴力的内容；

（九）含有民族、种族、宗教、性别歧视的内容；

（十）妨碍环境、自然资源或者文化遗产保护；

（十一）法律、行政法规规定禁止的其他情形。

第十六条　医疗、药品、医疗器械广告不得含有下列内容：

（一）表示功效、安全性的断言或者保证；

（二）说明治愈率或者有效率；

（三）与其他药品、医疗器械的功效和安全性或者其他医疗机构比较；

（四）利用广告代言人作推荐、证明；

（五）法律、行政法规规定禁止的其他内容。

药品广告的内容不得与国务院药品监督管理部门批准的说明书不一致，并应当显著标明禁忌、不良反应。处方药广告应当显著标明“本广告仅供医学药学专业人士阅读”，非处方药广告应当显著标明“请按药品说明书或者在药师指导下购买和使用”。

推荐给个人自用的医疗器械的广告，应当显著标明“请仔细阅读产品说明书或者在医务人员的指导下购买和使用”。医疗器械产品注册证明文件中有禁忌内容、注意事项的，广告中应当显著标明“禁忌内容或者注意事项详见说明书”。

第二十八条 广告以虚假或者引人误解的内容欺骗、误导消费者的，构成虚假广告。

广告有下列情形之一的，为虚假广告：

（一）商品或者服务不存在的；

（二）商品的性能、功能、产地、用途、质量、规格、成分、价格、生产者、有效期限、销售状况、曾获荣誉等信息，或者服务的内容、提供者、形式、质量、价格、销售状况、曾获荣誉等信息，以及与商品或者服务有关的允诺等信息与实际情况不符，对购买行为有实质性影响的；

（三）使用虚构、伪造或者无法验证的科研成果、统计资料、调查结果、文摘、引用语等信息作证明材料的；

（四）虚构使用商品或者接受服务的效果的；

（五）以虚假或者引人误解的内容欺骗、误导消费者的其他情形。

第五十五条 违反本法规定，发布虚假广告的，由市场监督管理部门责令停止发布广告，责令广告主在相应范围内消除影响，处广告费用三倍以上五倍以下的罚款，广告费用无法计算或者明显偏低的，处二十万元以上一百万元以下的罚款；两年内有三次以上违法行为或者有其他严重情节的，处广告费用五倍以上十倍以下的罚款，广告费用无法计算或者明显偏低的，处一百万元以上二百万元以下的罚款，可以吊销营业执照，并由广告审查机关撤销广告审查批准文件、一年内不受理其广告审查申请。

医疗机构有前款规定违法行为，情节严重的，除由市场监督管理部门依照本法处罚外，卫生行政部门可以吊销诊疗科目或者吊销医疗机构执业许可证。

广告经营者、广告发布者明知或者应知广告虚假仍设计、制作、代理、发布的，由市场监督管理部门没收广告费用，并处广告费用三倍以上五倍以下的罚款，广告费用无法计算或者明显偏低的，处二十万元以上一百万元以下的罚款；两年内有三次以上违法行为或者有其他严重情节的，处广告费用五倍以上十倍以下的罚款，广告费用无法计算或者明显偏低的，处一百万元以上二百万元以下的罚款，并可以由有关部门暂停广告发布业务、吊销营业执照、吊销广告发布登记证件。

广告主、广告经营者、广告发布者有本条第一款、第三款规定行为，构成犯罪的，依法追究刑事责任。

第五十七条　有下列行为之一的，由市场监督管理部门责令停止发布广告，对广告主处二十万元以上一百万元以下的罚款，情节严重的，并可以吊销营业执照，由广告审查机关撤销广告审查批准文件、一年内不受理其广告审查申请；对广告经营者、广告发布者，由市场监督管理部门没收广告费用，处二十万元以上一百万元以下的罚款，情节严重的，并可以吊销营业执照、吊销广告发布登记证件：

（一）发布有本法第九条、第十条规定的禁止情形的广告的；

（二）违反本法第十五条规定发布处方药广告、药品类易制毒化学品广告、戒毒治疗的医疗器械和治疗方法广告的；

（三）违反本法第二十条规定，发布声称全部或者部分替代母乳的婴儿乳制品、饮料和其他食品广告的；

（四）违反本法第二十二条规定发布烟草广告的；

（五）违反本法第三十七条规定，利用广告推销禁止生产、销售的产品或者提供的服务，或者禁止发布广告的商品或者服务的；

（六）违反本法第四十条第一款规定，在针对未成年人的大众传播媒介上发布医疗、药品、保健食品、医疗器械、化妆品、酒类、美容广告，以及不利于未成年人身心健康的网络游戏广告的。

第五十八条　有下列行为之一的，由市场监督管理部门责令停止发布广告，责令广告主在相应范围内消除影响，处广告费用一倍以上三倍以下的罚款，广告费用无法计算或者明显偏低的，处十万元以上二十万元以下的罚款；情节严重的，处广告费用三倍以上五倍以下的罚款，广告费用无法计算或者明显偏低的，处二十万元以上一百万元以下的罚款，可以吊销营业执照，并由广告审查机关撤销广告审查批准文件、一年内不受理其广告审查申请：

（一）违反本法第十六条规定发布医疗、药品、医疗器械广告的；

（二）违反本法第十七条规定，在广告中涉及疾病治疗功能，以及使用医疗用语或者易使推销的商品与药品、医疗器械相混淆的用语的；

（三）违反本法第十八条规定发布保健食品广告的；

（四）违反本法第二十一条规定发布农药、兽药、饲料和饲料添加剂广告的；

（五）违反本法第二十三条规定发布酒类广告的；

（六）违反本法第二十四条规定发布教育、培训广告的；

（七）违反本法第二十五条规定发布招商等有投资回报预期的商品或者服务广告的；

（八）违反本法第二十六条规定发布房地产广告的；

（九）违反本法第二十七条规定发布农作物种子、林木种子、草种子、种畜禽、水产苗种和种养殖广告的；

（十）违反本法第三十八条第二款规定，利用不满十周岁的未成年人作为广告代言人的；

（十一）违反本法第三十八条第三款规定，利用自然人、法人或者其他组织作为广告代言人的；

（十二）违反本法第三十九条规定，在中小学校、幼儿园内或者利用与中小学生、幼儿有关的物品发布广告的；

（十三）违反本法第四十条第二款规定，发布针对不满十四周岁的未成年人的商品或者服务的广告的；

（十四）违反本法第四十六条规定，未经审查发布广告的。

医疗机构有前款规定违法行为，情节严重的，除由市场监督管理部门依照本法处罚外，卫生行政部门可以吊销诊疗科目或者吊销医疗机构执业许可证。

广告经营者、广告发布者明知或者应知有本条第一款规定违法行为仍设计、制作、代理、发布的，由市场监督管理部门没收广告费用，并处广告费用一倍以上三倍以下的罚款，广告费用无法计算或者明显偏低的，处十万元以上二十万元以下的罚款；情节严重的，处广告费用三倍以上五倍以下的罚款，广告费用无法计算或者明显偏低的，处二十万元以上一百万元以下的罚款，并可以由有关部门暂停广告发布业务、吊销营业执照、吊销广告发布登记证件。

《中华人民共和国行政处罚法》

第二十二条　行政处罚由违法行为发生地的行政机关管辖。法律、行政法规、部门规章另有规定的，从其规定。

第六章

医疗美容与生活美容的区分

本章概要

1. 区分医疗美容与生活美容非常有必要。医疗美容系医疗行为，有更大的风险，需要进行更加严格的监管；而生活美容不属于医疗行为的范畴，风险相对较小，监管相对宽松。个人或单位从事医疗美容应当取得《医疗机构执业许可证》，否则构成非法行医，将承担行政责任、民事责任，甚至刑事责任。区分医疗美容与生活美容，应重点从其是否具有创伤性（损伤性）、侵入性，并结合行为特征、行为目的以及行为风险等几个方面综合考量，并关注国家卫生行业主管部门对于具体情形的批复。

2. 在具体案件中，对于从轻处罚、减轻处罚、从重处罚、加重处罚等情形，广泛出现于我国刑罚及行政处罚的相关表述。从轻处罚一般是指在法定种类和幅度内，适用较轻的处罚；而减轻处罚是指超出法定种类和幅度进行减轻；从重处罚则是在法定种类和幅度内，适用较重的处罚。对于加重处罚，在刑法和行政处罚法中，大多以“禁止”的表述出现。

典型案例

案例一①

水芙蓉美容会所系金某个人开办经营，许可经营项目为非创伤美容服务。2012 年 10 月 17 日，吴某到水芙蓉美容会所进行祛斑美容，双方签订一份祛斑登记卡（黄褐斑），载明了操作中出现的现象和注意事项，金某在登记卡上作出“院方配发全套祛斑产品一套，用完后顾客自行购买”“偶有顾客出现没做干净的可免费再次操作”“在遵守顾客须知的前提下，院方承诺十天左右斑痂掉落”等承诺，并补充“若 3 年内再有斑长出来不收任何费用，直到做好为止”，费用 6800 元。当天，吴某预付给金某 2000 元，金某出具收据，同时出具一张疗程清单给吴某，载明“每月做 1 次 E 光，每次操作 1 ~ 2 小时，10 次/疗程；每个星期来本院做深层补水 1 ~ 2 次；外加内调中药，胶囊内服；前 6 次每个月来做 1 次，后 4 次每 2 ~ 6 个月做 1 次，根据皮肤变化而做，直

① （2013）通中民终字第 1761 号。

到做完为止”。

后吴某按要求至金某处做 E 光及深层补水，但祛斑效果不明显。2013 年 1 月 4 日，金某改用药水为吴某提取面部黄褐斑，吴某面部灼痛发红，脱皮结痂后出现凹陷，两个月后仍不见好转。吴某于2013 年3 月22 日到南通大学附属医院就诊，用去医药费 228.8 元。2013 年 4 月 6 日，金某向吴某书面承诺“吴某女士的脸部在3～6 个月后恢复完好，如在一年之内没有完全好，所有的事和费用由我金某本人全部承担”。后金某为吴某使用药物修补，但吴某面部疤痕更加明显。

2013 年 7 月 19 日，南通三院司法鉴定所受吴某委托进行伤残鉴定，根据吴某的面部美容史、伤后病历记载、法医活体检查分析，吴某面部疤痕形成与水芙蓉美容会所在吴某面部所涂药水有因果关系，鉴定意见为：吴某因面部黄褐斑去美容院美容，因所涂药物不当致面部形成大片不规则瘢痕，致残面积超过 30 平方厘米，影响容貌，评定为人损八级伤残。

2013 年 7 月 29 日，吴某向通州区卫生局投诉在水芙蓉美容会所做祛斑导致面部毁容。通州区卫生局检查后发现，该会所自 2012 年 7 月开始开展脱毛、祛斑等医学美容项目，但并未取得《医疗机构执业许可证》。通州区卫生局于2013 年7 月31 日对金某作出责令停止开展脱毛、祛斑等医学美容执业活动，没收违法所得、罚款等内容的行政处罚。后吴某提起民事诉讼，要求金某赔偿。

法院一审审理认为：吴某与金某签订的祛斑登记卡，属美容服务合同。金某按其自制的疗程为吴某进行激光、补水等项目后，因祛斑效果不明显而擅自在吴某面部使用成分不明的药水，造成吴某面部损害，存在严重过错。医疗事故是指医疗机构及其医务人员在医疗活动中违反医疗卫生管理法律、行政法规、部门规章和诊疗护理规范、常规，过失造成患者人身损害的事故。非法行医，造成患者人身损害的，不属于医疗事故。金某未取得《医疗机构执业许可证》，非法开展医学美容项目，造成吴某损害，不属医疗事故范畴。司法鉴定部门确认吴某面部大片不规则瘢痕是因金某所涂药物不当造成，达到八级伤残的损害程度，损害事实成立，金某应承担侵权责任。吴某让仅有非创伤美容卫生许可的金某进行祛斑医学美容，自身也有一定过错，应减轻金某 20% 的赔偿责任。

综上，对于吴某的损害后果，金某应当承担与其过错程度相当的赔偿责任。结合吴某的诉讼请求及法院查明的事实，于2013年9月18日作出判决：一、被告金某赔偿原告吴某损失人民币172114.94元。二、被告金某返还原告吴某美容费2000元。三、驳回原告吴某的其他诉讼请求。

金某不服一审判决，提起上诉后，二审维持原判。

案例二①

2018年6月15日，某卫计委（被告）对某养生会所作出行政处罚决定，认为：你单位未取得《医疗机构执业许可证》擅自开展针刺拔罐排血（拔罐术）、针刺耳部放血（耳针术）美容治疗医疗美容服务的诊疗活动，违反了《医疗机构管理条例》第24条、《医疗美容服务管理办法》第23条的规定。依据《医疗机构管理条例》第44条、《医疗机构管理条例实施细则》第77条的规定，决定予以你单位没收非法所得人民币11800元，并处以9000元罚款的行政处罚。某养生会所不服，提起行政诉讼。

原告诉称：被告的处罚没有事实依据，适用法律错误。原告身为养生会所，没有从事被告所述的“医疗美容服务的诊疗活动”。原告的经营范围为美容服务，属一般经营范围，不具备“医疗项目”的服务，没有从事医疗美容的资质。原告实际上也没有从事“拔罐术”“针刺术”等医疗美容项目。原告由于法律意识淡薄，在被告的诱导下，作出对自己不利的笔录内容。被告没有直接证据证明，原告从事“拔罐术”“针刺术”的美容项目，被告没有证据证明原告有违法行为，不应对原告适用有关“医疗美容”的法律来处罚原告，为维护原告合法权益，请求法院依法撤销被告行政处罚决定书。

被告辩称，根据《医疗机构管理条例》第5条第2款的规定，被告所作出的行政处罚，认定事实清楚，证据确凿。2018年1月24日被告对原告进行监督检查，经调查核实，原告在未取得《医疗机构执业许可证》的情况下，擅自开展针刺拔罐排血（拔罐术）、针刺耳部放血（耳针术）的诊疗活动，在未取得《医师执业证书》的情况下从事医师执业活动，属在生活美容场所非法开展医疗美容服务活动。原告是从事生活美容店的公共场所，按照《公共场所卫生管理条例》的规定，原告属非医疗机构，只能开展生活美容的一

① （2019）辽06行终27号。

般经营活动，而针刺拔罐排血（拔罐术）、针刺耳部放血（耳针术）两种美容方式均属医疗美容范围，原告无医疗资质却从事医疗美容的违法事实清楚，应给予相应处罚，被告适用法律得当。被告对原告作出的行政处罚决定，程序符合《行政处罚法》的相关规定，程序合法。综上，被告认为，对原告作出行政处罚决定，认定事实清楚、证据确凿、处罚适当、符合法定程序，请求法院予以维持。

法院根据双方举证（现场笔录、调查笔录等）认定以下事实：2018 年 1 月 24 日，被告接到第三人陶某举报对原告进行监督检查，经调查核实，原告在未取得《医疗机构执业许可证》及相关从业人员未取得《医师执业证书》的情况下，擅自为第三人陶某等顾客开展针刺拔罐排血（拔罐术）、针刺耳部放血（耳针术）美容治疗医疗美容服务的诊疗活动。被告于当日向原告发出《卫生监督意见书》责令原告立即整改，并于 2018 年 6 月 5 日向原告发出《行政处罚事先告知书》，后于 2018 年 6 月 15 日作出《行政处罚决定书》，并于当日送达。

法院认为：根据《医疗机构管理条例》第 5 条第 2 款之规定，被告对作出被诉具体行政行为享有职权，本院予以确认。原告作为登记注册的养生会所在没有取得《医疗机构执业许可证》及从业人员未取得《医师执业证书》的情况下，从事针刺拔罐排血（拔罐术）、针刺耳部放血（耳针术）等医疗美容项目，违反了《医疗机构管理条例》及《医疗美容服务管理办法》的相关规定，被告对原告所作出的处罚具有事实和法律依据，被告对原告作出行政处罚时履行了告知等相关法定程序，程序合法，处罚适当。依据《行政诉讼法》第 61 条之规定，判决如下：驳回原告诉讼请求。

案例三①

被告人刘某光、周某敏系夫妻关系。被告人刘某光在肇东市八道街北盛世鑫城开设的“李某琴儿科诊所”内租一诊室，对外称“男科诊室”。被告人周某敏在肇东市南十道街百福园小区与他人合伙经营“瑶氏神斑”美容店。被告人刘某光、周某敏均未取得医师执业资格证书。

被害人李某因多次到被告人周某敏经营的美容店进行美容等服务，与周

① （2019）黑 1282 刑初 59 号。

某敏熟识。

2018年5月28日上午，被害人李某与被告人周某敏联系欲做去除“下眼袋”手术，并谈好手术价格为人民币1500元。当日11时30分许，被告人周某敏与被告人刘某光电话沟通后将被害人李某带到被告人刘某光所在“李某琴儿科诊所”，在诊所二楼手术室内由被告人刘某光为被害人李某做去除“下眼袋”手术，被告人刘某光为被害人李某右下眼睑处消毒后注射利多卡因（麻醉药）约3毫升，然后用手术刀将被害人李某右下眼睑处割开，随后，被害人李某出现躁动不安、胡言乱语、抽搐等现象，被告人刘某光让随后赶到手术室的诊所经营者韩某下楼取“安定药”，韩某下楼取一只异丙嗪注射液后上楼，由诊所护士许某给被害人李某臀部进行了注射，见症状无缓解后，被告人刘某光、周某敏乘出租车将被害人李某送肇东市第一医院抢救。当日，李某经抢救无效死亡。

2018年5月28日中午，肇东市公安局接到肇东市公安局南城派出所报案称：一女子疑似整容手术致死。接警后，肇东市公安局食品药品和环境犯罪侦查大队工作人员赶赴现场进行侦查，并确定刘某光有重大嫌疑。当日，肇东市公安局食品药品和环境犯罪侦查大队将案件通报给肇东市卫生局监督所，肇东市卫生局监督所将此案作为行政案件受理后，经审查并对肇东市南十道街“瑶氏神斑”负责人周某敏进行询问，认为此案涉嫌犯罪，于2018年5月30日将此案移送肇东市公安局食品药品和环境犯罪侦查大队，肇东市公安局食品药品和环境犯罪侦查大队于当日正式立案。当晚9时许，被告人刘某光主动到肇东市公安局食品药品和环境犯罪侦查大队投案。

2018年8月13日，经中国人民解放军第二一一医院司法鉴定中心鉴定：（1）李某符合在麻醉意外中突发药物过敏导致猝死；被鉴定人的死亡与麻醉意外存在直接因果关系；（2）医方应承担主要责任，其法医学理论系数参与度为60%—70%。

关于致被害人李某死亡的责任区分，鉴定人认为：本例死者因局麻药利多卡因过敏导致猝死，此死亡经过属医疗麻醉意外，其特征为这一不良后果的发生是医护人员难以预料和防范的，即不能预见的原因引起的，但医方的医疗行为存在以下过错：（1）实施医疗美容服务项目，必须在相应的医疗美容机构或开设医疗美容科室的医疗机构中进行；（2）医务人员未能尽到危险告知义务；（3）医务人员未能及时、充分地保留导致意外发生的有关药物和医疗器械的义务；（4）缺乏必要的抢救措施。上述的医疗行为应对产生的不良后果承担主要责任，其法医学理论参与度为60%—70%。

法院认为：被告人刘某光未取得执业资格在非医疗美容机构开展医疗美容服务项目，从事医疗活动，在医疗活动中致一人死亡，经鉴定，其从事的医疗行为应对产生的不良后果承担主要责任，其行为已构成非法行医罪。被告人周某敏明知被告人刘某光无执业资格，为牟利而为其联系被害人，在被告人刘某光为被害人实施的医疗活动中致一人死亡，其行为亦构成非法行医罪，公诉机关指控的罪名成立，应予支持。

本案系共同犯罪，被告人刘某光系非法行医的直接行为人，系主犯，被告人周某敏为牟利为被告人刘某光联系、介绍被害人，在共同犯罪中起辅助作用，应系从犯。公诉机关对被告人刘某光系主犯的指控正确，应予采纳，对被告人周某敏系主犯的指控不当，不予采纳。

本案案发后，被告人刘某光主动到公安机关投案，如实供述所犯罪行，系自首，具有法定的从轻、减轻处罚情节；被告人周某敏能够坦白罪行，具有法定的从轻处罚情节；被告人刘某光、周某敏在案发后，积极主动与被害人的近亲属进行协商，就民事赔偿达成和解，并取得被害人近亲属的谅解，具有酌定的从轻处罚情节。

被告人刘某光的辩护人提出的被告人刘某光具有初次犯罪，无前科劣迹，系自首，已对被害人家属给予民事赔偿并取得谅解的情节，符合事实，予以采纳；其提出的被告人刘某光的行为对被害人李某死亡的责任参与度应为25%的意见及理由，无事实及法律依据，不予采纳；其提出的对刘某光适用缓刑或按已羁押期限判处有期徒刑的建议不当，不予采纳。

综上，根据本案的事实、性质、情节、后果及被告人刘某光、周某敏的认罪态度、悔罪表现，并考虑被告人刘某光的医疗行为对不良后果的产生的参与度，对被告人刘某光、周某敏可减轻处罚，结合社区矫正机关对被告人周某敏的评估意见，可对其适用缓刑。依照《刑法》第336条第1款，第25条第1款，第26条第1款、第4款，第27条，第52条，第53条第1款，第61条，第67条第1款、第3款，第72条第1款，第73条第2款、第3款，最高人民法院《关于审理非法行医刑事案件具体应用法律若干问题的解释》

第4条第2款，判决如下：一、被告人刘某光犯非法行医罪，判处有期徒刑七年，并处罚金人民币1万元；二、被告人周某敏犯非法行医罪，判处有期徒刑三年，缓刑四年，并处罚金人民币5000元。

知识要点

1. 如何区分生活美容与医疗美容。
2. 从轻处罚、减轻处罚、从重处罚、加重处罚的区别。

案例解析

一、如何区分生活美容与医疗美容

随着社会经济的不断发展，人民群众对生活水平的期待和要求越来越高，美容，因其可以改善人体外表，提高生活质量，因而逐渐受到大众的青睐。目前，因美容方式以及风险不同，可以区分为生活美容和医疗美容。

（一）生活美容

对于生活美容，商务部在2014年11月8日发布《美容美发业管理暂行办法》，其中对于生活美容，定义为“运用手法技术、器械设备并借助化妆、美容护肤等产品，为消费者提供人体表面无创伤性、非侵入性的皮肤清洁、皮肤保养、化妆修饰等服务的经营性行为”，其中，核心要素是“无创伤性、非侵入性”，主要目的是控制其可能对人体产生的风险，保障求美者的人身安全。

（二）医疗美容

所谓医疗美容，在2016年1月19日修正的《医疗美容服务管理办法》中，定义为“是指运用手术、药物、医疗器械以及其他具有创伤性或者侵入性的医学技术方法对人的容貌和人体各部位形态进行的修复与再塑”。另外，在2017年2月21日修正的《医疗机构管理条例实施细则》中，将医疗美容定义为“使用药物以及手术、物理和其他损伤性或者侵入性手段进行的美容”。两次定义虽然表述上略有区别，但可以看出，医疗美容行为的基本特征可以归纳为“创伤性（损伤性）及侵入性”。

（三）区分生活美容与医疗美容

区分生活美容与医疗美容，有现实的必要性。在卫生行政管理部门的执法实践中，查处美容院未取得《医疗机构执业许可证》开展医疗美容服务的行为，是其长期以来的工作重点。也就是说，生活美容，只要领取营业执照，不需要取得《医疗机构执业许可证》，即可依法开展生活美容服务。但是，医疗美容则处于更加严格的监管之中，从事医疗美容的机构必须申请取得《医疗机构执业许可证》，并获批相应的诊疗科目。

区分生活美容与医疗美容，首先是从法律规定的概念着手进行分析，重点围绕美容行为是否具有“创伤性（损伤性）”“侵入性”，如具备创伤性（损伤性）或侵入性，则属于医疗美容，如不具备创伤性（损伤性）或侵入性，则归入生活美容。

但是，有些美容项目，可能创伤（损伤）或侵入的特征并不明显，实践中比较难以判断。比如，案例一中的“脱毛”“祛斑”，究竟属于生活美容，还是医疗美容，就值得研究。在2019年3月2日修订的《化妆品卫生监督条例》中，对于特殊用途化妆品，允许其用于“育发、染发、烫发、脱毛、美乳、健美、除臭、祛斑、防晒”，也就是说，具有“脱毛”“祛斑”功能的，不仅仅是药品，也可能是用于生活美容的化妆品。另外，在《医疗美容项目分级管理目录》中，采用激光或其他光（电磁波）治疗脱毛，则属于医疗美容［如激光治疗：包括除皱、消除皮肤松弛、脱毛、磨削，去瘢痕，去文身和文眉，去除色素性皮损，治疗血管性疾病所致皮肤异常，治疗皮肤增生物；强脉冲光（IPL）治疗：包括除皱、消除皮肤松弛、脱毛、针对色素性皮损和血管性疾病所致皮肤异常的IPL治疗，皮肤瘢痕IPL治疗］。因此，“脱毛”“祛斑”，有可能是生活美容，也有可能是医疗美容。如何进行区分呢？区分生活美容和医疗美容，关键在于采用的美容手段，如果是使用化妆品进行“脱毛”“祛斑”，其风险较小，则应该属于生活美容；如果采用药品进行“脱毛”“祛斑”，其风险较大，则应当归于医疗美容。当然，国家卫生行政主管部门也不断以批复等形式来列明各种美容项目属于生活美容还是医疗美容，对于指导实践中区分生活美容和医疗美容具有非常重要的意义。

二、从轻处罚、减轻处罚、从重处罚、加重处罚的区别

在法律责任中，无论是行政责任，还是刑事责任，认定事实、性质、情节、后果等之后，要考量法律适用，从轻、减轻，还是从重，是非常重要的法律适用问题。如案例三中，两位被告人被控非法行医罪，被告人刘某光主动到公安机关投案，如实供述所犯罪行，系自首，因此，法院认定具有法定的从轻、减轻处罚情节；被告人周某敏能够坦白罪行，法院也认定具有法定的从轻处罚情节；被告人刘某光、周某敏在案发后，积极主动与被害人的近亲属进行协商，就民事赔偿达成和解，并取得被害人近亲属的谅解，法院认定具有酌定的从轻处罚情节。在其他行政处罚案例中，也会涉及此类问题。

在我国法律法规的条文中，可以看到从轻处罚、减轻处罚、从重处罚、加重处罚、免除处罚的表述，比如《行政处罚法》第32条规定：“当事人有下列情形之一，应当从轻或者减轻行政处罚：（一）主动消除或者减轻违法行为危害后果的；（二）受他人胁迫或者诱骗实施违法行为的；（三）主动供述行政机关尚未掌握的违法行为的；（四）配合行政机关查处违法行为有立功表现的；（五）法律、法规、规章规定其他应当从轻或者减轻行政处罚的。”第45条规定：“当事人有权进行陈述和申辩。行政机关必须充分听取当事人的意见，对当事人提出的事实、理由和证据，应当进行复核；当事人提出的事实、理由或者证据成立的，行政机关应当采纳。行政机关不得因当事人陈述、申辩而给予更重的处罚。”《刑法》第27条规定：在共同犯罪中起次要或者辅助作用的，是从犯。对于从犯，应当从轻、减轻处罚或者免除处罚。但是，我国法律法规中并没有从轻处罚、减轻处罚、从重处罚、加重处罚的定义。那么，如何理解和区别从轻处罚、减轻处罚、从重处罚、加重处罚呢？

（一）从轻处罚

我国法律法规没有对从轻处罚进行定义。在刑法中，从轻处罚是在法定刑范围内对犯罪分子适用刑种较轻或刑期较短的刑罚。有法定从轻和酌定从轻两种，亦可分为一般从轻和特别从轻。一般从轻适用于所有犯罪，特别从轻由刑法特别规定，只适用于特定犯罪。在行政处罚中，一般参照上述理解，即行政管理机关对违反行政管理秩序并具备法定量罚情节的行政相对人所作出的行政处罚，在法定种类和幅度内，适用较轻的处罚。

我国法律对于从轻处罚的适用，有很多具体规定。比如《行政处罚法》第30条和第32条规定了六种法定情节：（1）已满14周岁不满18周岁的人有违法行为的；（2）主动消除或者减轻违法行为危害后果的；（3）受他人胁迫或者诱骗实施违法行为的；（4）主动供述行政机关尚未掌握的违法行为的；（5）配合行政机关查处违法行为有立功表现的；（6）其他依法从轻或者减轻行政处罚的。其中，“主动供述行政机关尚未掌握的违法行为”系 2021 年修改《行政处罚法》新增加的内容。

（二）减轻处罚

减轻处罚，也是刑法中经常用到的一个概念，是指在法定刑以下适用刑罚，分为法定减轻处罚与酌定减轻处罚。减轻处罚实际是“二次量刑”的过程。在“二次量刑”过程中，第一次量刑仅是概括性的刑罚裁量，即对刑种或法定刑期幅度的选择，其裁量的结果是将某一刑种或某一刑期幅度确定为“基准刑”，也即《刑法》第 63 条第 1 款所指的“法定刑”。而第二次量刑则是在此“基准刑”的下一量刑幅度选择宣告刑。

在行政处罚中，减轻处罚也是经常使用的概念，对应从轻处罚，可以认为，减轻处罚是行政管理机关对违反行政管理秩序并具备法定量罚情节的行政相对人所作出的行政处罚，在法定种类和幅度之外进行减轻。除了上述《行政处罚法》的规定之外，在我国《治安管理处罚法》中，亦有相关规定，如第 19 条：“违反治安管理有下列情形之一的，减轻处罚或者不予处罚：（一）情节特别轻微的；（二）主动消除或者减轻违法后果，并取得被侵害人谅解的；（三）出于他人胁迫或者诱骗的；（四）主动投案，向公安机关如实陈述自己的违法行为的；（五）有立功表现的。”

（三）从重处罚

从重处罚，是指在法定处罚种类和幅度内对行为人适用较重种类或者较高幅度的处罚。它表明应受处罚的行为是严重的，只有对行为人处较重的处罚，通过加重行为人的责任，才能保持行政处罚与违法行为的性质和情节相适应。从重处罚在刑法和行政法中都普遍存在，需要注意的是，在刑法中从重处罚并不是一律判处法定最高刑，在行政处罚中也同理。

在我国法律法规中，对从重处罚的规定，散见于各种具体法规之中。如我国《药品管理法》第 137 条：“有下列行为之一的，在本法规定的处罚幅度内从重处罚：（一）以麻醉药品、精神药品、医疗用毒性药品、放射性药品、药品类易制毒化学品冒充其他药品，或者以其他药品冒充上述药品；（二）生产、销售以孕产妇、儿童为主要使用对象的假药、劣药；（三）生产、销售的生物制品属于假药、劣药；（四）生产、销售假药、劣药，造成人身伤害后果；（五）生产、销售假药、劣药，经处理后再犯；（六）拒绝、逃避监督检查，伪造、销毁、隐匿有关证据材料，或者擅自动用查封、扣押物品。”

（四）加重处罚

加重处罚，在我国法律法规中没有进行定义，参照从重处罚，可以理解为，加重处罚是在法定处罚种类和幅度之外对行为人的处罚进行加重。在中纪委、国家监察委网站，对于加重处分有相关表述：“加重处分，是在违纪行为应当受到的处分幅度以外，加重一档给予处分。”

对于加重处罚，在法律条文中，大多以禁止“加重”的表述出现。如我国《刑事诉讼法》第237条：第二审人民法院审理被告人或者他的法定代理人、辩护人、近亲属上诉的案件，不得加重被告人的刑罚。第二审人民法院发回原审人民法院重新审判的案件，除有新的犯罪事实，人民检察院补充起诉的以外，原审人民法院也不得加重被告人的刑罚。又如《行政处罚法》第45条：当事人有权进行陈述和申辩。行政机关必须充分听取当事人的意见，对当事人提出的事实、理由和证据，应当进行复核；当事人提出的事实、理由或者证据成立的，行政机关应当采纳。行政机关不得因当事人申辩而加重处罚。

适用加重处罚，应当有法律的明确规定。

法律依据

《美容美发业管理暂行办法》

第二条　在中华人民共和国境内从事美容美发经营活动，适用本办法。

本办法所称美容，是指运用手法技术、器械设备并借助化妆、美容护肤等产品，为消费者提供人体表面无创伤性、非侵入性的皮肤清洁、皮肤保养、化妆修饰等服务的经营性行为。

本办法所称美发，是指运用手法技艺、器械设备并借助洗发、护发、染发、烫发等产品，为消费者提供发型设计、修剪造型、发质养护等服务的经营性行为。

《医疗机构管理条例实施细则》

第八十八条　条例及本细则中下列用语的含义：

诊疗活动：是指通过各种检查，使用药物、器械及手术等方法，对疾病作出判断和消除疾病、缓解病情、减轻痛苦、改善功能、延长生命、帮助患者恢复健康的活动。

医疗美容：是指使用药物以及手术、物理和其他损伤性或者侵入性手段进行的美容。

特殊检查、特殊治疗：是指具有下列情形之一的诊断、治疗活动：

（一）有一定危险性，可能产生不良后果的检查和治疗；

（二）由于患者体质特殊或者病情危笃，可能对患者产生不良后果和危险的检查和治疗；

（三）临床试验性检查和治疗；

（四）收费可能对患者造成较大经济负担的检查和治疗。

卫生技术人员：是指按照国家有关法律、法规和规章的规定取得卫生技术人员资格或者职称的人员。

技术规范：是指由国家卫生计生委、国家中医药管理局制定或者认可的与诊疗活动有关的技术标准、操作规程等规范性文件。

军队的医疗机构：是指中国人民解放军和中国人民武装警察部队编制内的医疗机构。

《医疗美容服务管理办法》

第二条　本办法所称医疗美容，是指运用手术、药物、医疗器械以及其他具有创伤性或者侵入性的医学技术方法对人的容貌和人体各部位形态进行的修复与再塑。

本办法所称美容医疗机构，是指以开展医疗美容诊疗业务为主的医疗机构。

本办法所称主诊医师是指具备本办法第十一条规定条件，负责实施医疗美容项目的执业医师。

医疗美容科为一级诊疗科目，美容外科、美容牙科、美容皮肤科和美容中医科为二级诊疗科目。

根据医疗美容项目的技术难度、可能发生的医疗风险程度，对医疗美容项目实行分级准入管理，《医疗美容项目分级管理目录》由卫生部另行制定。

《中华人民共和国行政处罚法》

第三十条　不满十四周岁的未成年人有违法行为的，不予行政处罚，责令监护人加以管教；已满十四周岁不满十八周岁的未成年人有违法行为的，应当从轻或者减轻行政处罚。

第三十一条　精神病人、智力残疾人在不能辨认或者不能控制自己行为时有违法行为的，不予行政处罚，但应当责令其监护人严加看管和治疗。间歇性精神病人在精神正常时有违法行为的，应当给予行政处罚。尚未完全丧失辨认或者控制自己行为能力的精神病人、智力残疾人有违法行为的，可以从轻或者减轻行政处罚。

第三十二条　当事人有下列情形之一，应当从轻或者减轻行政处罚：

（一）主动消除或者减轻违法行为危害后果的；

（二）受他人胁迫或者诱骗实施违法行为的；

（三）主动供述行政机关尚未掌握的违法行为的；

（四）配合行政机关查处违法行为有立功表现的；

（五）法律、法规、规章规定其他应当从轻或者减轻行政处罚的。

第四十五条　当事人有权进行陈述和申辩。行政机关必须充分听取当事人的意见，对当事人提出的事实、理由和证据，应当进行复核；当事人提出的事实、理由或者证据成立的，行政机关应当采纳。

行政机关不得因当事人陈述、申辩而给予更重的处罚。

第七章

非医学需要的胎儿性别鉴定或者选择性别的人工终止妊娠

本章概要

1. 实施非医学需要的胎儿性别鉴定和非医学需要的选择性别人工终止妊娠的行为（本章简称“两非”），是我国法律法规所禁止的。出于医学需要进行胎儿性别鉴定或选择性别人工终止妊娠，医疗机构与医务人员需要依据《母婴保健法》《产前诊断技术管理办法》等规定取得相应的资质。违法开展“两非”行为，医疗机构与医务人员均将受到行政处罚，构成情节严重的，医疗机构和医务人员将被吊销执业证书。

2. 实践中，关于“违法所得”概念的界定和认定，存在较大分歧，有人认为系违法获利，有人认为系全部收入，从全国人大及其常委会，到最高人民法院，国家各部委，有不同的解释。另外，还存在无法查清违法所得的情形。无论是执法机关，还是行政相对人，都应关注这些实务问题。

典型案例

案例一①

接投诉举报，济宁市某区人口和计划生育局（以下简称“行政机关”）对济宁某中西医结合医院（以下简称“某医院”）涉嫌非法实施终止妊娠手术的行为进行调查。经调查，行政机关认定某医院违法为已婚育龄妇女终止妊娠，伪造虚假病历病案，根据《山东省人口与计划生育条例》第54条和《山东省禁止非医学需要鉴定胎儿性别和选择性别终止妊娠规定》第17条的规定作出任计生罚字（2015）008号《计划生育行政处罚决定书》，给予某医院罚款10000元并没收违法所得3000元的行政处罚。

行政机关另查明，某医院非法实施的一例取环手术（路某）、两例放环手术（孔某、曹某）、一例流产手术（吴某），根据《山东省人口与计划生育条例》第54条第1款和《山东省禁止非医学需要鉴定胎儿性别和选择性别终止妊娠规定》第17条的规定作出任计生罚字（2015）001号《计划生育行政处罚决定书》，给予某医院罚款10000元的行政处罚。

---

① （2016）鲁08行终123号。

某医院对上述行政处罚决定不服，向法院提起行政诉讼。

一审法院认为：《山东省人口与计划生育条例》第54条规定："违反本条例规定，有下列行为之一的，由卫生和计划生育行政部门依据职权责令改正，给予警告，没收违法所得；违法所得一万元以上的，处违法所得二倍以上六倍以下的罚款；没有违法所得的或者违法所得不足一万元的，处一万元以上三万元以下的罚款；情节严重的，由原发证机关吊销执业证书；构成犯罪的，依法追究刑事责任：（一）非法为他人放置或者摘除宫内节育器，非法施行输精管、输卵管复通、终止妊娠等计划生育手术的；……"《山东省禁止非医学需要鉴定胎儿性别和选择性别终止妊娠规定》第17条第1款规定：违反本规定，利用超声技术和其他技术手段为他人进行非医学需要的胎儿性别鉴定或者选择性别的人工终止妊娠的，由县级以上人民政府人口和计划生育行政部门或者卫生行政部门依据职权责令改正，给予警告，没收违法所得；违法所得一万元以上的，处违法所得二倍以上六倍以下罚款；没有违法所得或者违法所得不足一万元的，处一万元以上三万元以下罚款；情节严重的，由原发证机关吊销执业证书；构成犯罪的，依法追究刑事责任。原告某医院违法为他人进行非法终止妊娠手术，依法应予处罚，被告行政机关作出的《计划生育行政处罚决定书》认定原告违法为已婚育龄妇女终止妊娠，认定事实清楚，处以10000元罚款并无不当。但被告认定原告伪造虚假病历病案，证据不足，对此事实认定错误。关于被告对原告处以没收违法所得3000元的行政处罚，被告没有提供证据，证据不足，应予撤销。因被告对原告所作出的任计生罚字（2015）001号和任计生罚字（2015）008号《计划生育行政处罚决定书》所基于的并非同一事实、并非同一违法行为，故关于原告主张被告被诉行政行为违反"一事不再罚"的观点不予支持。根据《行政诉讼法》第69条、第70条第（1）项的规定，判决：一、撤销被告济宁市某区人口和计划生育局2015年9月18日作出的任计生罚字（2015）008号《计划生育行政处罚决定书》中关于原告"伪造虚假病历病案"及对原告处以"并没收违法所得3000元"的行政处罚之内容；二、驳回原告其他诉讼请求。

某医院与行政机关均不服一审判决，提出上诉。

某医院上诉称，一审判决对部分事实认定错误；并且从程序上，行政机关再次认定某医院违法为已婚育龄妇女终止妊娠并作出相同的处罚违反"一事不再罚”原则，请求二审法院依法改判，全部撤销行政机关作出的任计生罚字（2015）008号《计划生育行政处罚决定书》。

行政机关上诉称，一审判决对行政机关一审提交的部分证据不予认定，没有依据；一审法院以部分证据取证程序不符合法律规定，部分证据与本案不具有关联性，对上述证据不予确认，没有依据；一审判决认定行政机关对某医院处以没收违法所得3000元的行政处罚没有提供证据，证据不足，系认定事实错误。综上，请求二审法院撤销一审判决第一项，改判驳回某医院的全部诉讼请求。

二审法院认为：本案双方当事人争议的焦点问题为上诉人行政机关所作任计生罚字（2015）008号计划生育行政处罚决定的合法性。首先，《行政处罚法》第39条规定：“行政机关依照本法第三十八条的规定给予行政处罚，应当制作行政处罚决定书。行政处罚决定书应当载明下列事项：……（二）违反法律、法规或者规章的事实和证据……”本案被诉行政处罚决定仅记载了违法事实的发生时间和违法行为种类，未对具体的违法事实和认定事实的相关证据作明确记载，其内容不符合法律规定。其次，从上诉人行政机关的主张及其提供的作出行政行为的证据材料看，其系基于上诉人某医院实施的下列两次违法事实作出被诉行政处罚：（1）2014年8月26日至9月3日，为汶上县康驿镇范街村已婚育龄妇女刘某乙实施非法终止妊娠手术并伪造虚假病历；（2）2014年11月7日至11月10日，为济宁市高新区接庄街道十里营村已婚育龄妇女刘某甲实施非法终止妊娠手术。但根据被诉行政处罚决定的记载，上诉人行政机关认定的违法事实仅发生在2014年8月，对于上诉人某医院2014年11月是否存在上述第二项违法事实，在被诉行政处罚决定中并未作出认定，故上诉人行政机关的主张与其所作被诉行政处罚决定相互矛盾。再次，对于违法事实的认定问题。对第一项违法事实，上诉人行政机关提供了刘某乙、郑某的调查笔录及录像光盘和郑某的住院病案作为认定事实的证据。从郑某的调查笔录及录像光盘的获取方式看，上诉人行政机关在制作上述证据时，未向郑某表明调查人和记录人的身份，对其进行录像时亦未征得郑某的同意，故一审法院认定该证据不符合法律规定，对该证据未予采信并无不当。同时，从刘某乙和郑某调查笔录的内容看，二人对刘某乙进行终止妊娠手术的时间一致表述为2014年10月，这也与上诉人行政机关认定的事实不一致。故，上诉人行政机关对该项违法事实的认定，事实不清，证据不足。对于第二项违法事实，上诉人行政机关获悉由济宁高新区社会事业发展局提供的违法行为的线索后，并未进行进一步的调查核实（未对相关人员进行调查，未调取相关病例或收费单据等），仅依据该行为线索认定上诉人某医院实施了第二项违法事实，证据显然不足。行政机关主张某医院的负责人对违法事实予以认可，但上诉人行政机关提供的对吕某的调查笔录未能反映上述事实，故对上诉人行政机关的该项主张，本院不予采信。上诉人行政机关在被诉行政处罚决定中对违法所得3000元的认定，无相应的收费单据相佐证，与其提供的相关证据中关于两次终止妊娠手术收费数额的记载也明显不能吻合。故，一审判决第一项的结果并无不当，上诉人行政机关上诉要求撤销该项判决的主张，本院不予支持。综上，上诉人行政机关作出的任计生罚字（2015）008号《计划生育行政处罚决定书》，不符合行政处罚决定的法定内容要件，同时该处罚决定认定事实不清，证据不足，应予撤销。依照《行政诉讼法》第70条、第89条第1款第（2）项之规定，判决如下：一、维持济宁高新技术产业开发区人民法院（2015）济高新区行初字第140号行政判决第一项；二、变更济宁高新技术产业开发区人民法院（2015）济高新区行初字第140号行政判决第二项为：撤销上诉人济宁市某区人口和计划生育局2015年9月18日作出的任计生罚字（2015）008号《计划生育行政处罚决定书》中关于对上诉人某医院罚款10000元的行政处罚决定。

案例二①

2012年1月16日，经某市甲区无证诊所开办人许某介绍，何某某与他人在该诊所为居住乙县某镇的孕妇严某实施超声性别鉴定，于2012年1月18日至1月20日在该诊所为严某实施了选择性别终止妊娠手术（药物引产），并收取介绍人许某转交的B超检查费、手术费1000元。经某市甲区馥邦药房店主牛某介绍，2011年1月初何某某在该药房为居住丙县某镇的孕妇陆某实施了选择性别终止妊娠术，并收取牛某转交的800元引产费。乙县、丙县、某市甲区人口与计划生育委员会分别进行了调查，后移送某市卫生局查处。市卫生局于2013年8月16日立案，经调查核实后认为何某某实施了利用超声技

---

① （2015）合行终字第00029号。

术和其他技术手段为他人进行非医学需要的胎儿性别鉴定和选择性别的人工终止妊娠的违法行为，于2014年1月6日对何某某作出行政处罚决定：没收违法所得1800元；罚款15000元；吊销执业医师执业证书。何某某对该处罚决定不服向安徽省卫生厅申请行政复议，安徽省卫生厅于2014年4月29日作出行政复议决定，以市卫生局作出具体行政行为的时间不符合法定期限为由，责令其依法重新作出具体行政行为。市卫生局重新立案，并向何某某送达行政处罚事先告知书，依何某某申请举行了听证，最终依据《人口与计划生育法》第36条第（2）项对何某某作出行政处罚决定：没收违法所得1800元；罚款15000元；吊销执业医师执业证书。何某某不服该行政处罚决定，向法院提起诉讼。

一审法院认为：《人口与计划生育法》第36条规定："违反本法规定，有下列行为之一的，由计划生育行政部门或者卫生行政部门依据职权责令改正，给予警告，没收违法所得；违法所得一万元以上的，处违法所得二倍以上六倍以下的罚款；没有违法所得或者违法所得不足一万元的，处一万元以上三万元以下的罚款；情节严重的，由原发证机关吊销执业证书；构成犯罪的，依法追究刑事责任：（一）非法为他人施行计划生育手术的；（二）利用超声技术和其他技术手段为他人进行非医学需要的胎儿性别鉴定或者选择性别的人工终止妊娠的；（三）实施假节育手术、进行假医学鉴定、出具假计划生育证明的。"《卫生行政处罚程序》第6条规定："县级以上卫生行政机关负责查处所辖区域内的违反卫生法律、法规、规章的案件。"原告何某某是市城建医院医生，持市卫生局核发的执业医师执业证书，被告市卫生局作为卫生行政主管部门及发证机关，具有对原告作出行政处罚的行政职权。被告提供的证据相互印证，证明了被告认定的处罚事实。《安徽省禁止非医学需要鉴定胎儿性别和选择性别终止妊娠的规定》第19条第1款规定：违反本规定为他人进行非医学需要的胎儿性别鉴定或者选择性别的人工终止妊娠的，由县级以上人民政府人口和计划生育行政部门或者卫生行政部门依据职权没收违法所得和非法财物；违法所得超过一万元的，处违法所得二倍以上六倍以下的罚款；没有违法所得或者违法所得不足一万元的，处一万元以上三万元以下的罚款；情节严重的，由原发证机关吊销执业证书；构成犯罪的，依法追究刑事责任。被告依据上述法规对原告所作的行政处罚决定事实清楚、适用法律正确。被告履行了立案、调查、处罚前告知、听证、作出处罚决定、送达等法定程序。安徽省卫生厅作出的行政复议决定责令被告重新作出具体行政行为，被告据此对原告所涉卫生行政处罚案件重新立案处理并无不妥。《行政复议法》第28条第2款及《行政诉讼法》第55条分别规定，经复议或判决责令行政机关重新作出具体行政行为的，行政机关不得以同一的事实和理由作出与原具体行政行为基本相同的具体行政行为。但《最高人民法院关于执行〈中华人民共和国行政诉讼法〉若干问题的解释》第54条第2款规定："人民法院以违反法定程序为由，判决撤销被诉具体行政行为的，行政机关重新作出具体行政行为不受行政诉讼法第五十五条规定的限制。"安徽省卫生厅是以被告作出具体行政行为的时间不符合法定期限为由，责令被告重新作出具体行政行为，被告重新履行程序后以同一事实和理由作出相同处罚决定，未违反法律规定。关于人口和计划生育部门对相关违法人员的查处是否超越职权非本案审查范围，《人口与计划生育法》第36条规定计划生育行政部门或者卫生行政部门依据职权处理相关违法行为；《安徽省禁止非医学需要鉴定胎儿性别和选择性别终止妊娠的规定》第3条规定：县级以上人民政府人口和计划生育、卫生、食品药品监督管理等行政部门，按照各自职责，对本行政区域内胎儿性别鉴定、终止妊娠手术和终止妊娠药品等实施监督管理，依法查处违反本规定的行为。人口和计划生育和卫生行政部门在各自职责范围内查处相关违法行为。《卫生行政处罚程序》第14条规定卫生行政机关应当受理的案件包括"有关部门移送的"，因此，本案涉原告的违法行为被告接受移送后进行立案查处符合法律规定。《卫生行政处罚程序》第21条规定："书证、物证、视听材料、证人证言、当事人陈述、鉴定结论、勘验笔录、现场检查笔录等，经卫生执法人员审查或调查属实，为卫生行政处罚证据。"对移送所附证据，被告予以调查核实后作为卫生行政处罚证据，符合法律规定。综上，依据《最高人民法院关于执行〈中华人民共和国行政诉讼法〉若干问题的解释》第56条第（4）项的规定，判决：驳回原告何某某的诉讼请求。

一审判决后，何某某不服判决结果，提起上诉。二审维持原判。

案例三①

2016年10月至12月，青岛市某区卫生和计划生育局先后收到滨城区、博兴县、昌乐县、高密市和青州市滨城区卫生和计划生育局移送的案件线索，在上述地区分别发现了当地育龄夫妇到青岛市某中医医院（以下简称中医院）进行胎儿性别鉴定。

滨城区卫生和计划生育局移送的卷宗材料中，有对刘某平、李某敏夫妇进行调查制作的笔录。刘某平、李某敏夫妇称，2016年9月两人在中医院三楼曾经抽血进行胎儿性别鉴定，并交纳6600元，后期通过微信获得了胎儿性别结果。刘某平通过照片辨认，确认了于某即为抽血接待人员。博兴县卫生和计划生育局移送的卷宗材料中，有对张某、顾某宝夫妇进行调查制作的笔录。张某、顾某宝称，两人在张某怀孕60天左右到中医院抽血进行胎儿性别鉴定，通过微信得知胎儿性别为“女”后，张某在当地医院进行了终止妊娠手术。张某通过照片辨认，确认了于某即为抽血接待人员。对刘某、刘某青夫妇进行调查制作的笔录。刘某、刘某青称，2016年10月，两人到中医院抽血进行胎儿性别鉴定，交纳6600元，通过微信得知胎儿性别为“女”后，刘某青在当地医院进行了引产手术。刘某通过照片辨认，确认了于某即为抽血接待人员。高密市卫生和计划生育局移送的卷宗材料中，有对孙某、王某娟夫妇进行调查制作的笔录。孙某、王某娟称，2016年9月，两人到中医院抽血进行胎儿性别鉴定，交纳6000元，通过电话得知胎儿性别为“女”。王某娟指认的照片由于某本人确认。青州市卫生和计划生育局移送的卷宗材料中，有对王某磊、徐某勇夫妇进行调查制作的笔录。王某磊、徐某勇称，2016年9月，两人到中医院抽血进行胎儿性别鉴定，通过支付宝转账6600元至贺某账户，通过微信得知胎儿性别为“男”。青岛市某区卫生和计划生育局于2016年10月25日到中医院进行了调查，制作现场笔录，发现了三楼妇科VIP办公室有5张“Maternal DNA Test Request Form”，上述表格中有包含王某磊、张某、刘某青、王某娟的签字。2016年11月23日，青岛市某区卫生和计划生育局对贺某进行调查并制作调查笔录。贺某称，鉴定胎儿性别的抽血工作由于某负责并收费。2016年11月23日，青岛市某区卫生和计划生育局对于

① （2019）鲁02行终31号。

某进行调查并制作调查笔录。于某称，其由贺某安排接待孕妇、收取胎儿性别鉴定费用、进行抽血，并将血样寄往深圳。于某自述工资由贺某汇入其农业银行账户。2017 年 6 月 26 日，被告向贺某下达了《行政处罚事先告知书》，告知贺某拟处罚的事实、法律依据及处罚事项，并告知了贺某有申请听证的权利。2017 年 7 月 11 日，被告依据贺某的申请，举行了听证会。2017 年 11 月 16 日，青岛市某区卫生和计划生育局作出《行政处罚决定书》，内容为：2016 年 10 月 25 日，我局在查处移送的案件时发现当事人组织孕妇实施非医学需要的胎儿性别鉴定，于 2016 年 11 月 23 日立案调查。现查明，当事人于 2016 年 6 月至 2016 年 10 月在中医院三楼妇科亲自或安排于某联系、接待孕妇或孕妇家属，为孕妇采血后发往深圳，辗转运到香港进行非医学需要的胎儿性别鉴定。2017 年 6 月 26 日我局向当事人的委托人直接送达了《行政处罚事先告知书》，在规定期限内，当事人提出听证申请，我局依程序于 2017 年 7 月 11 日召开听证会。当事人提出的争议点主要有：（1）现场笔录中没有发现采血设备，认定贺某某通过抽取孕妇血液发往香港组织胎儿性别鉴定事实不清；（2）于某组织胎儿性别鉴定的行为不是贺某指使，是于某的个人行为；（3）5 份协议书与违法事实之间的关联性和真实性；（4）违法所得 6600 元，属于正常资金往来，不是非法所得；（5）违法所得仅仅依据外地孕妇的证人证言难以认定；（6）组织胎儿性别鉴定的证据不足，缺乏采血后发往香港检测的证据。针对当事人提出的争议点，我局认为：（1）于某承认有采血行为，孕妇证明在中医院三楼采过血，没有采血设备的证据并不影响采血行为的认定；（2）于某作为贺某雇佣的工作人员，由贺某发放工资，而且于某认定贺某指使其组织胎儿性别鉴定的行为；（3）协议书是认定本案违法事实的主要证据，5 份协议书来源于贺某的经营场所，有孕妇签字，经当地卫生计生行政部门协查，取得孕妇签字确认的询问笔录，可以认定这份证据与违法事实有关联性，当事人没有证据证明这份证据不真实；（4）6600 元的违法所得有孕妇的支付宝转账记录并签字确认，可以认定为违法所得，其他仅凭孕妇口述的违法所得不再认定；（5）尽管缺乏送往香港检测的相关直接证据，但根据于某的陈述和胎儿出生后的性别与当事人告知结果的一致性，可以判定胎儿性别的结果不是猜测来的，而是经过鉴定的结果。我局认为：当事人的行为违反了《禁止非医学需要的胎儿性别鉴定和选择性别人工终止妊娠的规定》

（国家卫生和计划生育委员会2016年第9号令）第3条第2款之规定，构成了组织孕妇实施非医学需要的胎儿性别鉴定。当事人的违法所得为收取1名孕妇的费用共计6600元，依据《禁止非医学需要的胎儿性别鉴定和选择性别人工终止妊娠的规定》（国家卫生和计划生育委员会2016年第9号令）第23条之规定，决定对当事人处罚如下：罚款三万元整（30000.00元）；没收违法所得六千六百元整（6600.00元）。

一审法院认为，《卫生行政处罚程序》第6条规定："县级以上卫生行政机关负责查处所辖区域内的违反卫生法律、法规、规章的案件。"本案的被告享有对本辖区违反卫生法律、法规、规章行为进行查处的职权。《人口与计划生育法》第36条规定："违反本法规定，有下列行为之一的，由计划生育行政部门或者卫生行政部门依据职权责令改正，给予警告，没收违法所得；违法所得一万元以上的，处违法所得二倍以上六倍以下的罚款；没有违法所得或者违法所得不足一万元的，处一万元以上三万元以下的罚款；情节严重的，由原发证机关吊销执业证书；构成犯罪的，依法追究刑事责任：（一）非法为他人施行计划生育手术的；（二）利用超声技术和其他技术手段为他人进行非医学需要的胎儿性别鉴定或者选择性别的人工终止妊娠的；（三）实施假节育手术、进行假医学鉴定、出具假计划生育证明的。"由于抽血进行非医学需要的胎儿性别鉴定方式为我国法律法规所禁止，违法行为人的行为具有隐蔽性，直接证据相对比较难以取证。本案中，有多对夫妇指认了于某系接待、抽血人员，并通过现金或支付宝转账的方式交纳了胎儿性别鉴定费用。于某自述其行为受贺某指派，工资由贺某发放。上述事实有多地卫计部门对涉案夫妇的调查笔录、对于某的指认笔录、支付宝转账至贺某银行卡的记录、于某调查笔录和贺某的自认笔录等证据予以证实，形成了较为完整的证据链。被告依据上述证据认定贺某为组织孕妇实施非医学需要的胎儿性别鉴定的违法主体，认定事实清楚，证据确实充分。在行政处罚调查过程中，被告履行了立案、调查、处罚前告知、听证、作出处罚决定、送达等法定程序。综上，被告作出《行政处罚决定书》认定事实清楚，适用法律正确。依照《行政诉讼法》第69条之规定，判决驳回原告贺某的诉讼请求。

上诉人贺某不服原审判决，上诉请求二审法院撤销原审判决，撤销被诉行政处罚决定书罚款 3 万元和没收上诉人 6600 元的行政处罚。二审驳回上诉，维持原判。

知识要点

1. 如何理解“非医学需要的胎儿性别鉴定和选择性别人工终止妊娠”。

2. 实施医学需要的胎儿性别鉴定和选择性别人工终止妊娠，医疗机构与医务人员需要取得何种资质。

3. 实施医学需要的胎儿性别鉴定和选择性别人工终止妊娠需要满足什么条件。

4. 利用超声技术和其他技术手段进行非医学需要的胎儿性别鉴定或者选择性别的人工终止妊娠的法律责任。

5. 违法所得的认定。

案例解析

一、如何理解“非医学需要的胎儿性别鉴定和选择性别人工终止妊娠”

根据《禁止非医学需要的胎儿性别鉴定和选择性别人工终止妊娠的规定》第 2 条的规定，非医学需要的胎儿性别鉴定和选择性别人工终止妊娠，是指除经医学诊断胎儿可能为伴性遗传病等需要进行胎儿性别鉴定和选择性别人工终止妊娠以外，所进行的胎儿性别鉴定和选择性别人工终止妊娠。

二、实施医学需要的胎儿性别鉴定和选择性别人工终止妊娠，医疗机构与医务人员需要取得何种资质

1. 医疗机构需要具备的资质

医学需要的胎儿性别鉴定和选择性别人工终止妊娠属于母婴保健技术，根据《母婴保健法》《母婴保健法实施办法》的规定，医疗保健机构依照规定开展婚前医学检查、遗传病诊断、产前诊断以及施行结扎手术和终止妊娠手术的，必须符合国务院卫生行政部门规定的条件和技术标准，并经县级以上地方人民政府卫生行政部门许可。

从事母婴保健技术服务的机构应当取得合法、有效的《医疗机构执业许

可证》，《医疗机构执业许可证》批准的执业范围包括妇产科等相关诊疗科目，并应当取得相应服务类别的《母婴保健技术服务执业许可证》。

2. 医务人员需要具备的资质

产前诊断人员资质：根据《产前诊断技术管理办法》第 8 条的规定，从事产前诊断的卫生专业技术人员应符合以下所有条件：（1）从事临床工作的，应取得执业医师资格；（2）从事医技和辅助工作的，应取得相应卫生专业技术职称；（3）符合《从事产前诊断卫生专业技术人员的基本条件》；（4）经省级卫生行政部门批准，取得从事产前诊断的《母婴保健技术考核合格证书》。

终止妊娠手术人员资质：根据《母婴保健法》《母婴保健法实施办法》《母婴保健专项技术服务许可及人员资格管理办法》的规定，从事终止妊娠手术的人员，必须符合《母婴保健专项技术服务基本标准》的有关规定，经考核合格，取得《母婴保健技术考核合格证书》或者在《医师执业证书》上加注母婴保健技术考核合格及技术类别。

三、实施医学需要的胎儿性别鉴定和选择性别人工终止妊娠需要满足什么条件

根据《禁止非医学需要的胎儿性别鉴定和选择性别人工终止妊娠的规定》第 10 条的规定，医学需要的胎儿性别鉴定，由省、自治区、直辖市卫生计生行政部门批准设立的医疗卫生机构按照国家有关规定实施。实施医学需要的胎儿性别鉴定，应当由医疗卫生机构组织三名以上具有临床经验和医学遗传学知识，并具有副主任医师以上的专业技术职称的专家集体审核。经诊断，确需人工终止妊娠的，应当出具医学诊断报告，并由医疗卫生机构通报当地县级卫生计生行政部门。

《禁止非医学需要的胎儿性别鉴定和选择性别人工终止妊娠的规定》第 9 条规定了可以实施选择性别人工终止妊娠的情形：“符合法定生育条件，除下列情形外，不得实施选择性别人工终止妊娠：（一）胎儿患严重遗传性疾病的；（二）胎儿有严重缺陷的；（三）因患严重疾病，继续妊娠可能危及孕妇生命安全或者严重危害孕妇健康的；（四）法律法规规定的或医学上认为确有必要终止妊娠的其他情形。”

根据《母婴保健法实施办法》第 23 条的规定，严禁采用技术手段对胎儿进行性别鉴定。对怀疑胎儿可能为伴性遗传病，需要进行性别鉴定的，由省、

自治区、直辖市人民政府卫生行政部门指定的医疗、保健机构按照国务院卫生行政部门的规定进行鉴定。

四、利用超声技术和其他技术手段进行非医学需要的胎儿性别鉴定或者选择性别的人工终止妊娠的法律责任

利用超声技术和其他技术手段进行非医学需要的胎儿性别鉴定或者选择性别的人工终止妊娠，依据《人口与计划生育法》第36条对机构和人员分别进行行政处罚："违反本法规定，有下列行为之一的，由计划生育行政部门或者卫生行政部门依据职权责令改正，给予警告，没收违法所得；违法所得一万元以上的，处违法所得二倍以上六倍以下的罚款；没有违法所得或者违法所得不足一万元的，处一万元以上三万元以下的罚款；情节严重的，由原发证机关吊销执业证书；构成犯罪的，依法追究刑事责任：……（二）利用超声技术和其他技术手段为他人进行非医学需要的胎儿性别鉴定或者选择性别的人工终止妊娠的；……"根据《母婴保健法实施办法》第42条的规定，进行胎儿性别鉴定两次以上的或者以营利为目的进行胎儿性别鉴定的，并由原发证机关撤销相应的母婴保健技术执业资格或者医师执业证书。

五、违法所得的认定

依据《人口与计划生育法》第36条，利用超声技术和其他技术手段为他人进行非医学需要的胎儿性别鉴定或者选择性别的人工终止妊娠的，对机构和人员分别进行行政处罚，由计划生育行政部门或者卫生行政部门依据职权责令改正，给予警告，没收违法所得；违法所得一万元以上的，处违法所得二倍以上六倍以下的罚款；没有违法所得或者违法所得不足一万元的，处一万元以上三万元以下的罚款；情节严重的，由原发证机关吊销执业证书；构成犯罪的，依法追究刑事责任。在上述几个案例中，行政处罚都包括了没收违法所得。但是，对于"违法所得"的认定，在实践中是个非常有争议的问题。

（一）关于"违法所得"概念的分歧

随着我国法律制度的发展，"违法所得"不仅涉及行政法、刑法，刑事诉讼法修正时增设的特别没收程序也含有"违法所得"的规定。实践中，对于"违法所得"概念的界定和认定，存在较大分歧。比如：一种观点认为，"违法所得"是指获利数额，即以违法生产、销售获得的全部收入扣除其直接用于经营活动的合理支出后剩余的数额。另一种观点认为，“违法所得”是指通过实施犯罪、违法行为直接、间接产生、获得的任何财产，无需扣除生产、销售成本。

（二）关于“违法所得”的具体规定

关于“违法所得”的规范性文件非常多，有全国人大法工委的答复、最高院及最高检的司法解释、部门规章、地方性法规等。大致可以分为以下几类：

1. 明确“违法所得”系获利数额

最高人民法院 1995 年向湖北省高级人民法院下发的《关于审理生产、销售伪劣产品刑事案件如何认定“违法所得数额”的批复》（已于 2013 年 1 月失效）曾明确，“全国人民代表大会常务委员会《关于惩治生产、销售伪劣商品犯罪的决定》规定的‘违法所得数额’，是指生产、销售伪劣产品获利的数额”；最高人民法院 1998 年出台的《关于审理非法出版物刑事案件具体应用法律若干问题的解释》第 17 条明确，“本解释所称‘违法所得数额’，是指获利数额”；最高人民法院、最高人民检察院 2012 年出台的《关于办理内幕交易、泄露内幕信息刑事案件具体应用法律若干问题的解释》第 10 条明确：“……‘违法所得’，是指通过内幕交易行为所获利益或者避免的损失。”

2. “违法所得”系通过实施违法、犯罪直接、间接产生或者获得的任何财产

最高人民法院、最高人民检察院、公安部于 2014 年联合印发的《关于办理非法集资刑事案件适用法律若干问题的意见》明确：“向社会公众非法吸收的资金属于违法所得。以吸收的资金向集资参与人支付的利息、分红等回报，以及向帮助吸收资金人员支付的代理费、好处费、返点费、佣金、提成等费用，应当依法追缴。”最高人民法院、最高人民检察院 2017 年出台的《关于适用犯罪嫌疑人、被告人逃匿、死亡案件违法所得没收程序若干问题的规定》第 6 条明确：“通过实施犯罪直接或者间接产生、获得的任何财产，应当认定为刑事诉讼法第二百八十条第一款规定的‘违法所得’。违法所得已经部分或者全部转变、转化为其他财产的，转变、转化后的财产应当视为前款规定的‘违法所得’。来自违法所得转变、转化后的财产收益，或者来自已经与违法所得相混合财产中违法所得相应部分的收益，应当视为第一款规定的‘违法

所得'。"另外，原卫生部也作出过相同观点的答复，如《卫生部法监司关于对〈医疗机构管理条例〉》中"非法所得"含义解释的答复》：《医疗机构管理条例》第44条中"非法所得"指未取得《医疗机构执业许可证》擅自执业的人员或机构在违法活动中获取的包括成本在内的全部收入。

3. 明确"违法所得"一般认定和特殊认定原则

对"违法所得"的认定明确指导原则，见于原国家工商行政管理总局2008年发布的《工商行政管理机关行政处罚案件违法所得认定办法》。该文件明确了"违法所得"的一般认定和特殊认定原则。一般认定原则，是指"以当事人违法生产、销售商品或者提供服务所获得的全部收入扣除当事人直接用于经营活动的适当的合理支出，为违法所得"。违法生产商品的违法所得按违法生产商品的全部销售收入扣除生产商品的原材料购进价款计算；违法销售商品的违法所得按违法销售商品的销售收入扣除所售商品的购进价款计算。特殊认定原则，是指对于一些社会危害大或者违法成本难以计算的违法行为以其"销售收入为违法所得"。

（三）无法确认违法所得的情形

在实践中，还会出现无法确认违法所得的情形。如果当事人的票据不齐全，或当事人根本不提供相关票据或记录，那就难以确认当事人的违法所得。国家市场监督管理总局发布的《加油站计量监督管理办法》和《眼镜制配计量监督管理办法》对拒不提供账目或不如实提供账目致使违法所得难以计算的行为有相应处罚；税务部门对不妥善保管或隐藏账簿、凭证等的行为也有相应处罚；我国《会计法》规定，对隐匿或者故意销毁依法应当保存的会计凭证、会计账簿、财务会计报告，尚不构成犯罪的行为，财政部门可予以行政处罚。但有些执法部门在执法过程中虽然有涉及计算违法所得的情形，但对当事人拒不提供账册或根本就不入账的行为的处罚却没有具体罚则，这不得不说是执法中的一个困惑。当然，也有些情况下，违法所得难以认定的原因是执法机关收集证据自身存在缺陷，如上述案例一中，行政机关在被诉行政处罚决定中对违法所得3000元的认定，无相应的收费单据相佐证，与其提供的相关证据中关于两次终止妊娠手术收费数额的记载也明显不能吻合。故一审、二审均判决撤销行政处罚。

法律依据

《中华人民共和国人口与计划生育法》

第三十五条　严禁利用超声技术和其他技术手段进行非医学需要的胎儿性别鉴定；严禁非医学需要的选择性别的人工终止妊娠。

第三十六条　违反本法规定，有下列行为之一的，由计划生育行政部门或者卫生行政部门依据职权责令改正，给予警告，没收违法所得；违法所得一万元以上的，处违法所得二倍以上六倍以下的罚款；没有违法所得或者违法所得不足一万元的，处一万元以上三万元以下的罚款；情节严重的，由原发证机关吊销执业证书；构成犯罪的，依法追究刑事责任：

（一）非法为他人施行计划生育手术的；

（二）利用超声技术和其他技术手段为他人进行非医学需要的胎儿性别鉴定或者选择性别的人工终止妊娠的；

（三）进行假医学鉴定、出具假计划生育证明的。

《中华人民共和国母婴保健法实施办法》

第二十三条　严禁采用技术手段对胎儿进行性别鉴定。

对怀疑胎儿可能为伴性遗传病，需要进行性别鉴定的，由省、自治区、直辖市人民政府卫生行政部门指定的医疗、保健机构按照国务院卫生行政部门的规定进行鉴定。

第四十二条　违反本办法规定进行胎儿性别鉴定的，由卫生行政部门给予警告，责令停止违法行为；对医疗、保健机构直接负责的主管人员和其他直接责任人员，依法给予行政处分。进行胎儿性别鉴定两次以上的或者以营利为目的进行胎儿性别鉴定的，并由原发证机关撤销相应的母婴保健技术执业资格或者医师执业证书。

《禁止非医学需要的胎儿性别鉴定和选择性别人工终止妊娠的规定》

第三条　禁止任何单位或者个人实施非医学需要的胎儿性别鉴定和选择性别人工终止妊娠。

禁止任何单位或者个人介绍、组织孕妇实施非医学需要的胎儿性别鉴定和选择性别人工终止妊娠。

第十八条　违反规定利用相关技术为他人实施非医学需要的胎儿性别鉴

定或者选择性别人工终止妊娠的，由县级以上卫生计生行政部门依据《中华人民共和国人口与计划生育法》等有关法律法规进行处理；对医疗卫生机构的主要负责人、直接负责的主管人员和直接责任人员，依法给予处分。

《卫生部关于严禁利用超声等技术手段进行非医学需要的胎儿性别鉴定和选择性别人工终止妊娠的通知》（卫办发［2006］284号）

各省、自治区、直辖市卫生厅局，新疆生产建设兵团卫生局，部直属单位，部属（管）医院：

为贯彻落实国务院召开的全国关爱女孩行动电视电话会议精神，综合治理出生人口性别比偏高问题，深化打击非法行医专项行动，规范医疗保健机构医疗行为，依据有关法律法规，现就严禁利用超声和染色体检查等技术手段进行非医学需要的胎儿性别鉴定和非医学需要的选择性别人工终止妊娠（以下简称“两非”）问题提出如下意见。

一、提高认识，明确职责，加强宣传教育

“两非”问题是导致出生人口性别比偏高的重要原因，是违反《母婴保健法》、《人口与计划生育法》的行为，必须严厉打击，依法惩处。各级卫生行政部门要从保护妇女儿童健康权益、综合治理出生人口性别比偏高问题、维护社会和谐稳定的高度充分认识严禁“两非”的重要意义，明确医疗卫生部门应承担的重大责任。要加强对广大医疗卫生人员进行相关法律法规教育和培训，增强法制观念，提高对“两非”危害的认识。要加大宣传力度，加强与人口计生、宣传、文化、广电等部门的配合，为严禁“两非”创造良好的社会环境和舆论氛围。

二、把严禁“两非”作为打击非法行医专项行动的重点

在2005年全国打击非法行医专项行动中，已经把利用B超非法鉴定胎儿性别和选择性别的人工终止妊娠手术作为打击重点并严肃查处，取得了阶段性成果。各级卫生行政部门要认真贯彻全国关爱女孩行动电视电话会议和全国打击非法行医专项行动工作会议精神，在当地政府领导下，争取相关部门支持配合，继续把严禁“两非”作为打击非法行医专项行动的重点工作。要根据《打击非法行医专项行动方案》的统一部署和要求，制定严禁“两非”的行动措施，逐级落实责任，认真组织好本辖区内打击“两非”的行动。要加强对医疗保健机构的专项监督检查，强化日常监管，建立长效机制，严格

禁止和防范发生“两非”问题。对其他机构和人员从事“两非”的案件，卫生行政部门要严厉打击，保持高压态势，配合公安、人口计生等部门对违法犯罪行为依法追究刑事责任。要充分发挥社会监督作用，建立有奖举报制度，鼓励全社会举报“两非”案件，不放过任何“两非”案件线索，集中精力查处一批群众反映强烈的重点案件。

三、加强对医疗保健机构和医务人员的规范管理

（一）各级卫生行政部门要加强对因医学需要的胎儿性别鉴定和选择性别人工终止妊娠的诊疗行为管理，对开展遗传诊断和治疗的医疗机构及其医务人员实行准入管理，只有具备遗传性疾病诊断能力的二级甲等以上综合医院和妇幼保健院方可申请开展医学需要的胎儿性别鉴定。各级卫生行政部门要以适当形式将具有相应资质的机构和人员向社会公示，并对这些机构和人员的执业行为加强监督检查，对违法违规行为，一经发现，按照《执业医师法》、《医疗机构管理条例》从严处理。

（二）各级卫生行政部门要加强对医疗机构医学影像科室的监督管理，督促医疗保健机构建立健全管理制度，切实加大监管力度，经常性地对医务人员进行防范“两非”的教育和培训。要在医疗机构及其相关科室显著位置张贴严禁“两非”的警示标识。

（三）卫生行政部门对利用超声和染色体检查等技术手段从事“两非”的医疗保健机构和及其医务人员，要吊销当事医务人员的执业证书，调离当前工作岗位，并追究医疗机构负责人的责任；对诊所、门诊部、医务室、妇幼保健站、社区卫生服务站，要吊销其《医疗机构执业许可证》；对其他医疗机构要吊销其妇产科、超声科、检验科等问题科室的诊疗科目登记。

四、开展自查自纠，加强长效监管

自本通知下发之日起，各级各类医疗保健机构要立即开展自查自纠，认真查找工作中的问题，针对突出问题和薄弱环节，制定并落实整改措施，堵塞漏洞，建立长效机制，加强日常内部管理，坚决防止发生“两非”问题。各级卫生监督机构要认真履行职责，加大执法力度，定期或不定期地开展执法监督检查。各级卫生行政部门要加强组织领导，对工作不力、“两非”问题严重、群众反映强烈的地区和医疗保健机构，要按照《卫生部关于打击非法行医专项行动责任追究的意见》和相关规定，严肃追究有关人员的责任。各

省级卫生行政部门要将自查自纠情况作为打击非法行医专项行动的重要内容定期报送全国打击非法行医专项行动领导小组办公室。我部将结合打击非法行医专项行动督导检查工作，对部分地区打击“两非”情况进行抽查。

二〇〇六年七月二十一日

第八章

未取得处方权的人员及
被取消处方权的医师开具处方

本章概要

1. 认定医疗机构使用未取得处方权的人员及被取消处方权的医师开具处方，首先要明确处方及处方权的含义，在此基础上理解未取得处方权的人员及被取消处方权的医师的概念和范围，熟悉其常见情形；在医疗机构使用未取得处方权的人员及被取消处方权的医师开具处方后，根据裁量基准对一般情节及情节严重的情形进行区分，明确相应法律责任。需要注意的是，使用未取得处方权的人员及被取消处方权的医师开具处方，并非使用非卫生技术人员从事医疗卫生技术工作，两者之间存在明显的区别。

2. 对于“情节严重”的理解和认定，直接影响到行政处罚的结果。“情节严重”，是相对于一般情节而言的，没有一般情节的对比与参照，也就无所谓“情节严重”。一般情节，反映了在一般情况或者正常环境下违法行为对行政管理秩序的破坏程度，反映了一定的行政相对人的主观恶性和社会危害性。与一般情节相比，“情节严重”所反映的行为人的主观恶性和社会危害性更深更大，对具有“情节严重”的行政违法行为的处罚相比一般情节的行政违法行为要严厉得多。因此，无论立法、执法中，都对“情节严重”非常关注。认定“情节严重”，大量法律法规、司法解释有具体规定；在没有立法规定的情况下，执法机关出台了大量行政处罚裁量基准；在既没有立法规定，执法机关也没有制定裁量基准的情况下，认定“情节严重”应遵循行政法的基本原则。

典型案例

案例一①

2012 年 2 月，杨某某与某医院发生医疗纠纷。2013 年 3 月 15 日，杨某某向某市卫生局投诉，要求某市卫生局核查某医院医生常某某的执业注册情况和过度治疗行为。市卫生局接到投诉后立案查处。2013 年 4 月 18 日，市卫生局作出行政处罚决定，认为某医院医生常某某持有《执业医师资格证》，但未

① （2013）珠香法行初字第 155 号。

依法办理变更注册至某医院，某医院“录用未取得处方权的医师独立执业”，违反了《处方管理办法》第8条、第47条规定，并依据该办法第54条规定，对某医院处以罚款人民币1000元的行政处罚，同时责令立即改正违法行为。

2013年7月7日，杨某某向市卫生局提交《查处某医院非法行医违法行为申请书》，认为常某某没有办理变更注册手续，也没有取得准予注册的执业证书，要求对某医院非法行医的违法行为立案调查处罚。2013年7月19日，市卫生局作出《关于杨某某来信申请查处某医院的答复》，告知杨某某：“某医院存在使用未取得处方权的医师执业的违法行为，我局根据《处方管理办法》有关规定，已对该院给予行政处罚，并责令立即改正违法行为。另由于当事医师已离职，无法联系，故未能对当事医师进行调查处理。”

杨某某因不服市卫生局对其2013年7月7日申请的处理，向广东省卫生厅提出行政复议。2013年8月3日广东省卫生厅作出复议决定书，认为市卫生局在程序和实体上的处理无不妥之处，维持《关于杨某某来信申请查处某医院的答复》。杨某某不服，提起行政诉讼，请求判令市卫生局“依照卫政法发［2004］178号规定”，“履行《医疗机构管理条例》第48条规定的法定职责”。

审理中，被告认为，本案的争议焦点是：某医院任用常某某（本案事实：常某某持有《执业医师资格证》，于被投诉期间在某医院工作并有医嘱行为，但未依法办理变更注册至某医院）行医的行为，能否直接适用《医疗机构管理条例》第48条规定的使用非卫生技术人员的情形处理。

《卫生部关于取得医师资格但未经执业注册的人员开展医师执业活动有关问题的批复》（卫政法发［2004］178号）所指的按照《医疗机构管理条例》第48条的规定处理的情形，要同时满足两个条件，一是“取得医师资格”，二是“但未经执业注册”，而本案常某某则同时持有《执业医师资格证》和《执业医师执业证书》（未依法变更执业注册地），并未同时满足这两个条件，不宜认定为非卫生技术人员，因此本案不能适用《医疗机构管理条例》第48条规定的使用非卫生技术人员的情形处理。《处方管理办法》第8条第1款规定：“经注册的执业医师在执业地点取得相应的处方权。”第47条规定，“未取得处方权的人员及被取消处方权的医师不得开具处方”。第54条规定：“医疗机构有下列情形之一的，由县级以上卫生行政部门按照《医疗机构管理条例》第四十八条的规定，责令限期改正，并可处以5000元以下的罚款；情节严重的，吊销其《医疗机构执业许可证》：（一）使用未取得处方权的人员、被取消处方权的医师开具处方的；……”根据上述规定，常某某属于不在注册地点执业，其在某医院执业的行为属于“未取得处方权的人员”，据此，被告市卫生局根据查明的事实，适用《处方管理办法》相关规定对某医院进行处罚正确。因此，被告市卫生局认为，原告杨某某的诉讼请求不能成立。

法院审理后认为，被告广东省某市卫生局在接到原告杨某某2013年3月15日的投诉后，对其作出了答复，告知对被投诉的某医院进行立案查处，并以现场检查笔录、患者病历复印件、询问笔录等为依据，认定常某某未在某医院登记注册，某医院使用未取得处方权的医师执业，违反了《处方管理办法》第8条和第47条的规定，因此依据该办法第54条规定，对某医院作出了行政处罚。据此，可以认定被告市卫生局已经对原告杨某某投诉的事项进行了核查，履行了法定职责。

最终判决认为，原告杨某某诉称被告市卫生局对某医院的违法行为不依法履行法定职责的理由不能成立，驳回原告杨某某的诉讼请求。

案例二①

厦门某门诊部原系取得《医疗机构执业许可证》的医疗机构。2009年6月22日，厦门市卫生局卫生监督员在日常检查中发现，厦门某门诊部使用两名执业助理医师苏某某、王某某单独开具处方，当场先行登记保存相关处方，并将案件移送厦门市卫生局处理。2009年7月21日，厦门市卫生局向厦门某门诊部发出《行政处罚事先告知书》和《行政处罚听证告知书》，拟对厦门某门诊部的上述违法行为依法作出罚款5000元及吊销《医疗机构执业许可证》的行政处罚。经听证后，厦门市卫生局作出行政处罚决定，对厦门某门诊部处罚款人民币5000元整并吊销《医疗机构执业许可证》的行政处罚，同时责令立即改正违法行为。厦门某门诊部不服遂向法院提起行政诉讼。

一审法院认为，本案存在如下争议焦点：

1. 关于执业助理医师的处方权问题

一审法院认为，依据《处方管理办法》的规定，注册执业医师只有在执业地点开具与其执业类别相符的处方才是有效的处方。换言之，即便是执业

① （2010）厦行终字第9号。

医师，在非执业地点或从事执业类别以外的诊疗活动也没有处方权。该办法第 8 条第 2 款规定："经注册的执业助理医师在医疗机构开具的处方，应当经所在执业地点执业医师签名或加盖专用签章后方有效。"因此，执业助理医师无单独开具处方的权利，其所开具的处方必须得到执业医师的签字认可方能有效，从这点分析，执业助理医师没有处方权。医疗机构使用执业助理医师开具的处方，属于违反了《处方管理办法》第 47 条"未取得处方权的人员不得开具处方"的禁止性规定的违法行为。被告适用《处方管理办法》第 54 条第（1）项和《医疗机构管理条例》第 48 条的规定，认定原告使用未取得处方权的苏某某、王某某开具处方的违法事实，并无不当。原告诉称其因流程管理上的疏忽，执业医师没有及时对执业助理医师开具的处方进行审核签名，只是工作的失误，原告的两名执业助理医师均是在执业医师的指导下开展工作，其工作程序并不违反法律禁止性规定的辩解理由不能成立。医疗机构执行处方，必须是有效合法的处方，对于无效处方，医疗机构是不能执行的。执业医师的签字不是走形式，而是对处方进行必要的审查核实，是法定程序，是对患者用药安全的保障。执业医师对执业助理医师开具的处方不能事后签名审查，必须在处方被执行前进行审核。本案中，原告的执业助理医师苏某某、王某某开具若干处方，均在没有执业医师审核签字的情况下交付执行。原告辩解因工作疏忽，执业医师忘记签名，与事实不符。

2. 关于原告的违法行为是否属于情节严重的问题

如前所述，原告单位的执业助理医师苏某某、王某某是没有处方权的卫生技术人员，原告使用该两人开具处方，其行为已违反了《处方管理办法》第 47 条的规定。由于原告曾于 2008 年 6 月和 10 月因使用非卫生技术专业人员而被被告两次给予行政处罚，2009 年再次因同类违法行为被检查发现，被告依据《处方管理办法》第 54 条第（1）项和《医疗机构管理条例》第 48 条的规定，参照《厦门市卫生局行政处罚自由裁量权适用规范（试行）》第 9 条第（1）项的规定和《医疗机构管理条例行政处罚自由裁量权参照执行标准（试行）》第 4 条"对使用非卫生技术人员从事医疗卫生技术工作的行为的行政处罚"中"严重违法行为"的规定，认定原告的违法行为属于法律规定"情节严重"的情形，决定对原告处以罚款 5000 元和吊销《医疗机构执业许可证》，同时责令立即改正违法行为的行政处罚，罚当其过。故原告的主张不予采纳。

综上，一审法院认为：被告作出的行政处罚决定，认定事实清楚，适用法律正确，程序合法，应予支持。原告厦门某门诊部不服一审判决，向二审法院提起上诉。

二审法院认为，本案争议焦点在于如何适用法律法规规章进行处罚以及行政处罚程序是否合法的问题。本案中，上诉人单位的苏某某、王某某作为执业助理医师，不具备单独开具处方的权利。上诉人辩解两位执业助理医师之前所开具的处方都经执业医师签名，但不能就此而排除本案查实存在的执业助理医师单独开具处方的客观事实。上诉人作为医疗机构，既应严格按照法规规章的规定从事其职业活动，又负有对其医疗机构内医疗专业人员的使用、管理职责，否则，应承担相应的法律后果。自由裁量权是行政机关根据法律法规规章的规定，对违法行为在法定的处罚种类、幅度范围内，根据违法行为的事实、性质、情节等，对违法行为进行处罚的权限。根据国务院《医疗机构管理条例》第 48 条的规定，本案被上诉人所作的行政处罚幅度在法定的范围内。2008 年实施的《厦门市卫生局行政处罚自由裁量权适用规范（试行）》第 9 条第（4）项亦规定：被行政处罚后两年内又实施同类违法行为的，应当从重处罚。本案中，上诉人在 2008 年已经两次因违法行为而被处以警告和罚款处罚，其在 2009 年又使用不具备处方权的人员开具处方，符合从重处罚情形。

因此，二审法院判决驳回上诉，维持原判。

案例三①

2013 年 10 月，张某某之母彭某某因病到永川区某卫生院就诊，该院医生陈某某接诊并对彭某某进行了检查和治疗，后彭某某因病情严重转院治疗，在治疗过程中彭某某因病去世。此后，张某某认为医生陈某某持有的执业医师证上载明的执业地点非永川区某卫生院，执业医师证上载明的执业类别为中医，陈某某所持有的执业医师证上的内容和其实际对彭某某进行的诊疗活动明显不符，涉嫌非法行医；且陈某某在诊疗过程中，还对彭某某开具和使用了杜冷丁，也涉嫌违规。张某某遂向永川区卫生和计划生育委员会递交了

① （2018）渝 05 行申 7 号。

《关于裁定陈某某非法行医等问题的请求》，永川区卫生和计划生育委员会收到后，认为张某某提出的信访事项属于人民法院职权范围，作出《不予受理告知书》并送达张某某。

张某某不服，向法院提起行政诉讼，起诉要求撤销被告作出的《不予受理告知书》。法院判决如下：（1）撤销被告永川区卫生和计划生育委员会于作出的《不予受理告知书》。（2）限被告永川区卫生和计划生育委员会在本判决生效后60日内对原告递交的《关于裁定陈某某非法行医等问题的请求》作出处理。2018年1月15日被告作出告知书，并于同日送达原告。原告收到后不服，于2018年3月12日向法院再次提起行政诉讼，请求依法撤销被告作出的《关于〈关于裁定陈某某非法行医等问题的请求〉相关事项调查结果的告知书》，并责令被告重新作出回复。

法院认为，根据《执业医师法》第14条“医师经注册后，可以在医疗、预防、保健机构中按照注册的执业地点、执业类别、执业范围执业，从事相应的医疗、预防、保健业务”和《麻醉药品和精神药品管理条例》第36条“医疗机构需要使用麻醉药品和第一类精神药品的，应当经所在地设区的市级人民政府卫生主管部门批准，取得麻醉药品、第一类精神药品购用印鉴卡……”及《处方管理办法》第11条“医疗机构应当按照有关规定，对本机构执业医师和药师进行麻醉药品和精神药品使用知识和规范化管理的培训。执业医师经考核合格后取得麻醉药品和第一类精神药品的处方权”的规定，本案中，被告在收到原告递交的《关于裁定陈某某非法行医等问题的请求》后，经调查，认定陈某某具有合法医师执业资质，不属于非法行医，陈某某开具杜冷丁的行为不属违规，且陈某某系永川区某卫生院正式职工，在该院行医是正常履行工作职责，永川区某卫生院不存在纵容陈某某非法行医的行为。遂于2018年1月15日作出《关于〈关于裁定陈某某非法行医等问题的请求〉相关事项调查结果的告知书》，并于同日送达原告。一审法院认为陈某某于2009年取得《医师资格证》，根据《处方管理办法》，经注册的执业医师具有处方权，但并未明确规定中医医生不能开具西药处方；2011年6月，陈某某调入永川区某卫生院工作，陈某某的《医师执业证书》上执业地点虽有段时间未进行变更，但并不能认定陈某某属于非法行医，因陈某某执业地点的变更属于正常工作调动，手续符合相关规定；2011年11月28日，永川区某卫生院取得《麻醉药品、第一类精神药品购用印件卡》，该院具有了使用麻醉药品的资质，2013 年 1 月 1 日，陈某某取得了永川区某卫生院精神药品的处方权，因此陈某某开具杜冷丁的行为符合相关规定，永川区某卫生院不存在纵容陈某某非法行医的行为。据此，被告作出的告知书事实清楚、程序合法，符合相关的法律法规规定。据此，对原告的诉讼请求，法院不予支持，依照《行政诉讼法》第 69 条之规定，判决驳回原告张某某的诉讼请求。

知识要点

1. 如何理解“处方”及“处方权”。
2. 如何认定“未取得处方权的人员及被取消处方权的医师”。
3. 使用未取得处方权的人员及被取消处方权的医师开具处方的法律责任。
4. 如何理解和认定“情节严重”。

案例解析

一、如何理解“处方”及“处方权”

为理解该案由，首先应明确“处方”及“处方权”的概念。二者在《处方管理办法》中均有相关规定。

《处方管理办法》第 2 条第 1 款规定：处方是指由注册的执业医师和执业助理医师在诊疗活动中为患者开具的、由取得药学专业技术职务任职资格的药学专业技术人员审核、调配、核对，并作为患者用药凭证的医疗文书。

《处方管理办法》从保护公民生命健康权的角度考虑，对处方权的取得规定了严格条件，其第 8 条第 1 款规定：经注册的执业医师在执业地点取得相应的处方权。根据该条文的规定，要取得处方权必须满足以下三个条件：一是经注册的执业医师；二是在执业地点；三是所开具的处方要与执业医师的执业类别相符。因此，经注册的执业医师在核准的执业地点从事与其执业类别相符的诊疗活动时，可以认定其具有处方权。

另外，由于处方权涉及医师的执业注册问题，目前我国处于医疗卫生体制改革的过程中，推进和规范医师多点执业行为。2020 年 10 月 28 日，国家卫健委副主任于学军在新闻发布会上指出：目前，全国有26万名医师多个机构执业，有效缓解了基层医疗机构和社会办医人才短缺的问题。[①] 2015年发布的《关于推进和规范医师多点执业的若干意见》就提出，“医师多点执业实行注册管理，相应简化注册程序，同时探索实行备案管理的可行性。条件成熟的地方可以探索实行区域注册，以促进区域医疗卫生人才充分有序流动，具体办法由各省（区、市）卫生计生行政部门制定”。在实践中，由于不同的省（区、市）或者区域制定了不同的具体管理办法，需考虑多点执业的不同规定对医师执业注册以及处方权的影响。

二、如何认定“未取得处方权的人员及被取消处方权的医师”

在理解了“处方”及“处方权”的概念的基础上，可以根据相关法律规定对“未取得处方权的人员及被取消处方权的医师”的认定问题进行讨论分析，具体内容如下。

（一）未取得处方权的人员

根据《处方管理办法》第3条、第9条、第12条、第13条，以及《卫生部关于住院医师规范化培训期间医师执业注册有关问题的批复》（卫医政函〔2011〕413号）、《香港和澳门特别行政区医疗专业技术人员在内地短期执业管理暂行规定》（卫医政发〔2010〕106号）的相关规定可知，未取得处方权的人员应包括以下几类：

1. 未经执业医师、执业助理医师注册的人员。

2. 未经所在执业地点执业医师签名或加盖专用签章单独开具处方的执业助理医师（但经注册的在乡、民族乡、镇、村的医疗机构独立从事一般执业活动的执业助理医师除外）。

3. 在非执业地点开展诊疗活动的执业医师。

4. 从事执业类别以外诊疗活动的执业医师。

5. 未经所在医疗机构有处方权的执业医师审核，并签名或加盖专用签章开具处方的试用期人员。

6. 未经接收进修的医疗机构对其胜任本专业工作的实际情况进行认定并

① 参见 http://health.people.com.cn/n1/2020/1028/c14739-31909791.html，访问时间2021年4月19日。

授予相应处方权的进修医师。

7. 临床、口腔、中医类别以外的规范化培训期间的住院医师。

8. 在内地短期执业的港澳药剂师、港澳护士和其他港澳医疗专业技术人员。

如以上案例，对应了“在非执业地点开展诊疗活动的执业医师”以及“未经所在执业地点执业医师签名或加盖专用签章单独开具处方的执业助理医师”两种类型，最终法院均认可了行政机关依据《处方管理办法》第 8 条和第 54 条作出的行政处罚决定，由此可见，医疗机构“使用未取得处方权的人员及被取消处方权的医师开具处方”确有相应的法律风险。

（二）被取消处方权的医师

《处方管理办法》第 45 条、第 46 条明确规定了被取消处方权医师的情形，主要有以下几类：

1. 被限制处方权后，仍连续 2 次以上出现超常处方且无正当理由，被所在医疗机构取消处方权的医师。

2. 被责令暂停执业的医师。

3. 考核不合格离岗培训期间的医师。

4. 被注销、吊销执业证书的医师。

5. 不按照规定开具处方，造成严重后果，被所在医疗机构取消处方权的医师。

6. 不按照规定使用药品，造成严重后果，被所在医疗机构取消处方权的医师。

7. 因开具处方牟取私利，被所在医疗机构取消处方权的医师。

三、使用未取得处方权的人员及被取消处方权的医师开具处方的法律责任

《处方管理办法》第 54 条规定了医疗机构使用未取得处方权的人员及被取消处方权的医师开具处方的法律责任，其对应的行政处罚为：由县级以上卫生行政部门按照《医疗机构管理条例》第 48 条的规定，责令限期改正，并可处以 5000 元以下的罚款；情节严重的，吊销其《医疗机构执业许可证》。其中，对于“情节严重”的认定，可以参考各省市依据自由裁量权自行制定的裁量基准。

除了对医疗机构的处罚外，未取得处方权的人员及被取消处方权的医师也要承担相应的法律责任，具体规定在《处方管理办法》第57条，其对应的行政处罚为：按照《执业医师法》第37条的规定，由县级以上卫生行政部门给予警告或者责令暂停六个月以上一年以下执业活动；情节严重的，吊销其执业证书。

需要注意的是，《处方管理办法》第54条中规定，“使用未取得处方权的人员、被取消处方权的医师开具处方的”，按照《医疗机构管理条例》第48条的规定处罚，该条规定是对于“使用非卫生技术人员从事医疗卫生技术工作”的处罚。但是，“使用未取得处方权的人员、被取消处方权的医师开具处方”并非“使用非卫生技术人员从事医疗卫生技术工作”，两者之间存在明显的区别。之所以将两个条文指向一起，仅仅是立法技术性表达而已，而非将“使用未取得处方权的人员、被取消处方权的医师开具处方”认定为“使用非卫生技术人员从事医疗卫生技术工作”。在实务中，两者之间的区别，比较容易混淆。关于“使用非卫生技术人员从事医疗卫生技术工作”，可以参考本书第三章。

四、如何理解和认定“情节严重”

按照《处方管理办法》第54条，“使用未取得处方权的人员、被取消处方权的医师开具处方的”，由县级以上卫生行政部门按照《医疗机构管理条例》第48条的规定，责令限期改正，并可处以5000元以下的罚款；情节严重的，吊销其《医疗机构执业许可证》。在案例二中，行政机关就认定厦门某门诊部的违法行为属于情节严重，从而给予吊销《医疗机构执业许可证》的处罚，可见，区分是否情节严重，是这类案件如何进行行政处罚的关键所在。那么，在行政处罚中，如何理解和认定“情节严重”呢？

在《处方管理办法》中，对于什么情况下才能认定为“情节严重”并没有进行说明，在国家卫生主管部门的立法性文件中，也没有过相关意见。同时，在很多法律条文中，也会有“情节严重”的表述。因此，对于如何理解和认定“情节严重”，就成为执法实践中应当解决的问题。

（一）“情节严重”的理解

在刑法和行政法中，存在“情节较重”“情节严重”“情节特别严重”“情节恶劣”“情节特别恶劣”“其他严重情节”“其他特别严重情节”“其他恶劣情节”“其他特别恶劣情节”之类表述的条文，本章仅讨论“情节严重”。

“情节严重”的规定具有高度的模糊性。在行政处罚的范畴内，“情节”是指行政机关在对行政管理相对人的某一行为是否构成违法行为进行评价，并选择给予何种处罚和决定具体处罚时依据的事实。对于行政处罚中的“情节严重”的理解，有必要以行政处罚中的一般情节为参照进行对比分析。严重情节是相对一般情节而言的，没有一般情节的对比与参照，也就无所谓严重情节。一般情节反映了在一般情况或者正常环境下违法行为对行政管理秩序的破坏程度，反映了一定的行政相对人的主观恶性和社会危害性。与一般情节相比，严重情节所反映的行为人的主观恶性和社会危害性更深更大，对具有严重情节的行政违法行为的处罚相比一般情节的行政违法行为要严厉得多，选择的处罚种类和处罚幅度比后者给行政相对人的影响也要大得多。如根据《处方管理办法》第 54 条，使用未取得处方权的人员及被取消处方权的医师开具处方，情节严重的，吊销其《医疗机构执业许可证》。

（二）“情节严重”的认定

行政处罚中，“情节严重”的认定作为行政处罚制度中的一部分，当然受行政处罚基本原则的统率与指导，但它作为行政处罚过程中有自身内容的重要环节，也有它特定的法律原则。该特定的法律原则是指导情节严重认定，贯穿情节严重认定始终，体现“情节严重”认定精神，由相关行政法律规范规定和体现的价值观念。比如禁止重复认定原则、禁止将行为人的申辩认定为严重情节原则、适当原则、一致性原则等。

目前，对于“情节严重”的认定，有些法律法规和司法解释中，对认定的内容、认定的主体和认定的程序都有明确而具体的规定，这些规定是羁束性的，由此规范的认定行为也是羁束性的，行政处罚实施主体及其执法人员只能严格依照法律规定对“情节严重”进行认定。然而，同样也存在行政法律规范在明示“情节严重”的同时没有明确“情节严重”具体内容的情况，而大量行政法律规范在规定处罚时设定了若干种可以选择适用的处罚种类或者处罚幅度，这就为行政处罚实施主体及其执法人员认定“情节严重”留下了很大的自由裁量的空间。如《处方管理办法》第 54 条中，如何认定“情节严重”，法律法规并没有具体规定。

对于立法中没有具体规定的情况，行政执法实践中，为了规范自由裁量权，各执法机关出台了大量的行政处罚裁量基准。如针对《处方管理办法》第54条中“使用未取得处方权的人员、被取消处方权的医师开具处方的”，很多地方的裁量基准中，以使用人数作为判断一般情节与严重情节的标准，从而为执法机关具体案件中如何认定“情节严重”提供依据。

在既没有法律法规、司法解释，也没有裁量基准对“情节严重”如何认定进行规范的情况下，则应当遵循“情节严重”认定的基本原则，由执法机关具体案件具体分析。

（三）“情节严重”与“从重处罚”的区别

“情节严重”和“从重处罚”，在实务中经常会存在混淆的情况。“情节严重”是事实认定问题；而“从重处罚”，是在事实认定以后，在法定处罚种类和幅度内对行为人适用较重种类或者较高幅度的处罚，属于法律适用问题。两者不可混为一谈。

与“情节严重”相对应的概念是“一般情形”；与“从重处罚”相对应的概念则是“从轻处罚”。

法律依据

《处方管理办法》

第八条　经注册的执业医师在执业地点取得相应的处方权。

经注册的执业助理医师在医疗机构开具的处方，应当经所在执业地点执业医师签名或加盖专用签章后方有效。

第九条　经注册的执业助理医师在乡、民族乡、镇、村的医疗机构独立从事一般的执业活动，可以在注册的执业地点取得相应的处方权。

第十二条　试用期人员开具处方，应当经所在医疗机构有处方权的执业医师审核、并签名或加盖专用签章后方有效。

第十三条　进修医师由接收进修的医疗机构对其胜任本专业工作的实际情况进行认定后授予相应的处方权。

第四十五条　医疗机构应当对出现超常处方3次以上且无正当理由的医师提出警告，限制其处方权；限制处方权后，仍连续2次以上出现超常处方且无正当理由的，取消其处方权。

第四十六条 医师出现下列情形之一的，处方权由其所在医疗机构予以取消：

（一）被责令暂停执业；

（二）考核不合格离岗培训期间；

（三）被注销、吊销执业证书；

（四）不按照规定开具处方，造成严重后果的；

（五）不按照规定使用药品，造成严重后果的；

（六）因开具处方牟取私利。

第五十四条 医疗机构有下列情形之一的，由县级以上卫生行政部门按照《医疗机构管理条例》第四十八条的规定，责令限期改正，并可处以5000元以下的罚款；情节严重的，吊销其《医疗机构执业许可证》：

（一）使用未取得处方权的人员、被取消处方权的医师开具处方的；

（二）使用未取得麻醉药品和第一类精神药品处方资格的医师开具麻醉药品和第一类精神药品处方的；

（三）使用未取得药学专业技术职务任职资格的人员从事处方调剂工作的。

第五十七条 医师出现下列情形之一的，按照《执业医师法》第三十七条的规定，由县级以上卫生行政部门给予警告或者责令暂停六个月以上一年以下执业活动；情节严重的，吊销其执业证书：

（一）未取得处方权或者被取消处方权后开具药品处方的；

（二）未按照本办法规定开具药品处方的；

（三）违反本办法其他规定的。

《卫生部关于住院医师规范化培训期间医师执业注册有关问题的批复》

（卫医政函〔2011〕413号）

四川省卫生厅：

你厅《关于请求明确住院医师规范化培训期间医师执业注册及变更注册手续的请示》（川卫函〔2011〕306号）收悉。经研究，现批复如下：

一、学员在住院医师规范化培训（以下简称规范化培训）期间取得《医师资格证书》的，应当及时申请执业注册。注册批准机关为负责规范化培训基地（医院）医师执业注册工作的卫生行政部门。

卫生行政部门为其进行执业注册时，不要求其提交聘用证明，不填写《医师执业证书》中的“执业地点”和“执业范围”，但应当按照规定填写其他内容，并在“备注”页中填写“规范化培训信息”。

二、规范化培训前已取得《医师执业证书》的，应当办理变更注册。变更注册机关为负责规范化培训基地（医院）医师执业注册工作的卫生行政部门。

卫生行政部门进行变更注册时，只需在其《医师执业证书》“备注”页填写“规范化培训信息”，不需变更执业地点和执业范围等内容。

三、上述“规范化培训信息”包括培训的具体时间和培训基地名称，样式为“2×××年×月×日至2×××年×月×日在××××××住院医师规范化培训基地进行培训”，同时加盖卫生行政部门公章。

四、规范化培训期间，学员可以按照取得的医师资格类别，根据培训计划在培训基地不同科室及基层医疗卫生机构轮转，其执业地点和执业范围不受限制。临床、口腔、中医类别的执业医师具有处方权。

五、医师完成规范化培训后进行执业的，应当按照《执业医师法》和《医师执业注册暂行办法》等规定办理变更注册。其中，在规范化培训期间取得《医师资格证书》的，在其《医师执业证书》中补充填写“执业地点”和“执业范围”，其余内容不变。

六、规范化培训引起的医师执业注册及变更，原则上不予更换《医师执业证书》。需要重新进行证书编码的，可以在《医师执业证书》的变更记录中予以记录，并加盖卫生行政部门公章。

此复。

二〇一一年十二月二十一日

《香港和澳门特别行政区医疗专业技术人员在内地短期执业管理暂行规定》（卫医政发〔2010〕106号）

第十四条　港澳药剂师、港澳护士和其他港澳医疗专业技术人员在内地短期执业不具有处方权。

第九章

隐匿、伪造或者擅自销毁医学文书及有关材料

本章概要

1. 医学文书是记载医疗信息的载体，在医疗管理、医疗纠纷和预防处理中发挥着重要作用，是判断医疗行为是否存在过错的最主要证据。认定医疗机构或者医务人员存在隐匿、伪造或者擅自销毁医学文书及有关材料，首先需明确医疗文书的含义，其次，对“隐匿”“伪造”“擅自销毁”等概念进行辨析，熟悉“伪造医学文书”分类以及常见情形，认识“伪造医学文书”与“文书书写不规范”的区别，最后明确相应法律责任。

2. 在行政处罚中，对构成要件的分析，是至关重要的步骤。应受行政处罚行为的构成要件是不法行为的类型化，也就是立法者经过缜密的考量与提炼，将行政相对人的某些行为确定为应受行政处罚行为，并在法律条文上以较为抽象的命题对其进行描述。一般来说，应受行政处罚行为的构成要件具有以下属性：法定性和中立性。

典型案例

案例一①

袁某、姜某之子袁某某于2016年3月21日16时20分入住某医院治疗，3月22日4时30分死亡。袁某、姜某认为在患儿诊疗过程中相关医务人员存在极为严重的违反卫生行政管理规定的行为，遂向市卫生和计划生育委员会（以下简称市卫计委）进行投诉举报。

市卫计委于2016年7月28日就主治医生林某某涉嫌违反《执业医师法》有关规定进行立案调查。经调查，认定林某某于2016年3月21日未经亲自诊查，签署袁某某的住院病历、病程记录，在听取进修医生陈某汇报后直接开具医嘱等诊断和治疗的医疗文书。市卫计委认为该医生的行为，既不是签署证明文件，也不属于伪造医学文书，其违法事实不能成立。因此，市卫计委对林某某作出不予行政处罚的决定。

袁某、姜某不服，向法院提起行政诉讼。

---

① （2017）闽02行终200号。

一审庭审中，袁某、姜某及市卫计委对林某某未经亲自诊查，签署袁某某的住院病历、病程记录，在听取进修医生陈某汇报后直接开具医嘱等诊断和治疗的事实均无异议。本案争议的焦点在于林某某的上述行为是否构成签署医学证明文件或伪造医学文书，市卫计委是否应对林某某未经亲自诊查开具医嘱、病历等医学文书的行为进行处罚。

一审法院认为，医疗文书是指医疗机构和医务人员在医疗活动过程中，依据有关法律法规和专业技术规范要求制作的反映医疗服务关系、患者健康状况和医疗措施、过程及其结果等方面信息资料的规范文件。医学证明文件是指医师经诊查后给患者开具的医学证明性文件，包括诊断证明、疾病证明、出生死亡证明、流行病学证明、健康证明等。林某某签署袁某某的住院病历、病程记录、开具医嘱等均是记录患者的病情及采取的治疗措施，均属于医疗文书，不属于医学证明文件；另外，林某某虽然没有亲自诊查，但是其所在的医疗团队的其他医生有对患者进行诊查，其是在听取同一医疗团队的另一医生诊查汇报后开具医嘱、病历的，并不是凭空捏造患者的病情和治疗措施，因此无法认定林某某伪造医学文书。

《执业医师法》第 37 条对医师在执业活动中的哪些违法行为应当予以处罚进行了规定，其中第（4）项规定“未经亲自诊查、调查，签署诊断、治疗、流行病学等证明文件或者有关出生、死亡等证明文件的”，第（5）项规定“隐匿、伪造或者擅自销毁医学文书及有关资料的”。林某某未经亲自诊查开具医嘱、病历等医学文书的行为，既不是签署证明文件，也不存在伪造医学文书，我国现行法律法规对此没有规定应予以处罚，市卫计委以没有法定处罚依据为由不予行政处罚符合法律规定。因此，判决驳回袁某、姜某的诉讼请求。

袁某、姜某不服一审判决提起上诉。二审法院认为，本案的争议焦点是，市卫计委对林某某作出不予行政处罚决定是否合法。从本案查明的事实看，袁某、姜某及市卫计委对林某某未经亲自诊查，签署袁某某的住院病历、病程记录，在听取进修医生陈某汇报后直接开具医嘱等诊断和治疗的事实均无异议，林某某违反了《执业医师法》第 23 条“医师实施医疗、预防、保健措施，签署有关医学证明文件，必须亲自诊查、调查，并按照规定及时填写医学文书”规定的操作规范，足以认定。从二审中袁某、姜某提交的《司法鉴定意见书》看，该鉴定意见亦认定某医院对袁某某的医疗行为存在过错，且该过错与袁某某死亡之间存在因果关系。因此，市卫计委作出对林某某不予行政处罚的决定，主要证据不足，应予撤销。至于上诉人提出的被上诉人应对林某某没有亲自诊查患儿，在听取团队中其他医生汇报后，书写病例及医嘱行为以伪造病历进行处罚的上诉请求，因对林某某是否处罚及处罚幅度系行政机关职权，不是本案审理范围，其该上诉理由不能成立，本院依法予以驳回。

综上，由于出现新证据，导致原审判决认定事实部分有误，应予纠正，二审法院判决：撤销一审行政判决；责令被上诉人市卫计委在本判决生效之日起六十日内重新对上诉人袁某、姜某的投诉事项作出处理。

案例二①

2011 年，康某在广东某医院住院做先天性心脏病择期手术治疗。康某父亲认为在治疗期间和出院后，广东某医院涉嫌伪造病历，因此，于 2016 年 7 月 4 日投诉至市卫计委，后因为不服市卫计委的行政处罚决定，提起行政诉讼。

原告康某诉称：第一，被告下属执法部门监督所作出的《答复函》未认定广东某医院违规事实。《病历书写基本规范》第 3 条规定："病历书写应当客观、真实、准确、及时、完整、规范。"第 8 条规定："病历应当按照规定的内容书写，并由相应医务人员签名。"第 31 条规定："……打印病历应当按照本规定的内容录入并及时打印，由相应医务人员手写签名。"原告父亲投诉广东某医院第一项至第二项、第四项至第十一项，被告已经调查并确认是代签名或者未签名，广东某医院医生行为明显已经违反《病历书写基本规范》第 3 条、第 8 条、第 31 条，被告却未认定广东某医院医生违反《病历书写基本规范》之规定。第二，具有相应资格的医务人员签字是对病历真实性的保证，缺少了具有相应资格的医务人员签字，病历的真实性将不被认可，其所记录的诊疗过程也将被排除在认定事实之外；另外，病历上的医务人员签名，要求本人签名，不能由其他人代签，否则影响病历真实性，也是伪造病历的行为。因此，病历明显不真实、是伪造的，广东某医院医生存在《执业医师

---

① （2017）粤 7101 行初 441 号。

法》第37条第（5）项的违法行为。综上，被告下属执法部门作出的《答复函》无事实与法律依据，依法应予撤销。

被告市卫计委辩称：第一，原告投诉经过。2016年7月4日，原告父亲投诉广东某医院（以下简称省医）的医生在其小孩康某的诊疗过程中存在病历代签名、未签名的行为，要求根据《病历书写基本规范》和《执业医师法》第37条第（5）项进行查处。第二，查处经过。（1）根据原告父亲投诉省医11项涉及的45项病历问题，市卫生监督所及时组织卫生监督员进行调查，逐一进行核实。卫生监督员前往省医查阅并复制了与投诉有关的相关病历材料，询问了相关人员。在调查过程中，市卫生监督所了解到，原告父亲投诉的上述病历问题，均为省医采取电子病历系统管理由医护人员书写的电子病历，并在患者出院归档时打印纸质版本，病历落款处均有医生电子签名。省医的电子病历系统已通过数字证书认证，每位医护人员必须凭用户名、密码、数字证书才能登录电子病历系统书写病历，完成操作后，医疗文书上自动生成医生电子签名。（2）关于医生代签名问题。经查，原告父亲投诉涉及的上述电子病历，均为电子签名医生本人书写，其中42处存在手写代签名问题，省医确认是患者出院后，医生所在的医疗组整理归档病历时代签。2011年12月21日的麻醉记录第2页由进修医生代签，但麻醉师本人在记录末页签名确认。交叉配血试验单为取血护士代签。（3）关于部分病历没有签名问题。经查，康某住院病案中的长期医嘱、临时医嘱、会诊记录、检验报告单以及影像学诊断报告书均无医护人员手写签名。由于省医的长期医嘱、临时医嘱、会诊记录、检验报告单以及影像学诊断报告书当时均纳入电子病历管理，上述医疗文书在医务人员完成相关操作后均会自动生成电子签名。因此康某住院病案中的上述医疗文书虽无医护人员手写签名，但落款处均有相应人员的电子签名。第三，处理及答复情况。（1）省医通过电子病历系统打印归档的原告康某病程记录、麻醉记录单及交叉配血试验报告单均存在代签手写签名的问题，违反了《病历书写基本规范》第3条和第8条第1款的规定，市卫生监督所于2016年7月28日根据《病历书写基本规范》向省医下达了《卫生监督意见书》，责令其立即整改。2016年8月2日，省医向市卫生监督所提交了《卫生监督意见整改报告》。（2）2016年9月2日，市卫生监督所向原告的父亲出具了《答复函》。第四，我委意见。我委认为，市卫生监督所接到原告父亲投诉后，依法履行法定职责，对投诉的事实进行核实处理。虽然原告的纸质电子病历存在医生代签名情况，但该电子病历符合《电子病历基本规范》的相关规定，病历记载的真实性无法否认，不能认定其存在《执业医师法》第37条第（5）项的违法行为。市卫生监督所根据《病历书写基本规范》向省医下达《卫生监督意见》，要求省医立即整改，已依法履行法定职责，不存在任何违法行为，原告的诉讼请求应予驳回。

法院经审理查明：2016年7月4日，原告父亲因广东某医院在原告住院治疗期间存在违法违规情形向被告下属机构市卫生监督所递交《关于广东某医院违法违规的投诉》，投诉广东某医院医生在对原告的治疗过程中存在代签名、未签名等伪造病历行为。被告受理该投诉后分别于同年7月28日、8月11日、8月24日、9月2日前往广东某医院对医院相关工作人员进行调查询问并调取了相关病案材料及数字证书服务合同等。2016年7月28日，被告向广东某医院下发《卫生监督意见书》，责令其立即整改。2016年8月2日，广东某医院提交了《卫生监督意见整改报告》。2016年9月2日，市卫生监督所作出《答复函》，答复内容如下："……一、您反映康某住院病案（病案号P340876）中2011年11月30日入院记录等45处病程记录、2011年12月21日麻醉记录单以及2012年1月3日护理记录单存在医护人员代签名的问题。经查，1. 上述45处病程记录中，除2011年12月22日、24日、26日病程记录中的手写签名'吴某芬'是吴某芬本人签署外，其他病程记录均存在通过电子病历系统打印纸质版本归档时，医师手写签名代签的问题。2. 2011年12月21日麻醉记录单第2页存在麻醉师手写签名'曾某玲'代签的问题，但曾某玲称当时已对麻醉记录单进行审核并在第4页予以了签名确认。3. 2012年1月3日护理记录单中的手写签名'陈某红'是陈某红本人签署。2012年1月3日交叉配血试验报告单存在取血者手写签名'陈某红'代签的问题，但该签名是依据医院发血、取血的内部管理要求签署，与该报告单的内容无直接关系。二、您反映康某住院病案（病案号P340876）中12页长期医嘱、59页临时医嘱、5处会诊记录、75页检验报告单以及24页影像学诊断报告书无医护人员签名的问题。经查，1. 病案中第172—179页检验报告张贴单上张贴的是床边监护仪器自动生成的原始数据，不是检验报告单。2. 广东某医院的长期医嘱、临时医嘱、会诊记录、检验报告单以及影像学诊断报告书当时已纳入电子病历系统管理，康某住院病案的上述医疗文书中均有相应医务人员的电子签名。根据上述调查情况，广东某医院存在代签手写签名等病历书写不规范的问题，但尚不能认定其医务人员存在《执业医师法》第37条第（5）项的违法行为。针对该院存在的上述问题，我所已对其发出《卫生监督意见书》，责令其立即整改。”原告对该回复不服，诉至本院。

法院认为：《医疗机构管理条例》第5条规定：“国务院卫生行政部门负责全国医疗机构的监督管理工作。县级以上地方人民政府卫生行政部门负责本行政区域内医疗机构的监督管理工作……”《医疗机构管理条例实施细则》第66条规定：“各级卫生行政部门负责所辖区域内医疗机构的监督管理工作。”因此，被告有权负责本市医疗机构的监督管理工作。

《执业医师法》第37条规定：“医师在执业活动中，违反本法规定，有下列行为之一的，由县级以上人民政府卫生行政部门给予警告或者责令暂停六个月以上一年以下执业活动；情节严重的，吊销其执业证书；构成犯罪的，依法追究刑事责任：……（五）隐匿、伪造或者擅自销毁医学文书及有关资料的；……”《病历书写基本规范》第3条规定：“病历书写应当客观、真实、准确、及时、完整、规范。”第8条规定：“病历应当按照规定的内容书写，并由相应医务人员签名。实习医务人员、试用期医务人员书写的病历，应当经过本医疗机构注册的医务人员审阅、修改并签名。进修医务人员由医疗机构根据其胜任本专业工作实际情况认定后书写病历。”第31条规定：“打印病历是指应用字处理软件编辑生成并打印的病历（如Word文档、WPS文档等）。打印病历应当按照本规定的内容录入并及时打印，由相应医务人员手写签名。”《电子病历基本规范（试行）》第7条规定：“电子病历包括门（急）诊电子病历、住院电子病历及其他电子医疗记录。电子病历内容应当按照卫生部《病历书写基本规范》执行，使用卫生部统一制定的项目名称、格式和内容，不得擅自变更。”第8条规定：“电子病历系统应当为操作人员提供专有的身份标识和识别手段，并设置有相应权限；操作人员对本人身份标识的使用负责。”第9条规定：“医务人员采用身份标识登录电子病历系统完成各项记录等操作并予确认后，系统应当显示医务人员电子签名。”第19条规定：“患者诊疗活动过程中产生的非文字资料（CT、磁共振、超声等医学影像信息，心电图，录音，录像等）应当纳入电子病历系统管理，应确保随时调阅、内容完整。”本案中，被告在受理原告投诉后，履行了调查、询问的职责，并查明原告的病历材料均有相应医务人员电子签名，部分病历材料存在手写签名代签名、未签名的情况。因此，被告认为不能认定该院医务人员存在《执业医师法》第37条第（5）项规定的违法行为，并对其存在的病历书写不规范问题发出《卫生监督意见书》责令其立即整改，并无不当。原告主张代签名、未签名系伪造病历的行为，导致病历不真实，本院认为，广东某医院存在病历书写不规范的问题，并不能否认病历记载的真实性。因此，驳回原告康某的诉讼请求。

案例三①

2015年9月12日，原告楼某致函浙江省卫计委，向其反映杭州某医院傅某某医生存在伪造医学文书及有关资料的行为，并指明伪造行为包括：在楼某2010年12月5日的《术前小结》中擅自添加“球蛋白、B超检查等”直至“已在手术知情同意书上签字为证”的内容，该添加是在楼某签名后所为；将楼某的《手术记录》中“经桡动脉入路颈动脉造影”两处内容删除，隐瞒对楼某行上述手术的事实；用“经皮选择性动脉造影术”收费项目替代“全脑血管造影术”（全脑血管包含颈动脉、椎动脉）收费项目，要求予以查处。

2015年9月27日，楼某又致函浙江省卫计委，向其反映傅某某医生存在未经患者或其家属同意，对患者进行“经桡动脉6F指引导管处理冠状动脉分叉病变手术”的实验性临床医疗。投诉中提及了傅某某医生在楼某2010年12月5日的《术前小结》中擅自添加“球蛋白、B超检查等”直至“已在手术知情同意书上签字为证”的内容一事，以及楼某妻子在收到楼某的手术知情书时未被告知有可供选择的其他治疗方案及楼某胃肠道出血的情况，并认为，浙江省卫计委此前对此投诉未作明确“表态”，故再次投诉。

浙江省卫计委收到上述投诉函件后，进行了调查，其中在对傅某某医生的调查中，傅某某称，原告的《术前小结》是2015年12月5日开始录入，12月6日早上检查结果出来后补充录入，打印给原告签字，签字日期为12月6日上午，邱某某医师修改“头孢呋辛”中的错别字，是在病历归档整理之

① （2016）浙01行初219号。

时，只是时间未签具为修改时的时间，而是使用了该《术前小结》的初始录入的时间。此后，浙江省卫计委于2015年12月9日对楼某作出信访事项答复意见，告知楼某：（1）其提出的“经桡动脉6F指引导管处理冠脉动脉分叉病变是临床研究问题”，我委于2014年2月10日已回复你，现不再重复答复。（2）其病历反映：心脏介入诊断和治疗知情同意书明确有拟施行的手术/操作方案：冠脉造影术，必要时支架植入术。经桡动脉6F指引导管处理冠脉动脉分叉病变是冠脉支架植入的部分具体操作。知情同意书签字时间是2010年12月6日9：30，手术时间是2010年12月6日17：00—17：30。（3）术前小结是2010年12月5日开始电脑录入，12月6日早上检查结果报告出来完整后打印的纸质病历，其上有你本人及医生的签字。你提出的“是你签字后，医生私自添加上去伪造的”，目前并无证据支撑。（4）其所提出大便常规报告隐血（+）是否认定为胃肠道出血属于医学临床专业，建议通过医学鉴定明确。

楼某不服上述答复，于2016年1月28日向国家卫计委申请行政复议，2016年4月29日，国家卫计委作出行政复议决定，维持浙江省卫计委2015年12月9日作出的《信访事项答复意见书》。该行政复议决定书于2016年5月3日以邮寄方式向楼某送达。

另查明，2014年2月10日，浙江省卫计委对楼某作出《关于楼某投诉信访件的答复意见》，其中有“该院在2001年开始开展经桡动脉途径行冠状动脉介入治疗，在此方面积累了丰富的临床经验……经桡动脉6F指引导管处理冠状动脉分叉病变是成熟的手术方法、技术，并非科研项目”“颈动脉造影术始于上世纪60年代，经桡动脉途径可行全身血管造影，这一方法可减少患者痛苦，减少多次血管穿刺带来的不适和并发症，也降低了医疗费用，是一临床常规。所以颈动脉造影并非科研”“你（楼某）有行颈动脉造影指征，并在术中征得你（你事后也承认确有其事）及家属的口头同意，但因手术助手（来自下级医院的进修医师）遗忘和患者家属术后补签颈动脉造影的知情同意书，且在手术记录中没有记录该颈动脉造影的情况，确实存在不足。……该院心内科亦为此改变了科室的工作流程，即不再采用术后补签字这样的流程，而必须在术中停下手术，待患者家属签字同意后再进一步手术”“……手术助手遗忘和患者家属术后补签颈动脉造影的知情同意书，且在手术记录中没有记录，存在不足，我委将要求并督促该院对此进行认真整改；针对此事件，依据《执业医师法》对当事医生进行行政处罚的依据不足”等内容。

楼某不服该答复意见，于2016年1月3日向北京市西城区人民法院提起诉讼，请求判决撤销2014年2月10日《关于楼某投诉信访件的答复意见》的回复、判令浙江省卫计委重新作出处理决定并书面回复等。

法院经审理查明，楼某2010年12月5日的《术前小结》中，第一部分为“入院查体”，记载了体温、脉搏、呼吸、血压、心率等基础检查结果；第二部分为“入院前辅助检查”，记载了其他医院的CT、心电图检查结果；第三部分为“目前初步诊断冠状动脉粥样硬化性心脏病”；第四部分为“入院后各项检查结果”，记载了血常规、B超、凝血功能等检查结果（其中球蛋白、总胆固醇、B超结果为2010年12月6日形成）；最后一部分记载“拟……行冠脉造影必要时支架植入术手术，经与患者本人及其家属充分沟通交流手术的必要性和可行性，并向其言明手术中可能存在的风险和并发症，患者本人及其家属表示理解并愿意行冠脉造影必要时支架植入术手术，已在手术知情同意书上签字为证！头孢呋新针1.5givgttonce预防性抗炎治疗”等内容。其中“头孢呋新”的“新”被手写划去，改为“辛”，并落有“邱某某”的签名及“2010.12.5”时间。最后有楼某、傅某某、邱某某等人的签名。

法院认为，原告楼某2015年9月12日及2015年9月27日向浙江省卫计委反映杭州某医院傅某某医生存在两类违法行为，即伪造医学文书及有关资料和未经患者或其家属同意，对患者进行“经桡动脉6F指引导管处理冠状动脉分叉病变手术”的实验性临床医疗，其中伪造行为包括：在楼某2010年12月5日的《术前小结》中擅自添加“球蛋白、B超检查等”直至“已在手术知情同意书上签字为证”的内容；将楼某的《手术记录》中“经桡动脉入路颈动脉造影”两处内容删除，隐瞒对楼某行上述手术的事实；用“经皮选择性动脉造影术”收费项目替代“全脑血管造影术”收费项目。

对于“未经患者或其家属同意，对患者进行‘经桡动脉6F指引导管处理冠状动脉分叉病变手术’的实验性临床医疗”的问题，浙江省卫计委已于2014年2月10日在对楼某此前的投诉中进行了答复，即“经桡动脉6F指引导管处理冠状动脉分叉病变是成熟的手术方法、技术，并非科研项目……依据《执业医师法》对当事医生进行行政处罚的依据不足”；楼某在2015年9月27日的投诉信函中亦表达了系“再次投诉”的意见，因此，浙江省卫计委在被诉答复中认为对该问题已于2014年2月10日回复，不再重复答复，并无不当。事实上，原告已对浙江省卫计委2014年2月10日所作回复，另案提起诉讼。

对于伪造医学文书及有关资料的内容分析如下：

首先，关于在楼某2010年12月5日的《术前小结》中擅自添加“球蛋白、B超检查等”直至“已在手术知情同意书上签字为证”的问题，法院认为，根据原告的主张，案涉文书在其签字时仅有入院查体（体温、脉搏、呼吸、血压、心率等基础检查）、入院前辅助检查（其他医院的CT、心电图检查结果）以及目前初步诊断：冠状动脉粥样硬化性心脏病三部分内容，但该文书系《术前小结》，在未被告知拟行何种手术的情况下，原告即在该《术前小结》上签名，有违常理；同时，现有《术前小结》中，在“目前初步诊断：冠状动脉粥样硬化性心脏病”以下，有“拟……行冠脉造影必要时支架植入术手术，经与患者本人及其家属充分沟通交流手术的必要性和可行性，并向其言明手术中可能存在的风险和并发症，患者本人及其家属表示理解并愿意行冠脉造影必要时支架植入术手术”的内容，该部分内容系该《术前小结》的主要内容，而原告对“行冠脉造影必要时支架植入术手术”一直予以认可，从未提出异议，故相关当事医生欲隐瞒对原告行该手术，在原告签字认可后再添加该部分内容，缺乏必要的动机，不合常理。经浙江省卫计委调查，当事医生称，原告的《术前小结》是2015年12月5日开始录入，12月6日早上检查结果出来后补充录入，打印给原告签字，签字日期为12月6日上午，邱某某医师修改“头孢呋辛”中的错别字，是在病历归档整理之时，只是时间未签具为修改时的时间，而是使用了该术前小结的初始录入的时间。本院认为，上述解释可以成立，故原告主张的该节伪造医学文书的事实不能成立，浙江省卫计委的相应答复内容并无不当。

其次，关于将楼某的《手术记录》中“经桡动脉入路颈动脉造影”两处内容删除，隐瞒对楼某行上述手术以及用“经皮选择性动脉造影术”收费项目替代“全脑血管造影术”收费项目的问题，被诉原行政行为中并未涉及，更未作出评价，但鉴于对该情形，行政相对人应以不履行法定职责之诉进行救济，而原告在本案中提起的是撤销之诉，故对该部分内容，当事人可另案诉讼救济，本案中不作处理。

综合上述意见，被诉原行政行为认为：原告提出的“经桡动脉6F指引导管处理冠脉动脉分叉病变是临床研究问题”，已于2014年2月10日回复，故不再重复答复；无证据证明原告的术前小结存在其签字后再行添加部分内容的情形，上述处理并无不当，原告要求撤销原行政行为的理由不能成立，其诉讼请求不予支持。被诉行政复议行为履行了受理、要求复议被申请人举证、答复、延长办理期限、作出决定并送达等程序性义务，符合《行政复议法》第17条、第23条、第31条的程序性规定。依照《行政诉讼法》第69条之规定，判决驳回原告楼某的诉讼请求。

知识要点

1. 什么是医学文书。
2. 如何认定“隐匿、伪造或者擅自销毁”。
3. 应受行政处罚行为的构成要件。

案例解析

一、什么是医学文书

《执业医师法》第23条第1款规定：医师实施医疗、预防、保健措施，签署有关医学证明文件，必须亲自诊查、调查，并按照规定及时填写医学文书，不得隐匿、伪造或者销毁医学文书及有关资料。该条存在“医学证明文件”与“医学文书”两种表述，两者间是否存在差异，目前相关法律、法规、规章中未查见“医学文书”较为明确的概念解释。

全国人大常委会法工委国家法室、卫生部政策法规司、卫生部医政司联合编写的《〈中华人民共和国执业医师法〉释解》中认为：医学文书一般是指处方、病历书、手术记录、住院患者诊疗记录、传染病疫情报告等。[①] 根据《医疗机构管理条例》第32条规定：“未经医师（士）亲自诊查病人，医疗

---

① 全国人大常委会法工委国家法室、卫生部政策法规司、卫生部医政司编：《〈中华人民共和国执业医师法〉释解》，中国民主法制出版社1998年版。

机构不得出具疾病诊断书、健康证明书或者死亡证明书等证明文件；未经医师（士）、助产人员亲自接产，医疗机构不得出具出生证明书或者死产报告书。”因此，可以将医疗证明文书归纳为出生医学证明书、死亡医学证明书、诊断证明书、健康证明书及其他证明文书五类。

医学文书可以做如下定义：医学文书是由取得相应资格或取得执业证书的医务人员，依据有关法律规定和制度，记载医疗服务过程中各种信息的资料，能够反映医疗活动的事实，属公文性书证。医学文书一般可分为医疗民事文书、医疗证明文件、病历资料三类。由此可见，医疗文书至少满足以下三个条件：（1）文书制作主体具有资质；（2）文书制作条件或程序法定；（3）文书内容真实、规范。①

二、如何认定“隐匿、伪造或者擅自销毁”

“隐匿、伪造或者擅自销毁医学文书及有关材料”，是指医师或者医疗机构为逃避责任或其他目的，故意将医学文书及相关材料进行隐藏、恶意篡改、破坏的行为。其中，隐匿、擅自销毁在实践中较易判断，但现实中“伪造医学文书”的表现多样，对其需进一步进行辨别。根据制作者有无权限，伪造医学文书可以分为无制作权限伪造（有形伪造）、有制作权限伪造（无形伪造）以及无形变造：

1. 有形伪造，又称形式的伪造，是指针对文书成立的真实性的伪造，一般是指没有文书制作权限的人冒用他人名义制作文书。

2. 无形伪造是指有文书制作权限的人，制作内容违反真实性的文书。

3. 无形变造是指行为人具有文书的合法变更权限，却擅自将真实内容篡改为虚假内容的行为。

实践中，比较容易出现争议的是“伪造医学文书”与“文书书写不规范”，特别是在处理医疗纠纷的过程中。虽然本书主要是讨论行政处罚，但实际上，区分“伪造医学文书”与“文书书写不规范”，既涉及是否应当行政处罚，也涉及是否需要承担民事责任，因此，不妨参考医疗损害责任纠纷民事案件中的一些做法。比如，有些地方高级人民法院专门对此进行规定，指

---

① 袁晓晶：《伪造医学文书案的学理与案例简评》，载《中国卫生法制》2008 年第 4 期。

导法院实践中如何处理病历争议，如浙江省高级人民法院将其区分为“病历资料内容存在明显矛盾或错误，制作方不能做出合理解释的”以及“病历书写仅存在错别字、未按病历规范格式书写等形式瑕疵的”。北京市高级人民法院规定“人民法院应通过咨询专家、委托文件检验、病历评估或由鉴定专家作初步判断来认定瑕疵病历是否对鉴定有实质性影响”。案例三中，针对原告所诉违法行为，法院从违法主体的动机、文书的书写逻辑等多方面进行分析，最终认定被告不存在伪造医学文书的行为。这个做法值得肯定与借鉴，因为，实务中区分“伪造医学文书”与“文书书写不规范”，的确需要综合分析，结合医学文书形成的习惯、逻辑，结合当事人的解释、修改理由，甚至借助一些文书或电子文档鉴定技术，来具体进行判断。

三、应受行政处罚行为的构成要件

构成要件的表述，来源于刑法。张明楷的《刑法学》（第五版）中认为，构成要件是刑法规定的，行为成立犯罪所必须符合的违法类型。构成要件具有以下特点：（1）构成要件具有法定性；（2）构成要件是违法类型，其内容是说明行为对法益的侵犯性的客观要素；（3）构成要件是成立犯罪所必须具备的条件。

在行政处罚中，对于构成要件的分析，是至关重要的步骤。应受行政处罚行为的构成要件是不法行为的类型化，也就是立法者经过缜密的考量与提炼，将行政相对人的某些行为确定为应受行政处罚行为，并在法律条文上以较为抽象的命题对其进行描述。比如，《执业医师法》第37条：“医师在执业活动中，违反本法规定，有下列行为之一的，由县级以上人民政府卫生行政部门给予警告或者责令暂停六个月以上一年以下执业活动；情节严重的，吊销其执业证书；构成犯罪的，依法追究刑事责任：……（五）隐匿、伪造或者擅自销毁医学文书及有关资料的；……”根据该法律条文，可以提炼出“医师在执业活动中”“隐匿、伪造或者擅自销毁医学文书及有关资料”等要素。

从内容上分析构成要件，行为和行为主体是最为基本的要素，也是所有构成要件必须具备的两项内容。除了上述《执业医师法》第37条的规定，再如，该法第42条：“卫生行政部门工作人员或者医疗、预防、保健机构工作人员违反本法有关规定，弄虚作假、玩忽职守、滥用职权、徇私舞弊，尚不构成犯罪的，依法给予行政处分；构成犯罪的，依法追究刑事责任。”该条中的“卫生行政部门工作人员或者医疗、预防、保健机构工作人员”便是行为人，“违反本法有关规定，弄虚作假、玩忽职守、滥用职权、徇私舞弊”则是行为规范，它们二者组成了行政处罚的构成要件。

严格而言，对构成要件的判断只是应受行政处罚行为成立要件的一个环节。“构成要件”并不等同于“成立要件”，不能用“构成要件”替代“成立要件”，它们两者之间是包含与被包含的关系，“成立要件”不仅包括“构成要件”的内容，还包括“违法性”和“有责性”（本章不做讨论）。

一般来说，应受行政处罚行为的构成要件具有以下属性。

（一）法定性

“在公法，当法律有特别规定时才能请求法院保护”。行政行为不能擅自对他人的基本权利进行限制，只能由法律进行限制规定，行政行为只能在法律授权范围内采取行动，凡是影响他人权利义务和自由的行为均须有法律规定上的依据。同时，其行政行为的实施还要符合法律规定的方式、程序和目的。这既包括形式合法，也包括实质、目的合法，即符合依法行政的基本内涵。毋庸置疑，构成要件作为行政处罚行为是否成立的判定标准之一，当然也要遵守依法行政的基本要求。如上述“隐匿、伪造或者擅自销毁医学文书及有关资料”即为《执业医师法》的明确规定。

（二）中立性

构成要件尽管只是以文本的形式存在，但对构成要件的判断却往往会被人误解为带有价值色彩，从而认为其并不是价值中立的，产生这一认识的原因主要是我国《行政处罚法》没有规定违法性阻却事由。构成要件只具有违法性指示的作用，构成要件原则上只是对成立应受行政处罚行为的一般情况进行描述，其本身不是违法性的确定。比较典型的例子如《医疗事故处理条例》第56条：“医疗机构违反本条例的规定，有下列情形之一的，由卫生行政部门责令改正；情节严重的，对负有责任的主管人员和其他直接责任人员依法给予行政处分或者纪律处分：……（四）未在规定时间内补记抢救工作病历内容的；……”假如医务人员有正当理由没有在规定时间内补记抢救工作病历内容，在补记抢救工作病历时，突发不可抗力，则不具有违法性。

法律依据

《中华人民共和国执业医师法》

第二十三条第一款 医师实施医疗、预防、保健措施，签署有关医学证明文件，必须亲自诊查、调查，并按照规定及时填写医学文书，不得隐匿、伪造或者销毁医学文书及有关资料。

第三十七条 医师在执业活动中，违反本法规定，有下列行为之一的，由县级以上人民政府卫生行政部门给予警告或者责令暂停六个月以上一年以下执业活动；情节严重的，吊销其执业证书；构成犯罪的，依法追究刑事责任：

……

（五）隐匿、伪造或者擅自销毁医学文书及有关资料的；

……

《医疗事故处理条例》

第九条 严禁涂改、伪造、隐匿、销毁或者抢夺病历资料。

第五十八条 医疗机构或者其他有关机构违反本条例的规定，有下列情形之一的，由卫生行政部门责令改正，给予警告；对负有责任的主管人员和其他直接责任人员依法给予行政处分或者纪律处分；情节严重的，由原发证部门吊销其执业证书或者资格证书：

（一）承担尸检任务的机构没有正当理由，拒绝进行尸检的；

（二）涂改、伪造、隐匿、销毁病历资料的。

《医疗纠纷预防和处理条例》

第十五条 医疗机构及其医务人员应当按照国务院卫生主管部门的规定，填写并妥善保管病历资料。

因紧急抢救未能及时填写病历的，医务人员应当在抢救结束后6小时内据实补记，并加以注明。

任何单位和个人不得篡改、伪造、隐匿、毁灭或者抢夺病历资料。

第四十五条 医疗机构篡改、伪造、隐匿、毁灭病历资料的，对直接负责的主管人员和其他直接责任人员，由县级以上人民政府卫生主管部门给予或者责令给予降低岗位等级或者撤职的处分，对有关医务人员责令暂停6个月以上1年以下执业活动；造成严重后果的，对直接负责的主管人员和其他直接责任人员给予或者责令给予开除的处分，对有关医务人员由原发证部门吊销执业证书；构成犯罪的，依法追究刑事责任。

《病历书写基本规范》

第三条　病历书写应当客观、真实、准确、及时、完整、规范。

第十章

未经批准擅自开展人类辅助生殖技术

本章概要

人类辅助生殖技术必须在经过批准并进行登记的医疗机构中实施。未经卫生行政部门批准，任何单位和个人不得实施人类辅助生殖技术。本章首先明确医疗机构申请开展人类辅助生殖技术要求与条件，其次对不同主体（包括医疗机构、非医疗机构、个人）未经批准擅自开展人类辅助生殖技术的责任予以讨论分析，最后结合实践中的案例，对违反《人类辅助生殖技术管理办法》其他规定的行为的法律责任，如行政处罚、民事责任进一步展开介绍，促进医疗机构与医务人员合法、合规开展此类技术，保障公民健康。

典型案例

案例一①

2017 年 8 月 22 日，某市卫计委对某中心进行监督检查，现场检查发现果纳芬注射用重组人促卵泡激素等药品 12 箱；超声诊断仪、尼康双目倒置显微镜、医用离心机等医疗器械 20 台；保存有冷冻胚胎的液氮罐 6 个。经调查确认，某中心的当事人为翁某，有工作人员 9 名，许某负责实验室技术工作，医生从上海、武汉、广州等地聘请，因翁某及其他人员拒绝提供，未能认定当事医生的具体身份和是否具有卫生技术人员资质。某中心自 2016 年 7 月至 2017 年 8 月，开展 B 超等项目检查及取卵、胚胎移植手术违法所得 6533900 元。某中心没有取得诊疗机构的资质，也未办理工商营业执照，未经批准擅自开展人类辅助生殖技术活动，违反了《人类辅助生殖技术管理办法》第 12 条的规定，市卫计委依据《人类辅助生殖技术管理办法》第 21 条、《医疗机构管理条例》第 44 条、《医疗机构管理条例实施细则》第 77 条第（3）、（5）项，于 2017 年 12 月 4 日对翁某作出行政处罚决定：（1）没收违法所得 6533900 元；（2）罚款人民币 10000 元；（3）没收药品 12 箱、器械设备 20 台；（4）责令立即停止执业活动。翁某不服该处罚决定，向安徽省卫计委申请行政复议，要求依法撤销或者变更行政处罚决定第 1 项内容即没收违法所

---

①（2019）皖 05 行终 38 号。

得 6533900 元。原安徽省卫计委作出维持市卫计委行政处罚的行政复议决定。翁某不服上述行政处罚决定及行政复议决定，向法院起诉，请求依法撤销或变更市卫计委作出的行政处罚决定第 1 项内容即“没收违法所得 6533900 元”以及原安徽省卫计委作出的皖卫复决（2018）1 号行政复议决定。

一审法院认为，市卫计委提交的证据能够表明翁某系某中心的发起人和设立人，在某中心未取得工商登记的情形下，某中心实施的相关行为所产生的相关法律责任依法应由发起人或设立人翁某予以承担。针对涉案行政处罚决定中有关“没收违法所得 6533900 元”应否予以撤销或变更，法院认为涉案行政处罚决定没收违法所得 6533900 元，证据确凿、适用法律、法规正确，判决驳回原告翁某的诉讼请求。翁某不服提起上诉。

二审法院认为，本案的争议焦点为：翁某是否是适格的行政处罚主体；市卫计委作出的行政处罚决定第 1 项没收违法所得数额的计算是否有事实根据和法律依据，其作出的行政处罚决定是否合法；原安徽省卫计委作出的行政复议决定是否合法。人类辅助生殖技术涉及医学、社会、道德、伦理、法律等诸多问题，其设立及执业需符合相关法律、法规规定，违法后果严重，容易造成严重的社会影响和伦理隐患。《行政处罚法》第 3 条第 1 款规定，公民、法人或者其他组织违反行政管理秩序的行为，应当给予行政处罚的，依照本法由法律、法规或者规章规定，并由行政机关依照本法规定的程序实施。《民法总则》第 102 条规定，非法人组织是不具有法人资格，但是能够依法以自己的名义从事民事活动的组织。非法人组织包括个人独资企业、合伙企业、不具有法人资格的专业服务机构等。该法第 103 条规定，非法人组织应当依照法律的规定登记。设立非法人组织，法律、行政法规规定须经有关机关批准的，依照其规定。《民事诉讼法》（2017 年）第 48 条规定，公民、法人和其他组织可以作为民事诉讼的当事人。法人由其法定代表人进行诉讼。其他组织由其主要负责人进行诉讼。《最高人民法院关于适用〈中华人民共和国民事诉讼法〉的解释》第 52 条规定，《民事诉讼法》第 48 条规定的其他组织是指合法成立、有一定的组织机构和财产，但又不具备法人资格的组织。本案某中心并未办理相关的执业证照，不符合上述法律及司法解释规定的其他组织的条件，某中心不具有《行政处罚法》第 3 条第 1 款规定的其他组织主体资格。翁某系某中心的设立人、负责人，其对某中心实施的相关行为承担相应的法律责任，市卫计委将其作为被处罚对象符合法律规定。《医疗机构管理条例》第24条规定，任何单位或者个人，未取得《医疗机构执业许可证》，不得开展诊疗活动。第44条规定，违反本条例第24条规定，未取得《医疗机构执业许可证》擅自执业的，由县级以上人民政府卫生行政部门责令其停止执业活动，没收非法所得和药品、器械，并可以根据情节处以1万元以下的罚款。《人类辅助生殖技术管理办法》第21条规定，违反本办法规定，未经批准擅自开展人类辅助生殖技术的非医疗机构，按照《医疗机构管理条例》第44条规定处罚。根据本案查明的事实及相关证据认定，以及卫法监法发［2000］第45号答复对《医疗机构管理条例》第44条中“非法所得”解释为未取得《医疗机构执业许可证》擅自执业的人员或机构在违法活动中获得的包括成本在内的全部收入，涉案行政处罚决定中的第1项没收违法所得6533900元符合规定。另根据本案的现有证据证明市卫计委在作出行政处罚决定前履行了告知、听证、行政机关负责人集体讨论等程序，程序合法。《行政复议法》（2017年）规定了复议机关应当履行的相关程序，原安徽省卫计委在受理翁某的行政复议申请后，履行了受理、作出复议决定、送达等法定程序，其复议程序合法。综上，翁某的上诉理由不能成立，依法不予支持。一审判决结论正确，依法予以维持。依照《行政诉讼法》第89条第1款第（1）项之规定，判决驳回上诉，维持原判。

案例二①

2015年10月13日，济南市某区卫计局接到六名举报人实名举报济南某医院院长张某某在某医院从事人体取卵取精活动，并提交了与张某某个人签订的《“治疗不孕症”协议书》六份及收款收据等证据材料。某区卫计局接举报后，对举报人进行了询问并制作了询问笔录，于当日受理了该举报，次日立案，于10月16日开始对某医院的场所和从业人员以及济南市某区某路某号时代总部基地张某某从事开展人类辅助生殖技术的场所进行了调查取证。2016年9月5日，某区卫计局依据《人类辅助生殖管理办法》第21条、《医疗机构管理条例》第47条、《医疗机构管理条例实施细则》第80条的规定，对某医院作出警告、罚款人民币3000元和吊销妇科诊疗科目的行政处罚决

① （2017）鲁01行终358号。

定。某医院不服，于2016年9月14日向山东省济南市某区人民法院提起行政诉讼。

一审法院认为，《人类辅助生殖技术管理办法》第21条规定："违反本办法规定，未经批准擅自开展人类辅助生殖技术的非医疗机构，按照《医疗机构管理条例》第四十四条规定处罚；对有上述违法行为的医疗机构，按照《医疗机构管理条例》第四十七条和《医疗机构管理条例实施细则》第八十条的规定处罚。"《医疗机构管理条例》第47条规定："违反本条例第二十七条规定，诊疗活动超出登记范围的，由县级以上人民政府卫生行政部门予以警告、责令其改正，并可以根据情节处以3000元以下的罚款；情节严重的，吊销其《医疗机构执业许可证》。"《医疗机构管理条例实施细则》第80条第2款规定："有下列情形之一的，处以三千元罚款，并吊销《医疗机构执业许可证》：（一）超出登记的诊疗科目范围的，诊疗活动累积收入在三千元以上；（二）给患者造成伤害；（三）省、自治区、直辖市卫生行政部门规定的其它情形。"被告依据上述规定对原告予以警告、罚款人民币3000元和吊销妇科诊疗科目的行政处罚，但被告所依据的规定中均无"吊销妇科诊疗科目"的规定。因此被告作出"吊销妇科诊疗科目"的行政处罚于法无据。依照《行政诉讼法》第70条第（6）项之规定，判决撤销被告某区卫计局2016年9月5日作出的行政处罚决定书，并于本判决生效之日起60日内重新作出行政行为。某区卫计局不服原审判决提起上诉。

二审法院审理认为，本案审理的焦点是原审法院认定上诉人作出的行政处罚中"吊销妇科诊疗科目"的处罚于法无据，适用法律是否正确。本案中，被上诉人某医院未经批准擅自实施人类辅助生殖技术的违法事实成立，本院予以确认。上诉人认定被上诉人某医院未经批准擅自开展人类辅助生殖技术而作出行政处罚决定，应当按照上述行政处罚法的规定，依照法定程序实施。但上诉人在行政处罚决定中所适用的处罚依据并无"吊销妇科诊疗科目"的处罚内容，故其作出的被诉行政处罚决定应当认定为于法无据，属于适用法律法规错误，应予撤销。原审法院据此撤销被诉行政处罚决定并责令上诉人重作并无不当。综上，原审判决认定事实清楚，适用法律正确，判决驳回上诉，维持原判。

案例三①

前述案例二中，法院另查明，2015 年 11 月 17 日被告某区卫计局在时代总部基地询问原告制作询问笔录时，原告张某某自称“未办理《医疗机构执业许可证》”，并同时承认六名举报人均在时代总部基地实施了试管婴儿手术。被告于 2015 年 11 月 4 日在给其下属卫生监督所的情况回复中亦载明：在时代总部基地未设置、审批医疗机构。原告亦未办理《人类辅助生殖技术批准书》。被告提供的举报人王某某的询问笔录中载明：举报人王某某在时代总部基地进行了胚胎移植，后经化验检查表明胚胎移植没有成功。而且原告张某某找各种理由推脱手术失败的原因，让等下一周期再来做。另外五名举报人亦在总部基地实施了胚胎移植手术，虽均未成功，但张某某仍收取了“不孕症治疗费”共计 18.1 万元。区卫计局于 2016 年 9 月 5 日同时对张某某作出行政处罚决定，没收违法所得 18.1 万元及相应药品、器械，并处罚款人民币 5000 元。张某某不服，向济南市某区人民法院提起诉讼。

一审法院认为，根据卫生部 2001 年 2 月 20 日发布的《人类辅助生殖技术管理办法》第 4 条载明：“……县级以上地方人民政府卫生行政部门负责本行政区域内人类辅助生殖技术的日常监督管理。”根据国务院颁布的 1994 年 9 月 1 日施行的《医疗机构管理条例》第 44 条之规定：未取得《医疗机构执业许可证》擅自执业的由县级以上人民政府卫生行政部门责令其停止执业活动，没收非法所得和药品、器械，并可以根据情节处于 1 万元以下的罚款。根据上述规定被告具有对原告作出行政处罚的主体资格和权限。被告接举报人举报后，按照《卫生行政处罚程序》的规定进行了受理举报、立案、调查取证、单位领导集体讨论、行政处罚事先告知、听证、作出处罚决定、送达等程序，依法作出了处罚决定，经审查被告所适用的程序合法。原告张某某未办理《医疗机构执业许可证》和《人类辅助生殖技术批准书》而对他人实施胚胎移植手术的行为属于未经批准擅自开展人类辅助生殖技术的行为，违反了《人类辅助生殖技术管理办法》第 12 条的规定。该条规定明确载明，“未经卫生行政部门批准，任何单位和个人不得实施人类辅助生殖技术”。被告对原告作出的行政处罚认定事实清楚。被告依据《人类辅助生殖技术管理办法》第 21 条、《医疗机构管理

---

① （2017）鲁 01 行终 359 号。

条例》第 44 条、《医疗机构管理条例实施细则》第 77 条的规定，对原告张某某作出行政处罚于法有据，适用法律正确。对其收取的 18.1 万元“不孕症治疗费”作为非法所得以及其使用的药品、器械均应予以没收。根据《医疗机构管理条例》第 44 条之规定，对其罚款 5000 元未超过法定处罚幅度，因此被告作出的行政处罚幅度适当。综上所述，判决驳回原告张某某的诉讼请求。

二审法院认为，本案中上诉人张某某未经批准擅自实施人类辅助生殖技术的违法事实成立，予以确认。被上诉人在履行了法定程序，依法作出了处罚决定，程序合法。被上诉人依据《人类辅助生殖技术管理办法》第 21 条、《医疗机构管理条例》第 44 条、《医疗机构管理条例实施细则》第 77 条的规定，对原告张某某作出行政处罚于法有据，适用法律正确，作出的行政处罚幅度适当。

关于上诉人张某某认定被处罚主体错误的问题，本院认为，上诉人无证据证明济南市某区某高龄妇女不孕研究所系依法成立、能独立承担责任的民办非企业单位，上诉人系该研究所的负责人，并实际实施辅助生殖技术，被上诉人对上诉人作出行政处罚正确。关于上诉人主张根据《国务院关于取消非行政许可审批事项的决定》（国发［2015］27 号）和《国家卫生计生委关于取消第三类医疗技术临床应用准入审批有关工作的通知》（国卫医发［2015］71 号），国家已经取消了第三类医疗技术临床应用（即试管婴儿）的准入审批，其开展试管婴儿手术合法的问题，本院认为，上述文件并未涉及人类辅助生殖技术，其主张不能成立。关于上诉人主张没收违法所得数额因民事案件已经返还部分治疗费，行政处罚再予没收明显矛盾和不当的问题，本院认为，关于非法所得数额，上诉人在二审中表示无异议，本院予以确认，已经民事案件返还的部分治疗费属于民事法律责任的范畴，而没收非法所得属于行政法律责任的范畴，故对上诉人的该项主张亦不予支持。综上，原审判决认定事实清楚，适用法律正确，判决驳回上诉，维持原判。

知识要点

1. 哪些机构可以申请开展人类辅助生殖技术。
2. 未经批准擅自开展人类辅助生殖技术的法律责任。
3. 违反《人类辅助生殖技术管理办法》的其他法律风险。

案例解析

一、哪些机构可以申请开展人类辅助生殖技术

人类辅助生殖技术应用应当在医疗机构中进行，以医疗为目的，并符合法律法规、国家计划生育政策以及伦理原则。各省级卫生行政部门和总后勤部卫生部负责审批，国家卫生健康委负责全国人类辅助生殖技术管理工作。未经卫生行政部门批准，任何单位和个人不得实施人类辅助生殖技术。

根据《人类辅助生殖技术管理办法》与原《卫生部关于修订人类辅助生殖技术与人类精子库相关技术规范、基本标准和伦理原则的通知》（卫科教发［2003］176号）附件1《人类辅助生殖技术规范》的规定，持有《医疗机构执业许可证》的综合性医院、专科医院或持有《计划生育技术服务机构执业许可证》的省级以上（含省级）的计划生育服务机构，根据《人类辅助生殖技术管理办法》《人类精子库管理办法》规定可向所在省、自治区、直辖市卫生行政部门或总后卫生部提出资质申请。省级卫生行政部门或总后卫生部组织专家对机构设置、人员、技术、管理等情况进行论证、评审，对符合要求的机构及可行技术准予试运行，一年后再行评审，对符合要求的机构及技术颁发正式运行批准证书。人类辅助生殖技术批准证书每2年校验一次，校验由原审批机关办理。校验合格的，可以继续开展人类辅助生殖技术；校验不合格的，收回其批准证书。

据国家卫健委消息，截至2020年6月30日，经批准开展人类辅助生殖技术和设置人类精子库的医疗机构有523家。①

二、未经批准擅自开展人类辅助生殖技术的法律责任

《人类辅助生殖技术管理办法》第12条规定，人类辅助生殖技术必须在经过批准并进行登记的医疗机构中实施。未经卫生行政部门批准，任何单位和个人不得实施人类辅助生殖技术。第21条规定，违反本办法规定，未经批准擅自开展人类辅助生殖技术的非医疗机构，按照《医疗机构管理条例》第

---

① 具体名单可登录国家卫健委官网查询：http：//www.nhc.gov.cn/wjw/fzszjg/202004/bddb71b3de8543f292ba5bbd81c6e750.shtml。

44条规定处罚；对有上述违法行为的医疗机构，按照《医疗机构管理条例》第47条和《医疗机构管理条例实施细则》第80条的规定处罚。

可见，针对“未经批准擅自开展人类辅助生殖技术”的违法行为，《人类辅助生殖技术管理办法》对医疗机构、非医疗机构的处罚分别作出规定：（1）医疗机构。医疗机构未经批准擅自开展人类辅助生殖技术，按照《医疗机构管理条例》第47条和《医疗机构管理条例实施细则》第80条的规定处罚，即按照“诊疗活动超出登记范围”予以处罚，如前述案例二。（2）非医疗机构。非医疗机构未经批准擅自开展人类辅助生殖技术，按照《医疗机构管理条例》第44条规定处罚，即按照“未取得《医疗机构执业许可证》擅自执业”予以处罚，如前述案例一。

虽然《人类辅助生殖技术管理办法》第12条规定“未经卫生行政部门批准，任何单位和个人不得实施人类辅助生殖技术”，但是未有对从事此项技术的卫生技术人员进行许可的条款，也未有对未经批准擅自从事人类辅助生殖技术的人员进行处罚的条款。实务中，根据个案具体情形存在不同的处理方式。

在前述案例一、案例三中，对个人“未经批准擅自开展人类辅助生殖技术”予以处罚存在类似之处，均是实施辅助生殖技术的单位未办理相关的执业证照，不具有《行政处罚法》规定的其他组织主体资格。个人作为该单位的设立人或者负责人，其对单位实施的相关行为承担相应的法律责任，因而行政机关将该个人作为处罚对象，法院对此亦予以认可。

另，据报道，深圳市查获的第一宗非法开展辅助生殖技术的非法行医案件中，深圳市卫生监督局对深圳安得颐养堂未取得《医疗机构执业许可证》、未经批准擅自开展人类辅助生殖诊疗活动依据《人类辅助生殖技术管理办法》第21条和《医疗机构管理条例》第44条的规定实施取缔，没收药品和医疗器械，罚款人民币10000元整，针对张姓执业医师在深圳安得颐养堂非法开展人类辅助生殖的诊疗活动的行为，依据《执业医师法》第37条第1款吊销张姓医师的执业证书。①

---

① 苏俊、吴仍裕、张洪等：《对一起非法开展人类辅助生殖技术案件的查处及思考》，载《中国卫生监督杂志》2013年第20卷第5期。

三、违反《人类辅助生殖技术管理办法》的其他法律风险

《人类辅助生殖技术管理办法》除针对未经批准擅自开展辅助生殖技术规定罚则外，第22条还规定："开展人类辅助生殖技术的医疗机构违反本办法，有下列行为之一的，由省、自治区、直辖市人民政府卫生行政部门给予警告、3万元以下罚款，并给予有关责任人行政处分；构成犯罪的，依法追究刑事责任：（一）买卖配子、合子、胚胎的；（二）实施代孕技术的；（三）使用不具有《人类精子库批准证书》机构提供的精子的；（四）擅自进行性别选择的；（五）实施人类辅助生殖技术档案不健全的；（六）经指定技术评估机构检查技术质量不合格的；（七）其他违反本办法规定的行为。"除六项明确规定的情形外，第22条第（7）项作为本条的兜底条款，如医疗机构实施人类辅助生殖技术过程中，存在违反《人类辅助生殖技术管理办法》第14条的规定，未遵循知情同意原则签署知情同意书的行为时，由于该行为无直接对应的罚则，行政机关可依据第22条第（7）项予以处罚。

除前述行政处罚的讨论外，在实施人类辅助生殖技术服务中，医方违反规定，过失造成就医者人身损害的，可能构成医疗事故。同时应当注意的是，此类服务中医疗合同的标的具有相对确定性，医方违反有关法规和当事人约定，也会导致违约或其他侵权。

（一）合同因违反法律、行政法规的强制性规定而无效

《民法典》第153条规定，违反法律、行政法规的强制性规定的民事法律行为无效。第157条规定，民事法律行为无效、被撤销或者确定不发生效力后，行为人因该行为取得的财产，应当予以返还；不能返还或者没有必要返还的，应当折价补偿。因此，若医疗机构与患者签订的医疗服务合同无效，则可能存在返还治疗费用的可能。

如张某某与邱某某医疗服务合同纠纷一案，张某某以济南市某区某高龄妇女不孕研究所的名义与邱某某签订关于治疗不孕症的协议，根据《医疗机构管理条例》《人类辅助生殖技术管理办法》的相关规定，涉案医疗行为须在经过批准并进行登记的医疗机构中实施。无论张某某还是济南市某区某高龄妇女不孕研究所均未取得《医疗机构执业许可证》，因此，涉案协议违反了法律法规的强制性规定，应为无效。一审法院判决邱某某与张某某签订的《协议书》为无效协议；张某某应当向邱某某返还已付治疗款并赔偿其利息损失。

张某某不服提起上诉，二审法院判决驳回上诉，维持原判。

（二）未充分履行告知义务，侵犯患者知情权

《人类辅助生殖技术管理办法》第 14 条规定，实施人类辅助生殖技术应当遵循知情同意原则，并签署知情同意书。《卫生部关于修订人类辅助生殖技术与人类精子库相关技术规范、基本标准和伦理原则的通知》中也规定了知情同意的原则。医疗机构未履行或未充分履行告知义务而侵犯患者法定知情权、选择权的属于侵权行为，应承担赔偿责任。

如胡某某与成都某不孕不育医院有限公司医疗损害责任纠纷一案，医方因未履行告知义务而侵犯患者法定知情权、选择权，最终承担相应赔偿责任；如郑某某、陈某某诉江苏省人民医院医疗服务合同纠纷一案，法院指出履行医疗服务合同时，在非紧急情况下，医院在未经过患者或其代理人同意的情况下，擅自改变双方约定的医疗方案，属于法律规定的履行合同义务不符合约定的行为，由此造成合同相对方的损失，依法应当承担赔偿损失的责任。

（三）特殊情形下胚胎的归属和处置等问题

人类辅助生殖技术开展过程中可能引发一系列伦理问题，如胚胎的法律属性。我国现行法律对胚胎的法律属性没有明确规定，实务中医疗机构与患者就胚胎的归属与处置常因此发生纠纷。

如南京某医院胚胎监管权和处置权纠纷一案，法院结合案情实际，综合考虑伦理、情感、特殊利益保护等因素确定涉案胚胎的相关权利归属，由去世夫妇的双方父母共同监管和处置，而医院不得基于部门规章的行政管理规定对抗当事人基于私法所享有的冷冻胚胎处置权利。当然，权利主体在行使监管权和处置权时，应当遵守法律且不得违背公序良俗和损害他人之利益。

再如杨某某与舟山市妇幼保健院医疗服务合同纠纷一案，法院认为，当事人夫妇与妇幼保健院签订辅助生殖医疗合同要求体外受精，当事人一方下落不明后，利害关系人未申请宣告失踪、死亡的，法律上不能确定其死亡与否。夫妻另一方要求继续履行“体外受精—胚胎移植”手术并不违背伦理道德，妇幼保健院应当继续履行生殖医疗合同。

法律依据

《人类辅助生殖技术管理办法》

第十二条 人类辅助生殖技术必须在经过批准并进行登记的医疗机构中实施。未经卫生行政部门批准，任何单位和个人不得实施人类辅助生殖技术。

第二十一条 违反本办法规定，未经批准擅自开展人类辅助生殖技术的非医疗机构，按照《医疗机构管理条例》第四十四条规定处罚；对有上述违法行为的医疗机构，按照《医疗机构管理条例》第四十七条和《医疗机构管理条例实施细则》第八十条的规定处罚。

第二十二条 开展人类辅助生殖技术的医疗机构违反本办法，有下列行为之一的，由省、自治区、直辖市人民政府卫生行政部门给予警告、3 万元以下罚款，并给予有关责任人行政处分；构成犯罪的，依法追究刑事责任：

（一）买卖配子、合子、胚胎的；

（二）实施代孕技术的；

（三）使用不具有《人类精子库批准证书》机构提供的精子的；

（四）擅自进行性别选择的；

（五）实施人类辅助生殖技术档案不健全的；

（六）经指定技术评估机构检查技术质量不合格的；

（七）其他违反本办法规定的行为。

《医疗机构管理条例》

第四十四条 违反本条例第二十四条规定，未取得《医疗机构执业许可证》擅自执业的，由县级以上人民政府卫生行政部门责令其停止执业活动，没收非法所得和药品、器械，并可以根据情节处以 1 万元以下的罚款。

第四十七条 违反本条例第二十七条规定，诊疗活动超出登记范围的，由县级以上人民政府卫生行政部门予以警告、责令其改正，并可以根据情节处以 3000 元以下的罚款；情节严重的，吊销其《医疗机构执业许可证》。

《医疗机构管理条例实施细则》

第八十条 除急诊和急救外，医疗机构诊疗活动超出登记的诊疗科目范围，情节轻微的，处以警告；有下列情形之一的，责令其限期改正，并可处以三千元以下罚款：

（一）超出登记的诊疗科目范围的诊疗活动累计收入在三千元以下；

（二）给患者造成伤害。

有下列情形之一的，处以三千元罚款，并吊销《医疗机构执业许可证》：

（一）超出登记的诊疗科目范围的诊疗活动累计收入在三千元以上；

（二）给患者造成伤害；

（三）省、自治区、直辖市卫生计生行政部门规定的其他情形。

《中华人民共和国民法典》

第一百四十三条　具备下列条件的民事法律行为有效：

（一）行为人具有相应的民事行为能力；

（二）意思表示真实；

（三）不违反法律、行政法规的强制性规定，不违背公序良俗。

第一百五十三条　违反法律、行政法规的强制性规定的民事法律行为无效。但是，该强制性规定不导致该民事法律行为无效的除外。

违背公序良俗的民事法律行为无效。

第一百五十七条　民事法律行为无效、被撤销或者确定不发生效力后，行为人因该行为取得的财产，应当予以返还；不能返还或者没有必要返还的，应当折价补偿。有过错的一方应当赔偿对方由此所受到的损失；各方都有过错的，应当各自承担相应的责任。法律另有规定的，依照其规定。

《中华人民共和国行政处罚法》

第四条　公民、法人或者其他组织违反行政管理秩序的行为，应当给予行政处罚的，依照本法由法律、法规、规章规定，并由行政机关依照本法规定的程序实施。

第三十八条　行政处罚没有依据或者实施主体不具有行政主体资格的，行政处罚无效。

违反法定程序构成重大且明显违法的，行政处罚无效。

《中华人民共和国行政诉讼法》

第九十九条　外国人、无国籍人、外国组织在中华人民共和国进行行政诉讼，同中华人民共和国公民、组织有同等的诉讼权利和义务。

外国法院对中华人民共和国公民、组织的行政诉讼权利加以限制的，人民法院对该国公民、组织的行政诉讼权利，实行对等原则。

第十一章

骗取医疗保险基金

本章概要

我国实行基本医疗保险制度，保障公民在疾病情况下依法从国家和社会获得物质帮助的权利。但是，实践中存在个别医疗机构、药品经营单位等社会保险服务机构涉嫌以欺诈、伪造证明材料或者其他手段骗取基本医疗保险基金支出，侵害了参保者权益，对医保管理秩序造成不良影响。本章通过司法案例以及国家医保局公布的典型行政案例介绍骗取医保基金的表现形式、骗取医保基金的法律后果，并对医保违法行为的行刑衔接问题作简要探讨。

典型案例

案例一①

2014 年 7 月 15 日，参保人徐某反映其普通门诊选不了一级医院定点，经查询，其于 2014 年 7 月 9 日在某医院（社会保险定点医疗机构）就诊选了点，但参保人说从来没有到该医院就医，故请相关部门协助调查。

经调查发现，某医院为开拓医保业务，派业务员为单位参保人进行免费体检，吸引参保人办理选点，业务员收集到参保人的身份证等信息后提交名单给收费处办理选点手续。虽然并非本人选点，但后续却有统筹费用发生，有关费用均为业务员以体检中发现参保人身体不适为由代为开药。

穗医管［2009］30 号《关于实施广州市城镇基本医疗保险普通门诊医疗费用统筹待遇就医和结算管理业务的操作指引》显示：参保人可选择 2 家定点医疗机构作为其门诊就医选定定点医疗机构，其中 1 家为社区卫生服务机构或指定基层医疗机构，1 家为其他医疗机构。参保人办理个人门诊就医选定定点医疗机构确认手续时，凭参保人医疗保险卡在定点医疗机构领取《广州市社会保险参保人门诊医疗待遇登记卡》，如实填写后贴于门诊病历上，定点医疗机构同时在医疗保险信息系统上为参保人办理选点及确认手续（参保人欠费医保期间不予办理选点手续）。

定点医疗机构同时在医疗保险信息系统上为参保人办理选点及确认手续。

---

① （2017）粤 71 行终 221 号。

该选点信息实时上传至广州市医疗保险信息系统中心端，即刻生成当年度医疗保险普通门诊统筹限额结算人数，即刻确定广州市医保局与相关定点医疗机构结算需支付的当年度医疗保险普通门诊统筹限度额度。定点医疗机构在医疗信息系统操作参保人在其医院发生的普通门诊统筹记账费用后，相关费用数据会实时传送到广州市医疗保险信息系统中心端并留下记录。

广州市医疗保险服务管理局查实，某医院未经参保人同意，办理门诊选点手续，违规使用其中71名参保人信息资料在医疗信息系统办理普通门诊医疗费用记账。

广州市医疗保险服务管理局向某医院送达穗医管［2014］118号《广州市医疗保险服务管理局关于解除某医院社会保险定点医疗机构医疗服务协议的通知》，其中载有：自2014年10月17日起，我局解除与你院签订的《广州市社会保险定点医疗机构医疗服务协议（2012—2014社保年度）》。广州市人力资源和社会保障局（以下简称广州市人社局）向某医院送达穗人社函［2015］1684号《取消资格通知》显示：某医院存在擅自将获取的参保人资料违规办理普通门诊就医选点手续以增加选点人数、违规使用参保人资料冒名记账就医骗取社会保险基金支出的问题，决定自2015年9月5日起，取消广州市社会保险定点医疗机构资格。

某医院对《取消资格通知》不服，向广东省人社厅申请行政复议。经审查，广东省人社厅作出粤人社行复［2016］2号行政复议决定书，决定根据《行政复议法》第28条第1款第（1）项的规定，维持了广州市人社局作出的《取消资格通知》。

某医院不服复议决定，向法院提起诉讼。

法院经审理后认为：《城镇职工基本医疗保险定点医疗机构管理暂行办法》（劳社部发［1999］14号）第17条规定："劳动保障行政部门要组织卫生、物价等有关部门加强对医疗机构服务和管理情况的监督检查。对违反规定的定点医疗机构，劳动保障行政部门可视不同情况，责令其限期改正，或通报卫生行政部门给予批评，或取消定点资格。"本案中，广州市人社局作为广州市劳动保障行政部门，有对违反规定的定点医疗机构作出取消定点资格的职权。

《广州市社会医疗保险条例》第37条第2款规定："定点医疗机构不得有

下列行为：……（五）采取伪造病历挂床住院、虚假住院或者以欺诈、伪造证明材料等违法手段骗取社会医疗保险金……”《广州市人力资源和社会保障局市卫生局关于印发〈广州市社会保险定点医疗机构管理办法〉的通知》（穗人社发［2013］70号）第16条规定：“定点医疗机构应当按照医疗卫生管理和社会医疗保险相关规定为社会保险参保人员提供医疗服务，不得有以下行为：……（十一）采取挂床住院、虚假住院，办理冒名记账就医或者以欺诈、伪造证明材料等违规手段骗取社会保险基金支出……”第19条规定：“定点医疗机构协议期内被通报三次以上的，或再次发生本办法第十六条第（七）至第（十）项行为之一的，或首次发生本办法第十六条第（十一）项行为的，或暂停服务协议期满仍整改不合格的，以及对社会保险基金、参保人员利益造成严重损害以及社会不良影响的其他行为，由市人力资源社会保障行政部门取消定点医疗机构资格，并根据《中华人民共和国社会保险法》第八十七条的规定，处骗取金额二倍以上五倍以下的罚款，并由市社会保险经办机构解除医疗服务协议。违规行为涉及的医疗费用社会保险基金不予支付，已支付的违规医疗费用由市社会保险经办机构全额追回。”本案中，某医院未经参保人同意，擅自将获取的参保人资料违规办理普通门诊就医选点手续，违规使用参保人资料在广州市医疗保险信息系统冒名记账就医，实时传送相关费用数据到医疗保险信息系统中心端。上述行为属于某医院与广州市医保局进行结算的重要环节，并实时产生了导致参保人无法在其他定点医疗机构正常选点、正常享受普通门诊统筹待遇的后果，符合第16条第（11）项规定的采取办理冒名记账就医等违规手段骗取社会保险基金支出的情形。根据上述第19条的规定，首次发生本办法第16条第（11）项行为的，由市人力资源和社会保障行政部门取消定点医疗机构资格。因此，广州市人社局作出取消某医院的定点医疗机构资格的行政处罚，并无不妥。

关于某医院主张其业务员的行为是个人行为，因业务员对外是以某医院的名义开展业务，且业务员行为所产生的利益也归属于某医院，因此，对某医院的上述主张，本院不予支持。关于某医院主张其没有骗取社会保险基金的主观故意，因此其只是过失行为和未尽到相关监管职责的行为的问题。因违规办理普通门诊就医选点手续、违规使用参保人资料冒名记账就医过程中，涉及某医院不同部门和不同环节，且只有特定岗位的特定人才有权限完成本部门的操作程序，一个人或一个部门无法单独完成，某医院的上述主张，法院不予支持。综上所述，法院依照《行政诉讼法》第69条之规定，判决驳回某医院的诉讼请求。

某医院不服一审判决，提起上诉，二审法院驳回上诉，维持原判。

案例二①

2014年1月，某医院与某市医疗保险局、某市新型农村合作医疗服务中心签订《某市城镇基本医疗保险定点医疗机构医疗服务协议》和《某市新型农村合作医疗定点医疗机构医疗服务协议》，在履行合同过程中，某医院通过虚假办理病人住院、虚增病人住院天数、虚开处方等方式骗取某市医疗保险局和某市新型农村合作医疗服务中心医保资金1720749.06元，此违法行为于2017年12月19日被法院以某医院犯合同诈骗罪判处罚金人民币300000元。某市人力资源和社会保障局（以下简称某市人社局）于2018年1月8日针对某医院骗取社会保险基金这一违法行为作出了广人社监处决字［2018］第1号行政处罚决定书，决定对某医院作出以下行政处罚：（1）全额退回骗取的社会保险基金1720749.06元；（2）处以违法骗取的社会保险基金金额的二倍罚款3441498.12元。

某医院不服某市人社局的上述行政处罚决定，认为行政处罚决定书适用法律错误、违反一事不再罚的基本法律准则、程序违法，向法院提起行政诉讼。某医院指出，某市人社局作出的行政处罚决定存在如下问题：

1. 适用法律错误

《中共中央办公厅、国务院办公厅转发国务院法制办等部门的通知》（中办发［2011］8号）第一条第三款规定，"……；未作出行政处罚决定的，原则上应当在公安机关决定不予立案或者撤销案件、人民检察院作出不起诉决定、人民法院作出无罪判决或者免予刑事处罚后，再决定是否给予行政处罚"。这一规定表明司法机关追究刑事责任后，一般不再对行政相对人作出（人身类和财产类的）行政处罚。另，本案所涉情形，缺乏法律的明确授权，《行政处罚法》第22条、第28条都未规定行政处罚和刑事处罚可以无条件并行实施。

① （2018）川0681行初2号。

2. 违反一事不再罚的基本法律原则

某医院通过虚假办理病人住院、虚增病人住院天数，虚开处方等方式骗取社会保障基金这一违法行为，于2017年12月19日被某市人民法院以医院骗取医保基金犯单位合同诈骗罪，已经作出（2017）川0681刑初266号《刑事判决书》，判处罚金刑300000元。广人社监处决字［2018］第1号《劳动保障监察行政处罚决定书》是在市人民法院判罚金刑后作出的，违反了《行政处罚法》第24条“对当事人的同一个违法行为，不得给予两次以上罚款的行政处罚”的规定。另，原告于2017年9月至11月分别通过银行转账和现金存入的方式全额退还骗取的社会保险基金，对事实上已经退回的社会保险基金，行政机关不能再次作出退回的行政处罚。

3. 程序违法

处罚书中关于全额退回骗取的社会保险基金1720749.06元这一内容不符合法定程序，对于“责令退回”，行政机关不应当适用行政处罚决定的形式，而应该适用行政处理决定的方式。《行政处罚法》第8条规定的行政处罚的种类里不包括“责令退回”，从《行政处罚法》第23条中可以看出这是实施行政处罚时的一种程序性具体行政行为。责令退回是要求违法行为人停止违法行为、消除不良后果、恢复原状，其本身不具有惩罚的性质。因此，责令退回与行政处罚有严格的区别，行政机关将“责令退回”作为或等同于行政处罚的一个种类，致使具体行政行为的内容与外部表现形式不相统一，违反行政法定程序。

法院经审理认为，本案主要争议焦点：（1）责令退回骗取的社会保险基金，行政机关应当采取行政处罚还是行政处理？（2）司法机关追究刑事责任后，行政机关又对当事人的同一违法行为作出行政处罚，是否合法？

关于责令退回骗取的社会保险基金，行政机关应当采取行政处罚还是行政处理的问题。《行政处罚法》第23条规定行政机关实施行政处罚时，应当责令当事人改正或者限期改正违法行为，责令当事人改正或者限期改正是要求同一时期责令当事人改正或者限期改正，并非在作出行政处罚决定时一并将责令退回以行政处罚的形式作出，在程序上存在不合法，所以对责令原告退回骗取的社会保险基金，应当采取行政处理的方式。

关于司法机关追究刑事责任后，行政机关又对当事人的同一违法行为作出行政处罚，是否合法的问题。本案被告在司法机关已对原告违法行为作出刑事处罚判处罚金后，因同一违法行为再次对原告作出了广人社监处决字［2018］第1号处罚决定书，处以罚款，违反了《行政处罚法》第7条第2款、第24条、第28条和《关于加强行政执法与刑事司法衔接工作的意见》。《行政处罚法》第28条规定，违法行为构成犯罪，人民法院判处拘役或者有期徒刑时，行政机关已经给予当事人行政拘留的，应当依法折抵相应刑期。违法行为构成犯罪，人民法院判处罚金时，行政机关已经给予当事人罚款的，应当折抵相应罚金。根据上述规定，对同一违法犯罪行为，原则上只能给予一次刑事法律上的人身罚或财产罚。如果行政机关已经作出人身罚或者财产罚的处罚，相关的行政处罚和刑事处罚必须进行折抵。所以，在实体上，有关人身权和财产权的刑事处罚优于行政处罚，在刑事处罚之后，不能就同一违法行为，再重复给予财产罚这一同类的处罚；在程序上，有关人身权和财产权处罚的刑事程序优于行政程序。本案中，司法机关已经对某医院作出了财产刑的刑事处罚，且不能单纯以罚金刑金额来简单认定罪刑是否适当，故不应再对某医院作财产罚的行政处罚。

综上，市人社局具体行政行为程序违法、适用法律错误，法院对某医院的诉讼请求予以支持，法院判决撤销被告市人社局于2018年1月8日作出的广人社监处决字［2018］第1号《某市人力资源和社会保障局劳动保障监察行政处罚决定书》。

国家医保局发布的典型案例①

1. 安徽省阜阳市某医院收买病人骗取医保基金案

经国家医保局飞行检查，安徽省阜阳市某医院采取以支付回扣形式向乡村医生收买病人、过度治疗、过度检查、超范围执业、非卫生技术人员独立开展诊疗活动等方式骗取医保基金。2016年至2018年11月，该院超范围开展手术套取医保基金38.20万元，过度治疗、过度检查18.15万元。医保部门依据《安徽省基本医疗保险监督管理暂行办法》第34条规定，追回医保基金56.35万元，并处罚款90.75万元，解除医保服务协议，将相关问题线索移交

① 参见http：//www.nhsa.gov.cn/art/2019/3/29/art_ 20_ 1051.html，访问时间2021年4月19日。

公安机关进一步侦办。卫健部门依据《医疗机构管理条例》第48条、《医疗机构管理条例实施细则》第81条规定，对该院罚款4000元，并吊销其医疗机构执业许可证。

2. 陕西省渭南市某医院无医嘱收费骗取医保基金案

经国家医保局飞行检查，陕西省渭南市某医院于2017年9月至2018年，通过无医嘱收费、超医嘱收费、过度检查等方式骗取医保基金38.86万元。医保部门依据《社会保险法》第11章第87条，《渭南市城镇基本医疗保险定点医疗机构服务协议》第44条、第45条，《合阳县定点医疗机构服务协议》第5章第25条规定，追回医保基金38.86万元，并处罚款84.95万元，同时解除该院城镇居民医保及新农合服务协议。

3. 宁夏回族自治区银川市某医院骗取医保基金案

经国家医保局飞行检查，宁夏回族自治区银川市某医院于2017年至2018年，通过挂床住院、虚假检查检验、虚记费用等方式骗取医保基金18.01万元。医保部门依据《宁夏回族自治区基本医疗保险服务监督办法》第21条第1款、第2款，《宁夏回族自治区医保服务医师诚信管理办法》第23条、第24条、第25条规定，追回医保基金18.01万元，并处罚款54.03万元，同时解除医保服务协议。

4. 北京市通州区某镇某社区卫生服务站购买虚假进货发票骗取医保基金案

经查，北京市通州区某镇某社区卫生服务站通过购买虚假进货发票、阴阳处方等方式骗取医保基金。2018年1月至8月，该服务站负责人从网上购买中药饮片进货发票8张，骗取医保基金60.23万元。医保部门依据《北京市基本医疗保险定点医疗机构服务协议书》第2条、第52条、第74条、第91条规定，解除医保服务协议。北京市公安局通州分局对该服务站负责人予以刑事拘留。

5. 山西省临汾市尧都区某医院骗取医保基金案

经查，山西省临汾市尧都区某医院于2018年1月至12月，通过无医嘱收费、虚记检查收费、理疗项目多计费等方式骗取医保基金65.71万元。医保部门依据《社会保险法》第11章第87条、《山西省医保定点医疗机构服务协议》第61条规定，追回医保基金65.71万元，处违约金197.13万元，终止医保服务协议，并将有关线索移交公安机关进一步侦办。

6. 上海市某医院骗取医保基金案

经查，上海市某医院于 2013 年至 2017 年，通过虚记检查化验、多收费等违规情况，骗取医保基金 9. 47 万元。医保部门依据《上海市基本医疗保险监督管理办法》第 17 条规定，责令该院整改，追回医保基金 9. 47 万元，处行政罚款 10 万元，暂停 3 名责任医师医保结算 6 个月，并将线索移送卫生部门作进一步调查处理。

7. 福建省厦门市翔安区某卫生院某卫生所套换医保编码骗取医保基金案

经查，福建省厦门市翔安区某卫生院某卫生所于 2017 年 7 月至 2018 年 6 月，通过套换医保编码、超医保支付范围开展诊疗项目等方式骗取医保基金 96. 11 万元。医保部门依据厦门市《2017 年基本医疗保险定点医疗机构医疗服务协议》第 55 条、第 56 条，《厦门市基本医疗保险定点服务单位医保服务人员信用记分操作细则》第 4 条规定，拒付医保基金 96. 11 万元；暂停该卫生所医保网络接入 6 个月；对 1 名责任医师信用扣分记 12 分，拒付医保服务费用 12 个月。

8. 贵州省某儿童医院骗取医保基金案

经查，贵州省某儿童医院于 2017 年至 2018 年，通过无床位收治住院、挂床住院、虚记多记诊疗项目等方式骗取医保基金 33. 57 万元。医保部门依据《凯里市 2018 年基本医疗保险定点医疗机构服务协议（试行)》第 43 条、第 44 条、第 49 条规定，追回医保基金 33. 57 万元，并处罚款 17. 06 万元，拒付 2018 年年终清算保证金，解除医保服务协议，在全州范围内进行警示通报。

知识要点

1. 骗取医保基金有哪些表现形式。

2. 骗取医保基金需承担什么法律后果。

3. 行政违法行为构成犯罪，能否同时处以罚金和罚款。

案例解析

一、骗取医保基金有哪些表现形式

本章中的医疗保险是指《社会保险法》规定的基本医疗保险。商业医疗保险不在此范围之内。目前我国主要的基本医疗保险包括“城镇职工基本医疗保险”“城镇居民基本医疗保险”“新型农村合作医疗”。其中，部分省市已将“城镇居民基本医疗保险”“新型农村合作医疗”合并为“城乡居民基本医疗保险”。上述基本医疗保险由医疗保障经办机构经办，基本医疗保险基金由医疗保障行政部门监管。根据《社会保险法》第 2 条的规定，我国实行基本医疗保险制度，保障公民在疾病情况下依法从国家和社会获得物质帮助的权利。

而实践中，有个别社会保险经办机构以及医疗机构、药品经营单位等社会保险服务机构却不按照医疗保险相关规定进行医疗保险费用的结算，以欺诈、伪造证明材料或者其他手段骗取社会保险基金支出。我国《医疗保障基金使用监督管理条例》自 2021 年 5 月 1 日起实施，各地也有很多地方性法规对此进行规定，但骗取医保基金的表现形式多种多样，由于现实的复杂性，不可能在法规中罗列骗取医保基金的所有情形。

结合上述案例，医疗机构骗取医保基金的方式主要包括：

1. 为参保人员提供虚假证明材料，或以伪造或者变造的病史记录、处方、账目、医药费用单据、上传数据等，虚构医疗服务，套取医疗保险基金的；

2. 采用为参保人员重复挂号，重复或者无指征化验、检查、治疗，无指征住院或将明显达不到住院标准的参保人员收治住院，提供不必要的医疗服务，进行医疗保险费用结算的；

3. 违反基本医疗保险有关规定，将医疗保险基金的支付范围或者约定服务范围以外的诊疗项目、医疗服务设施所产生的医疗费用，进行基本医疗保险费用结算的；

4. 违反基本医疗保险用药范围或者用药品种规定，以超量用药、重复用药、违规使用有特殊限制的药品，或者以分解、更改处方等方式，为参保人员配药，进行基本医疗保险费用结算的；

5. 通过向参保人员重复收取、分解收取、超标准收取或者自定标准收取的费用，进行基本医疗保险费用结算的；

6. 将生活用品、保健滋补品等非药类物品充当基本医疗保险用药范围内的药品，进行基本医疗保险费用结算的；

7. 擅自将非定点医疗机构、非定点零售药店接入基本医疗保障信息系统，骗取基本医疗保障基金支出的。

二、骗取医保基金需承担什么法律后果

（一）行政责任

根据《社会保险法》第87条的规定，社会保险经办机构以及医疗机构、药品经营单位等社会保险服务机构以欺诈、伪造证明材料或者其他手段骗取社会保险基金支出的，由社会保险行政部门责令退回骗取的社会保险金，处骗取金额二倍以上五倍以下的罚款；属于社会保险服务机构的，解除服务协议；直接负责的主管人员和其他直接责任人员有执业资格的，依法吊销其执业资格。

我国《医疗保障基金使用监督管理条例》专章规定了法律责任，各地也制定了相关的医疗保险地方性法规、规章，对违反医疗保险相关规定的行为予以监管，例如上海市制定了《上海市基本医疗保险监督管理办法》，安徽省制定了《安徽省基本医疗保险监督管理暂行办法》，宁夏回族自治区制定了《宁夏回族自治区基本医疗保险服务监督办法》。例如案例一中，医保行政部门查明某医院未经参保人同意，办理门诊选点手续，违规使用其中71名参保人信息资料在医疗信息系统办理普通门诊医疗费用记账，依据《广州市社会医疗保险条例》《广州市社会保险定点医疗机构管理办法》等规定作出《取消资格通知》，取消该医院社会保险定点医疗机构资格。某医院对行政机关的处理决定不服，提起行政复议及行政诉讼。法院认定，根据《城镇职工基本医疗保险定点医疗机构管理暂行办法》，广州市人社局作为广州市劳动保障行政部门，有对违反规定的定点医疗机构作出取消定点资格的行政处罚的职权，广州市人社局作出《取消资格通知》认定事实清楚、证据充分、适用法律正确，判决驳回某医院的全部诉讼请求，之后，二审法院作出驳回上诉，维持原判的判决。

社会保险服务机构在涉嫌骗保行为的同时，常可能伴随其他行政违法行为，例如在国家医保局公布的一例骗保典型案例中，某医院通过超范围执业、使用非卫生技术人员开展诊疗活动等方式骗取医保，医保部门依据医疗保险

相关规定追回医保基金，处以罚款，解除医保服务协议。卫生健康部门对该医院违反《医疗机构管理条例》《医疗机构管理条例实施细则》的行为给予罚款4000元，并吊销其《医疗机构执业许可证》的行政处罚。

（二）刑事责任

社会保险服务机构实施骗保行为，除了违反行政法规，亦有可能构成刑事犯罪，例如合同诈骗罪。

《刑法》第224条规定："有下列情形之一，以非法占有为目的，在签订、履行合同过程中，骗取对方当事人财物，数额较大的，处三年以下有期徒刑或者拘役，并处或者单处罚金；数额巨大或者有其他严重情节的，处三年以上十年以下有期徒刑，并处罚金；数额特别巨大或者有其他特别严重情节的，处十年以上有期徒刑或者无期徒刑，并处罚金或者没收财产：（一）以虚构的单位或者冒用他人名义签订合同的；（二）以伪造、变造、作废的票据或者其他虚假的产权证明作担保的；（三）没有实际履行能力，以先履行小额合同或者部分履行合同的方法，诱骗对方当事人继续签订和履行合同的；（四）收受对方当事人给付的货物、货款、预付款或者担保财产后逃匿的；（五）以其他方法骗取对方当事人财物的。"

上文案例二中，某医院在履行与医保部门签署的医疗定点医疗机构医疗服务协议过程中，通过虚假办理病人住院、虚增病人住院天数、虚开处方等方式骗取某市医疗保险局和某新型农村合作医疗服务中心医保资金1720749.06元，此违法行为被法院以某医院犯合同诈骗罪，判处罚金人民币300000元。

三、行政违法行为构成犯罪，能否同时处以罚金和罚款

如果医疗机构骗取社会保险基金的行为既违反了《社会保险法》的规定，又构成我国《刑法》中的合同诈骗罪，在医疗机构已经受到罚金刑事处罚的情况下，医保行政部门是否能够再处以罚款？

根据我国《行政处罚法》第28条第2款的规定，违法行为构成犯罪，人民法院判处罚金时，行政机关已经给予当事人罚款的，应当折抵相应罚金。

在案例二中，某医院实施骗保行为，累计骗保1720749.06元，被法院以合同诈骗罪判处罚金人民币300000元。在该医院受到刑事处罚后，医保行政部门对该院处以违法骗取的社会保险基金金额的二倍罚款3441498.12元。某医院对该处罚决定不服，向法院提起诉讼。法院认为，根据我国《行政处罚法》第28条的规定，对同一违法犯罪行为，原则上只能给予一次刑事法律上的人身罚或财产罚。即使行政机关已经作出人身罚或者财产罚的处罚，相关的行政处罚和刑事处罚也必须进行折抵。所以，在实体上，有关人身权和财产权的刑事处罚优于行政处罚，在刑事处罚之后，不能就同一违法行为，再重复给予财产罚这一同类的处罚；在程序上，有关人身权和财产权处罚的刑事程序优于行政程序。另外，《行政执法机关移送涉嫌犯罪案件的规定》第13条规定："公安机关对发现的违法行为，经审查，没有犯罪事实，或者立案侦查后认为犯罪事实显著轻微，不需要追究刑事责任，但依法应当追究行政责任的，应当及时将案件移送同级行政执法机关，有关行政执法机关应当依法作出处理。"也就是说，行政机关在移送后，因不需要追究刑事责任退回后，才能进行行政处罚。本案中，司法机关已经对某医院作出了财产刑的刑事处罚，故不应再对该医院处以财产罚的行政处罚。据此，法院认定行政机关的行政行为程序违法，判决撤销行政机关作出的行政处罚决定书。

因此，一般情况下，同一行政违法行为如果构成犯罪，法院判处财产刑后，行政机关不再同时处以罚款。

法律依据

《中华人民共和国社会保险法》

第八十七条　社会保险经办机构以及医疗机构、药品经营单位等社会保险服务机构以欺诈、伪造证明材料或者其他手段骗取社会保险基金支出的，由社会保险行政部门责令退回骗取的社会保险金，处骗取金额二倍以上五倍以下的罚款；属于社会保险服务机构的，解除服务协议；直接负责的主管人员和其他直接责任人员有执业资格的，依法吊销其执业资格。

《中华人民共和国刑法》

第二百二十四条　有下列情形之一，以非法占有为目的，在签订、履行合同过程中，骗取对方当事人财物，数额较大的，处三年以下有期徒刑或者拘役，并处或者单处罚金；数额巨大或者有其他严重情节的，处三年以上十年以下有期徒刑，并处罚金；数额特别巨大或者有其他特别严重情节的，处十年以上有期徒刑或者无期徒刑，并处罚金或者没收财产：

（一）以虚构的单位或者冒用他人名义签订合同的；

（二）以伪造、变造、作废的票据或者其他虚假的产权证明作担保的；

（三）没有实际履行能力，以先履行小额合同或者部分履行合同的方法，诱骗对方当事人继续签订和履行合同的；

（四）收受对方当事人给付的货物、货款、预付款或者担保财产后逃匿的；

（五）以其他方法骗取对方当事人财物的。

第十二章

非医师行医

本章概要

1. “非医师行医”是一种严重危害社会医疗卫生秩序，危害群众身体健康和生命安全的行为。国家对非医师行医在行政法和刑法中均有界定，本章主要针对卫生执法实践常见问题进行阐明，如其构成要件要素中违法行为的主体条件界定，非医师行医行为行政责任、刑事责任以及行刑衔接等问题。

2. 对于行政行为不服可以提起行政诉讼，但应当了解行政诉讼范围。行政诉讼范围是个综合概念，它是指人民法院对哪些行为和争议拥有司法主管权，表明了司法权与行政权的边界和关系。公民、法人或者其他组织对哪些行政行为可以起诉，体现了人民法院对行政行为的监督和审查的深度；行政相对人对行政行为所涉的哪些事项可以起诉，体现了公民、法人或者其他组织合法权益受行政诉讼法保护的范围。

典型案例

案例一①

2018 年 4 月 11 日，某市卫计委做出行政处罚决定，认定杨某某未取得《医师资格证书》和《医师执业证书》擅自从事对张某某的面部涂抹药膏进行祛斑、祛痞的诊疗行为，违反了《执业医师法》第 8 条、第 14 条、第 19 条的规定，决定罚款人民币 50000 元整。

杨某某不服行政处罚决定并提起行政诉讼。原告认为，被告的处罚行为违反法律规定。(1) 原告的行为不属于诊疗行为，而是生活美容行为，被告认定的事实错误。原告对张某某面部涂抹祛斑霜的行为系帮忙行为。原告的行为系应张某某请求，仅仅是生活美容行为，而非治疗疾病。该行为不是为了获得经济利益，且实际未收取任何费用，双方之间不存在权利义务关系，故不应认定为诊疗行为。原告的行为不具有持续性，在此之前或之后原告从未有过类似的行为，其行为属偶然，进一步说明原告的行为不是诊疗行为。原告的行为对张某某未造成损害后果。张某某投诉其面部色素沉着，没有相

① （2018）吉 0191 行初 15 号。

关证据证明系原告本次行为所致，且该案发生后并不排除张某某经过其他人员或机构进行治疗，故原告的行为对张某某未造成损害后果。（2）被告对原告的行政处罚适用法律不当。原告给张某某涂抹祛斑霜的行为不具有行医的特点，不应认定为诊疗行为。原告系某市某医院总务科科长，属行政人员，不属医疗机构中的医务人员，故原告行为与是否取得医师资格证书及执业证书没有关系。同时，原告的行为轻微并及时纠正，事发后原告及时检讨自己的行为，且没有给第三人造成危害后果，也不具有社会危害性，故不适用《执业医师法》的相关规定，不应给予行政处罚。综上，原告帮助他人涂抹祛斑霜的行为不应认定为诊疗行为，被告的处罚行为属事实认定不清，适用法律错误，故应撤销处罚。

被告某市卫计委辩称：（1）原告的行为属于医疗美容行为。《医疗美容服务管理办法》第 2 条对医疗美容行为进行了定义。医疗美容，是指运用手术、药物、医疗器械以及其他具有创伤性或者侵入性的医学技术方法对人的容貌和人体各部位形态进行的修复与再塑。《卫生部办公厅关于印发〈医疗美容项目分级管理目录〉的通知》对医疗美容项目和项目分级进行了规定。美容皮肤科项目分为无创治疗项目和有创治疗项目。无创治疗项目：内服、外用药物美容治疗、光疗（红光、蓝光、紫外线等）治疗痤疮、色素性疾患及调节肤质，红外线治疗，倒膜及面部护理治疗痤疮、色斑及调节肤质，冷喷治疗敏感性皮肤，药物导入调节肤质，药浴治疗敏感性皮肤及调节肤质，其他针对皮损或缺陷的无创治疗。有创治疗项目：物理治疗、抽吸、注射及填充、化学剥脱、激光和其他光（电磁波）治疗。中华医学会编著的《临床技术操作规范（美容医学分册）》中对药物剥脱技术进行了定义。药物剥脱技术是用具有腐蚀作用的化学药物或中药涂敷于皮肤，使之发生刺激性皮炎，出现皮肤角质层分离和组织蛋白凝固，导致表皮和真皮乳头层不同程度坏死而被剥脱，以治疗某些损容性皮肤疾病和美化容貌的一种技术。原告使用药膏局部涂抹于举报人张某某面部，举报人自感酸味、灼热和刺痛，近一个月后痦子和晒斑结痂脱落，原告利用药物使皮肤局部组织剥脱，从而达到祛痦子和晒斑的效果，该“点痦子”技术属于药物剥脱技术。原告的行为属于医疗美容行为，属于《医疗美容项目分级管理目录》美容皮肤项目类有创治疗项目第一类微创治疗项目第三项化学剥脱包含的范畴。（2）原告的行为属于非医师行医行为。《执业医师法》第 13 条和第 14 条规定，国家实行医师执业注册制度。取得医师资格的，可以向所在地县级以上人民政府卫生行政部门申请注册。未经医师注册取得执业证书，不得从事医师执业活动。《医疗美容服务管理办法》第 14 条规定，未经卫生行政部门核定并办理执业注册手续的人员不得从事医疗美容诊疗服务。非医师行医是指无医生执业资格从事诊疗活动。原告未取得《医师资格证书》和《医师执业证书》，对举报人张某某开展用药膏对其面部痦子、晒斑进行涂抹以达到祛痦祛斑效果的医疗美容行为，符合非医师行医构成要件，属于非医师行医。是否获利、是否有损害后果，以及操作次数多少等属于行使行政处罚自由裁量权时的参考情节。（3）被告做出的行政处罚决定事实清楚、程序合法、适用法律适当。被告接到投诉举报后，按照《行政处罚法》的相关规定，指派相关执法人员开展调查取证。案件调查终结后，依法向原告送达了行政处罚事先告知书，并告知原告有陈述申辩和要求听证的权利。原告要求听证，后放弃听证。被告集体讨论后做出了行政处罚决定，并按程序将行政处罚决定书送达原告。《执业医师法》第 39 条规定了非医师行医的处罚标准和实施处罚的机关。调查取证过程中，举报人称支付给原告 400 元治疗费，但不能提供原告收取治疗费用的证据，原告称未收取费用，各执一词，本案发生在医院内部，比其他类型的非法行医行为，具有更大的迷惑性和误导性，影响更加恶劣，同时此案在媒体上传播给原告所在单位和社会造成不良影响。原告不承认非法行医，以不懂法、不知法为借口推卸责任，未认识到非医师行医行为的违法性和危害性。结合本案案情，给予原告罚款 50000 元的处罚，事实清楚，适用法律适当，故应驳回原告的诉讼请求。

法院认为，根据《医疗机构管理条例》第 5 条第 2 款规定，县级以上地方人民政府卫生行政部门负责本行政区域内医疗机构的监督管理工作。某市卫计委作为辖区内的卫生行政部门，具有对辖区内非法诊疗行为进行处罚的法定职权。被告依据调查取得的证据能证明原告存在违反《执业医师法》第 8 条、第 14 条、第 19 条的规定，杨某某未取得《医师资格证书》和《医师执业证书》或其他卫生技术职称证书，擅自从事对举报人张某某面部涂抹药膏的诊疗活动，违反上述规定。某市卫计委对该事实认定清楚、适用法律正确，处罚适当，程序上不违反法律规定。

综上，法院驳回原告杨某某的诉讼请求。

案例二①

被告人胡某某，2000 年 9 月因犯非法行医罪被判处有期徒刑十五年，2011 年 12 月 11 日刑满释放。因涉嫌非法行医罪于 2013 年 9 月 30 日被逮捕。其他被告人吕某、唐某某、贺某某。

河南省洛阳市人民检察院以被告人胡某某、吕某、唐某某、贺某某犯非法行医罪，向洛阳市中级人民法院提起公诉。

法院经审理查明：被告人胡某某于 2011 年 12 月 11 日刑满释放后，授意吕某在博客上宣称用“五味疗法”可免除吃药打针等传统治疗方式带来的痛苦，针对糖尿病、高血压、白血病、艾滋病、各类癌症等有特殊效果。2013 年 8 月，吕某指使唐某某分别联系身患不同疾病或痴迷中医的云某某等十余人参加“自然大法培训班”，由胡某某传授“五味疗法”和“吐故纳新疗法”，饮用由咖啡、白糖、盐、生抽（或酱油）、陈醋兑水后调成的“五味汤”后大量喝生水，喝到腹胀，再把喝到腹内的水吐出来，然后继续喝生水、呕吐，反复进行，就可以把体内的病毒排出体外，达到治病强身的目的。被害人云某某照做后，出现了严重呕吐、抽搐、昏迷等症状，吕某、唐某某、贺某某遂采取灌凉水、往云某某头上浇凉水的方法进行救治。随着云某某病情的加重，吕某先后两次去找胡某某，胡某某指使吕某分别采取将泥土涂抹到云某某身上后浇凉水和向其口中灌胡某某配制的液体的方法进行医治。当晚 22 时 30 分，云某某因机体脱水、水电解质平衡紊乱和急性呼吸循环功能障碍死亡。

法院认为：被告人胡某某未取得医生执业资格，伙同吕某、唐某某、贺某某以开办“培训班”的名义进行非法行医，造成他人死亡，其行为均已构成非法行医罪，且系共同犯罪，均应依法惩处。关于胡某某提出不构成犯罪的理由，经查，被告人胡某某不具备行医资格，却伙同吕某在互联网上公开发布其采用“五味疗法”可治疗糖尿病、白血病、艾滋病、各类癌症，能使人百病不生的宣传文章，然后又以举办“培训班”的名义，联系或痴迷中医或求医问药的云某某等十余人参加，由胡某某向大家教授其“五味疗法”和

① （2015）豫法刑二终字第 7 号。

"吐故纳新疗法"，其实质具有非法行医的主观故意。当云某某照做后出现昏迷症状时，胡某某又指使吕某等人采取毫无科学性的方法进行救治，并灌入胡某某所配制的不明液体，最终导致云某某死亡的后果。胡某某等人的行为不仅侵犯了他人的身体健康，同时也侵犯了国家医疗管理秩序，符合非法行医罪的特征。在共同犯罪中，胡某某、吕某起主要作用，系主犯；唐某某、贺某某起次要、辅助作用，系从犯，对唐某某依法予以减轻处罚，贺某某犯罪情节轻微不需要判处刑罚，对其依法免予刑事处罚。胡某某系累犯，应从重处罚。

河南省洛阳市中级人民法院于2014 年11 月19 日作出刑事附带民事判决：一、被告人胡某某犯非法行医罪，判处有期徒刑十五年，并处罚金人民币 10 万元。二、被告人吕某犯非法行医罪，判处有期徒刑十一年，并处罚金人民币 10 万元。三、被告人唐某某犯非法行医罪，判处有期徒刑三年，并处罚金人民币 3 万元。四、被告人贺某某犯非法行医罪，免予刑事处罚。一审宣判后，被告人胡某某、吕某以不构成犯罪为由提出上诉。河南省高级人民法院于2015 年2 月3 日作出刑事附带民事裁定：驳回上诉，维持原判。

知识要点

1. 非医师行医的违法行为主体。
2. 非医师行医的法律责任。
3. 行政诉讼的受案范围。

案例解析

一、非医师行医的违法行为主体

在考量非医师行医的违法行为构成要件要素时，主要关注违法行为主体以及行为是否构成诊疗活动，对于"诊疗活动"，在其他章论述，本章仅讨论违法行为主体。

非医师行医，在我国行政法和刑法中均有涉及。在行政法中，我国《执业医师法》规定医师经注册后，可以在医疗、预防、保健机构中按照注册的执业地点、执业类别、执业范围执业，从事相应的医疗、预防、保健业务。未经医师注册取得执业证书，不得从事医师执业活动。个人取得行医相应的资质后，才能依照相应的法律、法规、规章及诊疗规范等的规定从事诊疗活动。在刑法中，有“非法行医罪”这一专门的罪名。对于非法行医罪的犯罪主体条件，司法审判中亦存在各种意见，2001 年，最高人民法院曾就非法行医罪犯罪主体条件向原卫生部进行征询，原卫生部关于对非法行医罪犯罪条件征询意见函进行了答复。参考原卫生部的答复，对于非医师行医的违法行为主体进行讨论。

（一）非医师的概念

1998 年 6 月 26 日第九届全国人民代表大会常务委员会第三次会议通过了《中华人民共和国执业医师法》，自 1999 年 5 月 1 日起施行。根据该法规定，医师是取得执业医师资格，经注册在医疗、预防、保健机构中执业的医学专业人员。医师分为执业医师和执业助理医师。《刑法》中的“医生执业资格的人”应当是按照我国《执业医师法》的规定，取得执业医师资格并经卫生行政部门注册的医学专业人员。因此，非医师，可以理解为没有取得执业资格并经卫生行政部门注册的人员。

（二）关于《执业医师法》颁布以前医师资格认定

《执业医师法》第 43 条规定：“本法颁布之日前按照国家有关规定取得医学专业技术职称和医学专业技术职务的人员，由所在机构报请县级以上人民政府卫生行政部门认定，取得相应的医师资格。……”卫生部、人事部 1999 年 6 月下发了《具有医学专业技术职务任职资格人员认定医师资格及执业注册办法》。各级卫生行政部门已对我国《执业医师法》颁布之前，按照国家有关规定已取得医学专业技术职务任职资格的人员认定医师资格，并为仍在医疗、预防、保健机构执业的医师办理执业注册。

（三）关于乡村医生及家庭接生员的问题

我国《执业医师法》规定，不具备《执业医师法》规定的执业医师资格或者执业助理医师资格的乡村医生，由国务院另行制定管理办法。经过卫生行政部门审核的乡村医生应当在注册的村卫生室执业。

根据《母婴保健法》的规定“不能住院分娩的孕妇应当经过培训合格的接生人员实行消毒接生”，“从事家庭接生的人员，必须经过县级以上地方人民政府卫生行政部门的考核，并取得相应的合格证书”。取得合法资格的家庭接生人员为不能住院分娩的孕妇接生，不属于非法行医。

（四）已取得《医师资格证书》但未获得《医师执业证书》的情形

一般情况下，已取得《医师资格证书》但未获得《医师执业证书》，不可以从事诊疗活动，否则会被认定为“非医师”。但是，根据原卫生部的批复，已取得《医师资格证书》，并具备申请执业医师注册条件的医师，非本人原因导致未获得《医师执业证书》前，在其受聘的医疗预防保健机构和工作时间内的执业活动不属于非法行医。

二、非医师行医的法律责任

（一）行政责任

非医师行医，违反了我国医疗卫生行政管理制度，根据我国《执业医师法》第 39 条规定：未经批准擅自开办医疗机构行医或者非医师行医的，由县级以上人民政府卫生行政部门予以取缔，没收其违法所得及其药品、器械，并处十万元以下的罚款；对医师吊销其执业证书；给患者造成损害的，依法承担赔偿责任；构成犯罪的，依法追究刑事责任。同时，我国《基本医疗卫生与健康促进法》第 99 条第 1 款规定：“违反本法规定，未取得医疗机构执业许可证擅自执业的，由县级以上人民政府卫生健康主管部门责令停止执业活动，没收违法所得和药品、医疗器械，并处违法所得五倍以上二十倍以下的罚款，违法所得不足一万元的，按一万元计算。”根据新法优于旧法原则，未取得医疗机构执业许可证擅自执业的单位或个人，按照《基本医疗卫生与健康促进法》的规定处罚。

（二）刑事责任

如上，非医师行医构成犯罪的，需要承担刑事责任，即“非法行医罪”。我国《刑法》第 336 条规定：未取得医生执业资格的人非法行医，情节严重的，处三年以下有期徒刑、拘役或者管制，并处或者单处罚金；严重损害就诊人身体健康的，处三年以上十年以下有期徒刑，并处罚金；造成就诊人死亡的，处十年以上有期徒刑，并处罚金。

（三）行刑衔接

行刑衔接是指行政执法与刑事司法衔接机制，行政机关在查处涉嫌犯罪的行政违法案件过程中，各有关部门在各司其职、各负其责的前提下，相互配合、相互制约，确保依法追究涉嫌犯罪人员的刑事责任的办案协作制度。

卫生行政执法机关在查处非法行医案件中，如果发现涉嫌构成非法行医罪，应及时将案件移送公安机关查处，这是刑事优先原则的具体体现，也是行政执法与刑事司法相衔接的首要环节。我国《行政处罚法》第27条第1款规定："违法行为涉嫌犯罪的，行政机关应当及时将案件移送司法机关，依法追究刑事责任。对依法不需要追究刑事责任或者免予刑事处罚，但应当给予行政处罚的，司法机关应当及时将案件移送有关行政机关。"《刑事诉讼法》的相关条文也规定了检察机关对公安机关的立案监督制度。此外，2001年7月颁行的《行政执法机关移送涉嫌犯罪案件的规定》第3条规定："行政执法机关在依法查处违法行为过程中，发现违法事实涉及的金额、违法事实的情节、违法事实造成的后果等，根据刑法关于破坏社会主义市场经济秩序罪、妨害社会管理秩序罪等罪的规定和最高人民法院、最高人民检察院关于破坏社会主义市场经济秩序罪、妨害社会管理秩序罪等罪的司法解释以及最高人民检察院、公安部关于经济犯罪案件的追诉标准等规定，涉嫌构成犯罪，依法需要追究刑事责任的，必须依照本规定向公安机关移送。"

"情节严重"是区别"非法行医"面临行政处罚还是刑事处罚的重要指标。为了明确"情节严重"的具体适用，《最高人民法院关于审理非法行医刑事案件具体应用法律若干问题的解释》第2条对此进行了专门规定，具有下列情形之一的，应认定为《刑法》第336条第1款规定的"情节严重"：（1）造成就诊人轻度残疾、器官组织损伤导致一般功能障碍的；（2）造成甲类传染病传播、流行或者有传播、流行危险的；（3）使用假药、劣药或不符合国家规定标准的卫生材料、医疗器械，足以严重危害人体健康的；（4）非法行医被卫生行政部门行政处罚两次以后，再次非法行医的；（5）其他情节严重的情形。这一规定使有关移送的具体问题具有了可操作性。

本章案例二中，由于非法行医造成就诊人死亡，因此案件移送公安机关，以"非法行医罪"追究刑事责任。

三、行政诉讼的受案范围

行政诉讼范围是个综合概念，它是指人民法院对哪些行为和争议拥有司法主管权，表明了司法权与行政权的边界和关系。公民、法人或者其他组织对哪些行政行为可以起诉，体现了人民法院对行政行为的监督和审查的深度；

行政相对人对行政行为所涉的哪些事项可以起诉，体现了公民、法人或者其他组织合法权益受行政诉讼法保护的范围。

比如案例一中，行政机关认定行政相对人非医师行医，罚款 50000 元，属于行政诉讼的受案范围。而案例二中，行政机关将案件移送侦查机关，行政机关不再作出行政行为，则不属于行政诉讼的范围。

（一）界定行政诉讼范围的意义

任何范围都是边界和限制的结果。界定行政诉讼范围的意义，既关系到对行政机关的监督，也关系到对公民、法人或其他组织合法权益的保护。

1. 行政诉讼范围反映了司法权对行政权的监督范围

确定行政诉讼范围，有助于平衡行政权与司法权的关系。全国人大是我国最高权力机关，地方人大是我国地方权力机关，它们产生“一府一委两院”（人民政府、监察委员会、人民法院和人民检察院），人民政府与监察委员会、人民法院、人民检察院之间没有隶属关系，但是它们之间存在分工合作与监督关系。根据法律授权，人民法院有权通过行政诉讼对行政机关的行政行为进行监督，但又不能以司法权代替行政权，这是我国宪法和法律设置的权力关系。

2. 行政诉讼范围反映了司法权对公民、法人或者其他组织合法权益的保护范围

确定行政诉讼范围有助于贯彻司法人权保护原则。保护人权原则是我国的宪法原则。尽最大可能保护公民的合法权益，乃是人权原则的基本要求和精神体现。但是对人权的保护范围和力度，要统筹考虑制度安排和条件限制，建立和平衡人权保护体系。明确而科学地划分行政诉讼范围，对于利用有限的司法资源，发挥最大的人权保护效果，无疑是有帮助的。

（二）确定行政诉讼范围应当考虑的因素

1. 公民（包括法人和其他组织）权利状态。这首先是指由法律体系所综合设定的公民权利内容和结构，其次还应当包含公民的权利意识和维权意识。公民的权利体系内容越广泛，公民的维权意识越强，行政诉讼的范围也应当相应扩大。

2. 行政机关的执法状态。行政诉讼体现了司法权对行政权的监督，这一监督自然与被监督者的执法状态有关。行政机关的执法状态，是指行政机关

依法行政的程度，以及行政官员们依法行政的意识。

3. 司法机关的监督状态。行政诉讼直接依靠国家的司法资源监督行政机关依法行政，并保护行政相对人的合法权益，为此就应当考虑司法机关的监督能力。

4. 国家权力救济体系。行政诉讼是我国权利救济制度之一，在设计这一制度的权利救济范围时，一定要综合考虑国家和社会整个权利救济体系的逻辑关系和相互平衡，包括调解、仲裁、复议、诉讼、信访的衔接。

（三）确定行政诉讼范围的两条主线

行政主体的行政行为范围和公民、法人及其他组织的合法权益范围，直接影响甚至决定了行政诉讼的范围。

1. 行政行为

行政行为系指由行政主体（行政机关和经法律法规规章授权的组织，如卫生行政部门授权的卫生监督部门），基于行政职权，针对行政相对人作出的对其权利义务产生直接或间接影响，受行政法规制，原则上纳入行政诉讼范围的公法行为。其特点有：行政行为由行政主体作出；行政行为是基于行政职权并实施行政职权的行为；行政行为是产生行政法律效果的行为；行政行为受行政法规制；行政行为受行政诉讼监督等。如案例一中的行政处罚，就是典型的行政行为。

除了行政行为，行政主体还会有其他行政活动，如国家行为、行政立法行为、行政指导行为、行政调解行为、行政采购行为、刑事侦查行为等，这些行政活动，目前在我国不纳入行政诉讼范围。

2. 合法权益

除了“行政行为”范围这条主线，决定行政诉讼范围的另一条主线是受行政诉讼法保护的公民、法人或者其他组织的“合法权益”范围。基于行政诉讼法的修改，我国行政诉讼范围由以前的“人身权、财产权”扩展到“人身权、财产权等合法权益”，主要包括以下类型：

（1）人身权利。指公民以人的生命和自由为核心，不具有直接财产内容的权利。人身权有狭义或广义之分。狭义的人身权仅为生命权和人身自由权；广义的人身权则包括人本权（生命权、健康权、人身自由权等），身份权（亲属权、监护权等），人格权（姓名权、名称权、肖像权等）。①

（2）财产权利。以财产利益的内容，直接体现财产利益的权利。财产利益可以金钱计算利益，一般具有可转让性。受到侵害时以财产方式予以救济。财产权利包括物权、债权以及知识产权中的财产权利。

（3）政治权利。公民从事和参与国家管理活动的资格和自由的总称，包括选举权、被选举权、担任国家公职的权利等。关于政治权利是否可诉，在我国尚有争议。

（4）经济权利。指从事和参与经济活动并获得收益的权利，包括生产、经营、销售、交换、消费等活动。它是由法律所确定的一种资格或许可。经济权包括生产、经营、交易的自由权和平等权等。

（5）社会权利。一般指公民依照法律规定作为社会基本成员，从社会获得基本生活条件和得到自身发展的权利。包括劳动与休息权、受教育权、社会保障权等。

（6）文化权利。指从事和参加科学研究、文化创作，以及在精神上、物质上享受人类文化成果的权利。

（四）行政诉讼法的具体规定

我国《行政诉讼法》对行政诉讼的受案范围进行了具体的规定。

1. 人民法院受理公民、法人或者其他组织提起的下列诉讼

对行政拘留、暂扣或者吊销许可证和执照、责令停产停业、没收违法所得、没收非法财物、罚款、警告等行政处罚不服的；对限制人身自由或者对财产的查封、扣押、冻结等行政强制措施和行政强制执行不服的；申请行政许可，行政机关拒绝或者在法定期限内不予答复，或者对行政机关作出的有关行政许可的其他决定不服的；对行政机关作出的关于确认土地、矿藏、水流、森林、山岭、草原、荒地、滩涂、海域等自然资源的所有权或者使用权的决定不服的；对征收、征用决定及其补偿决定不服的；申请行政机关履行保护人身权、财产权等合法权益的法定职责，行政机关拒绝履行或者不予答复的；认为行政机关侵犯其经营自主权或者农村土地承包经营权、农村土地经营权的；认为行政机关滥用行政权力排除或者限制竞争的；认为行政

① 胡建淼：《行政诉讼法学》，法律出版社2019年版，第86页。

机关违法集资、摊派费用或者违法要求履行其他义务的；认为行政机关没有依法支付抚恤金、最低生活保障待遇或者社会保险待遇的；认为行政机关不依法履行、未按照约定履行或者违法变更、解除政府特许经营协议、土地房屋征收补偿协议等协议的；认为行政机关侵犯其他人身权、财产权等合法权益的。

除上述规定外，人民法院受理法律、法规规定可以提起诉讼的其他行政案件。

2. 人民法院不受理公民、法人或者其他组织对下列事项提起的诉讼

国防、外交等国家行为；行政法规、规章或者行政机关制定、发布的具有普遍约束力的决定、命令；行政机关对行政机关工作人员的奖惩、任免等决定；法律规定由行政机关最终裁决的行政行为。

法律依据

《中华人民共和国执业医师法》

第十四条　医师经注册后，可以在医疗、预防、保健机构中按照注册的执业地点、执业类别、执业范围执业，从事相应的医疗、预防、保健业务。

未经医师注册取得执业证书，不得从事医师执业活动。

第十九条　申请个体行医的执业医师，须经注册后在医疗、预防、保健机构中执业满五年，并按照国家有关规定办理审批手续；未经批准，不得行医。

县级以上地方人民政府卫生行政部门对个体行医的医师，应当按照国务院卫生行政部门的规定，经常监督检查，凡发现有本法第十六条规定的情形的，应当及时注销注册，收回医师执业证书。

第三十九条　未经批准擅自开办医疗机构行医或者非医师行医的，由县级以上人民政府卫生行政部门予以取缔，没收其违法所得及其药品、器械，并处十万元以下的罚款；对医师吊销其执业证书；给患者造成损害的，依法承担赔偿责任；构成犯罪的，依法追究刑事责任。

《中华人民共和国刑法》

第三百三十六条　未取得医生执业资格的人非法行医，情节严重的，处

三年以下有期徒刑、拘役或者管制，并处或者单处罚金；严重损害就诊人身体健康的，处三年以上十年以下有期徒刑，并处罚金；造成就诊人死亡的，处十年以上有期徒刑，并处罚金。

未取得医生执业资格的人擅自为他人进行节育复通手术、假节育手术、终止妊娠手术或者摘取宫内节育器，情节严重的，处三年以下有期徒刑、拘役或者管制，并处或者单处罚金；严重损害就诊人身体健康的，处三年以上十年以下有期徒刑，并处罚金；造成就诊人死亡的，处十年以上有期徒刑，并处罚金。

《中华人民共和国行政处罚法》

第六十四条　听证应当依照以下程序组织：

（一）当事人要求听证的，应当在行政机关告知后五日内提出；

（二）行政机关应当在举行听证的七日前，通知当事人及有关人员听证的时间、地点；

（三）除涉及国家秘密、商业秘密或者个人隐私依法予以保密外，听证公开举行；

（四）听证由行政机关指定的非本案调查人员主持；当事人认为主持人与本案有直接利害关系的，有权申请回避；

（五）当事人可以亲自参加听证，也可以委托一至二人代理；

（六）当事人及其代理人无正当理由拒不出席听证或者未经许可中途退出听证的，视为放弃听证权利，行政机关终止听证；

（七）举行听证时，调查人员提出当事人违法的事实、证据和行政处罚建议，当事人进行申辩和质证；

（八）听证应当制作笔录。笔录应当交当事人或者其代理人核对无误后签字或者盖章。当事人或者其代理人拒绝签字或者盖章的，由听证主持人在笔录中注明。

《卫生行政处罚程序》

第三十条　卫生行政机关在作出的责令停产停业、吊销许可证或者较大数额罚款等行政处罚决定前，应当告知当事人有要求举行听证的权利。当事人要求听证的，卫生行政机关应当组织听证。听证由卫生行政机关内部法制机构或主管法制工作的综合机构负责。

对较大数额罚款的听证范围依照省、自治区、直辖市人大常委会或人民政府的具体规定执行。

国境卫生检疫机关对二万元以上数额的罚款实行听证。

《中华人民共和国行政诉讼法》

第十二条　人民法院受理公民、法人或者其他组织提起的下列诉讼：

（一）对行政拘留、暂扣或者吊销许可证和执照、责令停产停业、没收违法所得、没收非法财物、罚款、警告等行政处罚不服的；

（二）对限制人身自由或者对财产的查封、扣押、冻结等行政强制措施和行政强制执行不服的；

（三）申请行政许可，行政机关拒绝或者在法定期限内不予答复，或者对行政机关作出的有关行政许可的其他决定不服的；

（四）对行政机关作出的关于确认土地、矿藏、水流、森林、山岭、草原、荒地、滩涂、海域等自然资源的所有权或者使用权的决定不服的；

（五）对征收、征用决定及其补偿决定不服的；

（六）申请行政机关履行保护人身权、财产权等合法权益的法定职责，行政机关拒绝履行或者不予答复的；

（七）认为行政机关侵犯其经营自主权或者农村土地承包经营权、农村土地经营权的；

（八）认为行政机关滥用行政权力排除或者限制竞争的；

（九）认为行政机关违法集资、摊派费用或者违法要求履行其他义务的；

（十）认为行政机关没有依法支付抚恤金、最低生活保障待遇或者社会保险待遇的；

（十一）认为行政机关不依法履行、未按照约定履行或者违法变更、解除政府特许经营协议、土地房屋征收补偿协议等协议的；

（十二）认为行政机关侵犯其他人身权、财产权等合法权益的。

除前款规定外，人民法院受理法律、法规规定可以提起诉讼的其他行政案件。

第十三条　人民法院不受理公民、法人或者其他组织对下列事项提起的诉讼：

（一）国防、外交等国家行为；

（二）行政法规、规章或者行政机关制定、发布的具有普遍约束力的决定、命令；

（三）行政机关对行政机关工作人员的奖惩、任免等决定；

（四）法律规定由行政机关最终裁决的行政行为。

第十三章

使用未依法注册、无合格证明文件以及过期、失效、淘汰的医疗器械

本章概要

认定使用未依法注册、无合格证明文件以及过期、失效、淘汰的医疗器械，首先应知晓医疗器械的概念和范围，其次需理解该案由包括的“使用未依法注册、无合格证明文件”及“使用过期、失效、淘汰的医疗器械”的两类行为，并在此基础上知晓上述两类行为的法律责任，最后通过司法判例了解实务操作的认定，理解对于违法“使用”的认识，以及与违法“贮存”进行区分。

典型案例

案例一①

2018年1月，某市场监管局执法人员到某门诊部进行现场检查，从该门诊部二楼皮肤治疗室内发现9台美容仪器无任何中文标签标识，该门诊部现场未能提供相应的医疗器械注册证及医疗器械注册登记表等文件，执法人员将上述9台仪器进行查封（扣押）。经调查，执法人员认定上述9台仪器中的1台确定不属于医疗器械，1台为透明质酸注射器，3台暂无法确定为医疗器械。2018年3月14日，执法人员向该门诊部送达了行政处罚事先告知书及听证告知书，告知其拟处罚内容及其依法享有的陈述、申辩及听证权利，该门诊部在规定期限内未作陈述、申辩，未申请听证。2018年3月19日，某市场监管局作出涉案行政处罚决定并送达该门诊部，门诊部不服，向法院提起行政诉讼。

一审法院审理认为，本案争议焦点之一为市场监管局作出的涉案行政处罚决定适用法律是否正确、裁量是否适当。《医疗器械监督管理条例》第40条规定：“医疗器械经营企业、使用单位不得经营、使用未依法注册、无合格证明文件以及过期、失效、淘汰的医疗器械。”第66条规定：“有下列情形之一的，由县级以上人民政府食品药品监督管理部门责令改正，没收违法生产、经营或者使用的医疗器械；违法生产、经营或者使用的医疗器械货值金额不

① （2019）鲁11行终62号。

足1万元的，并处2万元以上5万元以下罚款；货值金额1万元以上的，并处货值金额5倍以上10倍以下罚款；情节严重的，责令停产停业，直至由原发证部门吊销医疗器械注册证、医疗器械生产许可证、医疗器械经营许可证：（一）生产、经营、使用不符合强制性标准或者不符合经注册或者备案的产品技术要求的医疗器械的；……（三）经营、使用无合格证明文件、过期、失效、淘汰的医疗器械，或者使用未依法注册的医疗器械的；……医疗器械经营企业、使用单位履行了本条例规定的进货查验等义务，有充分证据证明其不知道所经营、使用的医疗器械为前款第一项、第三项规定情形的医疗器械，并能如实说明其进货来源的，可以免予处罚，但应当依法没收其经营、使用的不符合法定要求的医疗器械。”某门诊部使用涉案医疗设备进行营利活动，但未能提供涉案医疗设备的合法证明文件，某市市场监管局针对某某门诊部的违法行为，适用上述法律规定作出涉案行政处罚决定，适用法律正确。

因此，一审法院判决驳回某某门诊部的诉讼请求。某某门诊部不服，上诉至二审法院。

二审法院审理认为：本案争议的焦点问题系涉案行政处罚决定认定事实是否清楚、适用法律是否正确。《医疗器械监督管理条例》第40条规定：“医疗器械经营企业、使用单位不得经营、使用未依法注册、无合格证明文件以及过期、失效、淘汰的医疗器械。”在某医疗门诊部不能提供相应的医疗器械注册证及医疗器械注册登记表等合格证明文件的情况下，某市市场监管局依法对涉案医疗设备进行了查封扣押，并依法作出涉案行政处罚决定，认定事实清楚，证据充分，适用法律准确。二审法院判决驳回上诉，维持原判。

案例二①

2018年6月，某县食品药品监督管理局执法人员对某村委卫生室进行现场检查时，在卫生室药房桌子最上边抽屉内发现一包一次性医用橡胶手套，生产日期为2016年5月9日，失效日期为2018年5月8日。该局随即对该包手套进行了扣押，制作并送达扣押决定书、扣押物品清单和责令改正通知书，同日立案，该局执法人员询问了某村委卫生室负责人，制作了现场检查笔录。同年7月4日，该局制作并送达了行政处罚事先告知书和听证告知书，次日

① （2019）豫17行终84号。

送达卫生室负责人。2018 年 7 月 11 日，某县食品药品监督管理局作出行政处罚决定书，认为该卫生室经营、使用过期的医疗器械，该行为违反了《医疗器械监督管理条例》第 40 条规定，根据原告违法行为的事实、性质、情节、社会危害程度和相关证据，参照《某省人民政府关于规范行政处罚裁量权的若干意见》，根据《医疗器械监督管理条例》第 66 条第 1 款第（3）项的规定，作出以下处罚：（1）没收过期医疗器械一次性医用橡胶手套一包；（2）处以罚款 2 万元。后某村委卫生室不服，提起行政复议。某县人民政府经审查，认为该县食品药品监督管理局作出的行政处罚决定事实清楚，程序合法，适用法律正确，遂作出行政复议决定维持该行政处罚决定书。某村委卫生室不服，提起诉讼。

一审法院认为，根据《医疗器械监督管理条例》第 40 条规定："医疗器械经营企业、使用单位不得经营、使用未依法注册、无合格证明文件以及过期、失效、淘汰的医疗器械。"查获的医用橡胶手套存放在卫生室抽屉内，某村委卫生室作为医疗机构，对医疗器械疏于管理，未将过期的医用橡胶手套销毁，足以认定其未履行医疗器械管理的相关义务。某村委卫生室主张该医用橡胶手套是患者自带，随手放在卫生室的，因仅有患者当庭前后矛盾的单一陈述，其不能提供完整的证据链条予以证明，且某村委卫生室在行政处罚程序中，不予陈述申辩，放弃听证权利，故该项主张，不予采信。综上，某县食品药品监督管理局认定某村委卫生室经营、使用过期的医疗器械，对其进行行政处罚，符合有关法律规定，认定事实清楚，程序合法，适用法律正确，处罚适当；某县人民政府作出的复议决定书事实清楚，程序合法，某村委卫生室请求撤销的主张，不予支持。一审法院作出行政判决：驳回某村委卫生室请求撤销行政处罚决定书和行政复议决定书的诉讼请求。

某村委卫生室不服一审判决，向二审法院上诉。二审法院驳回上诉，维持原判。

案例三①

2015 年 4 月 1 日，某市市场监督管理局在检查过程中发现某医院西药房基本药物区的药柜内摆放有已经失效的 8 袋一次性使用胃管和 1 袋一次性使

① （2016）苏 06 行终 701 号。

用输氧面罩。市场监督管理局认为，某医院的行为涉嫌经营、使用失效、过期的医疗器械，故予以立案调查。经审批后，市场监督管理局根据《医疗器械监督管理条例》第 54 条第 1 款第（3）项规定，对某医院的上述失效医疗器械予以扣押。2015 年 5 月 27 日，市场监督管理局向该医院送达行政处罚听证告知书，该医院未要求听证。2015 年 6 月 3 日，市场监督管理局作出行政处罚决定书，认定某医院涉嫌使用过期、失效医疗器械的行为违反了《医疗器械监督管理条例》第 40 条的规定，依据《医疗器械监督管理条例》第 66 条第（3）项的规定，责令某医院改正违法行为，并决定给予如下处罚：（1）没收过期、失效的胃管 8 根，一次性吸氧面罩 1 只；（2）罚款 2 万元。某医院不服该处罚决定，提起行政复议，行政复议决定书决定维持市场监督管理局作出的行政处罚决定。该医院不服，向一审法院提起行政诉讼，请求撤销市场监督管理局作出的行政处罚决定及市人民政府作出的行政复议决定。

一审法院认为，本案的争议焦点为：（1）被诉处罚决定事实认定是否清楚、定性是否恰当；（2）被诉处罚决定适用法律是否准确。

第一，关于被诉处罚决定事实认定是否清楚、定性是否恰当的问题。首先，根据《行政处罚法》第 30 条规定，公民、法人或者其他组织违反行政管理秩序的行为，依法应当给予行政处罚的，行政机关必须查明事实；违法事实不清的，不得给予行政处罚。根据该规定，行政机关作出行政处罚时所认定的事实应当是清楚，确定的。本案中，被诉处罚决定认定某医院“涉嫌使用过期、失效医疗器械”。所谓“涉嫌”，字面含义是指有跟某件事情发生牵连的嫌疑，即被怀疑有某种行为的可能性。市场监督管理局认定某医院涉嫌使用过期、失效医疗器械，也即认定某医院存在使用过期、失效医疗器械的可能性。市场监督管理局以不确定的事实作为行政处罚的前提，显然属于认定事实不清。其次，对于被诉处罚决定认定某医院在西药房基本药物区摆放过期、失效医疗器械的行为是否构成使用过期、失效的医疗器械。某医院认为，市场监督管理局没有证据证明其使用了过期、失效的医疗器械，药房存放过期、失效的医疗器械不属于使用行为，市场监督管理局认定涉案医疗器械随时可供患者使用，始终处于被患者使用的状态，属于认定事实不清。某市人民政府将医疗器械使用单位购进、检验及存放等行为认定为进入了使用环节，属于对《医疗器械监督管理条例》中“使用”一词的扩大解释，混淆了“使用”和“存放”行为的区别。市场监督管理局认为，涉案行政处罚决定认定事实部分表述的某医院“涉嫌使用过期、失效医疗器械”中的“涉嫌”二字属于瑕疵，应予删除。医疗器械的有效期管理覆盖医疗器械购进时、储存中、操作时等各个阶段，且《医疗器械使用质量监督管理办法》以及《医疗器械监督管理条例》第4章均规定，对医疗器械使用环节的管理包括采购、验收、贮存、使用、维修、转让的过程，故《医疗器械监督管理条例》第66条第（3）项所规定的“使用”应当理解为“使用环节”。因此，某医院将过期、失效的医疗器械与有效的医疗器械混放在西药房基本药物区的行为，应当认定为使用过期、失效的医疗器械行为。某市人民政府认为，《医疗器械监督管理条例》中的“使用”医疗器械并不局限于将医疗器械用于人体这一行为，而应包含医疗器械使用单位为了达到使用医疗器械为他人提供医疗服务的目的，围绕医疗器械进行的一系列使用活动，包括医疗器械购进、检验、作用于人体等多个步骤和行为。从医疗器械使用单位将其所购医疗器械入库后，就应当认定医疗器械进入了医疗器械使用单位的使用环节。某医院将过期、失效的医疗器械与有效的医疗器械混放，未作任何警示标志，且不能合理解释过期医疗器械为何与合格医疗器械混放，反映了其在医疗器械使用环节的严重管理不当，明显与《医疗器械监督管理条例》的立法宗旨不符，其行为构成使用过期、失效的医疗器械。对此，一审法院认为，《医疗器械监督管理条例》的立法目的是保证医疗器械的安全、有效，保障人体健康和生命安全。在我国境内从事医疗器械的研制、生产、经营、使用活动及其监督管理，均应当遵守该条例。同时，该条例也是各级食品药品监督管理部门对医疗器械行使监督管理职责的执法依据之一。该条例第4章对医疗器械经营与使用作了专门的规定，其中第29条至第31条是关于医疗器械经营许可方面的规定，第32条是对医疗器械经营企业、使用单位购进医疗器械等行为的相关规定，第33条、第34条对运输、贮存医疗器械进行了规定，第35条至第38条规定了医疗器械的消毒，定期检查、检验、保存购入第三类医疗器械的原始资料等内容。从上述规定可见，条例该部分内容对医疗器械的购进、运输、贮存、管理等均作了规定。同时，该条例第39条规定，食品药品监督管理部门和卫生计生主管部门依据各自职责，分别对使用环节的医疗器械质量和医疗器械使用行为进行监督管理。该条采用了“使用环节”和“使用行为”两个不同的表述，规定医疗器械所处不同阶段应当由不同的部门依据各自职责予以管理，这表明在该条例中医疗器械的“使用环节”与医疗器械的“使用行为”是两个不同的概念。此外，《医疗器械经营监督管理办法》第62条明确规定，医疗器械经营，是指以购销的方式提供医疗器械产品的行为，包括采购、验收、贮存、销售、运输、售后服务等。故在适用该办法时，贮存行为应当认定为经营行为，但《医疗器械监督管理条例》并未对“医疗器械使用”的含义作出类似规定，且也不能依据《医疗器械经营监督管理办法》中对“医疗器械经营”的规定得出“医疗器械使用”包含贮存医疗器械的行为。在“法无明文规定”，且《医疗器械监督管理条例》明确采用了“使用环节”与“使用行为”两种不同表述时，某市市场监督管理局、某市人民政府将《医疗器械监督管理条例》第66条第1款第（3）项经营、使用过期、失效的医疗器械中的“使用”理解为“使用环节”，缺乏依据。故某市市场监督管理局、某市人民政府将某医院在使用环节发生的医疗器械质量问题认定为医疗器械使用行为并认定行为违法，属于行为性质认定不当。

第二，关于被诉行政处罚决定适用法律是否准确的问题。因被诉行政处罚认定事实不清，行为性质认定不当，且将《医疗器械监督管理条例》第66条第1款第（3）项所规定的“使用”理解为“使用环节”，势必影响其适用法律的准确性。《医疗器械监督管理条例》第68条对使用环节的医疗器械质量作了具体的罚则，某医院在涉案医疗器械使用环节是否违反上述规定或者其他法律法规的相应规定，市场监督管理局应当依法作出相应的认定和处理，其适用《医疗器械监督管理条例》第66条第1款第（3）项规定，属于适用法律不当。

综上，一审法院认为，某市市场监督管理局作出的被诉处罚决定事实认定不清，行为定性不准，适用法律不当，依法应予撤销。某市人民政府作出的被诉复议决定的程序合法，但其内容系维持原行政行为，现因原行政行为应予撤销，故其复议决定也应一并撤销。至于被诉行政处罚决定被撤销后，对某医院的案涉行为是否应当予以处罚的问题，则应由相关职能部门在查清事实，准确认定行为性质的基础上，依照法律、法规、规章的规定，予以裁量处理。

某市市场监督管理局对一审判决不服，提起上诉。

二审法院认为，本案的争议焦点是被诉处罚决定认定某医院将超过使用期限的一次性医疗器械放置于该院西药房基本药物区的行为，属于《医疗器械监督管理条例》第66条第1款第（3）项规定的使用过期、失效医疗器械的定性是否准确。

《医疗器械监督管理条例》第66条第1款第（3）项规定，经营、使用无合格证明文件、过期、失效、淘汰的医疗器械，或者使用未依法注册的医疗器械的，由县级以上人民政府食品药品监督管理部门责令改正，没收违法生产、经营或者使用的医疗器械；违法生产、经营或者使用的医疗器械货值金额不足1万元的，并处2万元以上5万元以下罚款；货值金额1万元以上的，并处货值金额5倍以上10倍以下罚款；情节严重的，责令停产停业，直至由原发证部门吊销医疗器械注册证、医疗器械生产许可证、医疗器械经营许可证。本案中，某医院将超过使用期限的一次性医疗器械放置于该院西药房基本药物区的行为并不属于上述规定的使用行为。主要理由如下：

第一，关于对上述规定中“使用”的理解。《医疗器械监督管理条例》对于何为“使用”未作出明确解释，对医疗器械的购进、运输、贮存、管理的规定也散见于不同的条款。但从2016年2月1日起施行的根据《医疗器械监督管理条例》制定的《医疗器械使用质量监督管理办法》（以下简称《办法》）看，《办法》共分五章，分别为第一章总则，第二章采购、验收与贮存，第三章使用、维护与转让，第四章监督管理，第五章法律责任，第六章附则。其中第一章第2条明确规定，使用环节的医疗器械质量管理及其监督管理，应当遵守本法。以上表明，医疗器械的使用环节分为采购、验收、贮存、使用、维护、转让六种行为，使用仅是医疗器械使用环节中与采购、贮存等行为并列的行为之一。虽然《办法》生效时间晚于被诉处罚决定作出的时间，但这并不妨碍我们根据《办法》的规定来厘清《医疗器械监督管理条例》中所规定的“使用环节”和“使用行为”并非同一含义。而且，在相关法律未对法律用语的含义作出明确规定的情况下，对法律用语的理解一般应遵从其字面解释。从使用的字面含义看，使用是指使人或器物等为某种目的服务，如使用干部、使用工具等，具有一定的动态意义。上诉人认为其对医疗器械有效期的督管覆盖医疗器械的整个使用环节，并据此认为“使用环节”即为“使用行为”的主张显属对《医疗器械监督管理条例》中“使用”一词的扩大解释。这一解释不仅与《办法》的规定存在冲突，也使得《医疗器械监督管理条例》中规定的“使用”一词脱离了其字面含义，使得法律用语失去其应有的确定性和普遍适用性，有违法律解释的基本原则。因此，《医疗器械监督管理条例》第66条第1款第（3）项规定的使用，应是指行为主体利用医疗器械所具备的功能，使医疗器械服务于具体诊疗活动当中的行为。

第二，本案中，某医院的行为并不构成使用过期、失效的医疗器械。首先，涉案医疗器械与普通药品不同，必须经由医护人员根据诊疗服务的需要，从存放医疗器械的药房领取后，再由医护人员运用到具体的诊疗活动中，不存在病患个体凭医药处方领取自用的可能。涉案医疗器械尚处存放于药房的待用状态，并未进入具体的诊疗环节，并未实施具有一定动态意义的“用”的行为。其次，被诉处罚决定认定某医院使用过期、失效的医疗器械缺乏基本的违法事实构成要件。违法事实应当有违法行为实施主体和具体违法行为两个基本构成要件。具体到本案，使用过期、失效医疗器械行为应当有具体的领用或使用医疗器械的医护人员，并且实施了将医疗器械运用到诊疗活动的行为。某医院将超过使用期限的一次性医疗器械放置于该院西药房基本药物区的行为不具备使用过期、失效医疗器械行为的构成要件。

综上，被诉行政处罚决定认定某医院的案涉行为系使用过期、失效医疗器械属认定事实不清、定性不当、适用法律错误。故判决驳回上诉，维持原判决。

知识要点

1. 如何理解“医疗器械”的概念。

2. 如何理解“不得使用未依法注册、无合格证明文件以及过期、失效、淘汰的医疗器械”。

3. 使用未依法注册、无合格证明文件以及过期、失效、淘汰的医疗器械的法律责任。

4. 对违法“使用”医疗器械的相关讨论。

案例解析

一、如何理解“医疗器械”的概念

《医疗器械监督管理条例》第103条对“医疗器械”进行了定义。“医疗器械，是指直接或者间接用于人体的仪器、设备、器具、体外诊断试剂及校准物、材料以及其他类似或者相关的物品，包括所需要的计算机软件；其效用主要通过物理等方式获得，不是通过药理学、免疫学或者代谢的方式获得，或者虽然有这些方式参与但是只起辅助作用；其目的是：（一）疾病的诊断、预防、监护、治疗或者缓解；（二）损伤的诊断、监护、治疗、缓解或者功能补偿；（三）生理结构或者生理过程的检验、替代、调节或者支持；（四）生命的支持或者维持；（五）妊娠控制；（六）通过对来自人体的样本进行检查，为医疗或者诊断目的提供信息。”

对医疗器械概念的理解非常重要，涉及案件的具体定性、法律适用等。但由于社会生活的复杂性，我们面对的物品丰富多样，其设计原理、产品结构、使用效能各种各样，如何界定其是否属于医疗器械，不是一件容易的事情，特别是在新技术、新产品层出不穷的背景下，更增加了理解“医疗器械”概念的复杂性。

判断一个产品是否属于医疗器械，遵循的基本原则是，首先查看有无已经审评的同类产品；如果没有同类产品，按照医疗器械概念进行分析。判断的依据主要为产品名称、预期用途描述、产品性能及技术要求等。

“医疗器械”概念的构成要素，主要依据法律规定进行分析。一是其作用对象，系直接或间接作用于人体。二是其发挥效能的方式，系通过物理等方式发挥作用，不是通过药理学、免疫学或者代谢的方式获得，或者虽然有这些方式参与但是只起辅助作用。三是其目的主要围绕诊疗活动展开，包括疾病的诊断、预防、监护、治疗或者缓解；损伤的诊断、监护、治疗、缓解或者功能补偿；生理结构或者生理过程的检验、替代、调节或者支持；生命的支持或者维持；妊娠控制；通过对来自人体的样本进行检查，为医疗或者诊断目的提供信息。医疗器械的外在表现形式多种多样，有仪器、设备、器具、体外诊断试剂及校准物、材料以及其他类似或者相关的物品，包括所需要的计算机软件。案例中的注射器、胃管、输氧面罩以及一次性医用橡胶手套均是符合上述医疗器械概念的构成要素。

二、如何理解“不得使用未依法注册、无合格证明文件以及过期、失效、淘汰的医疗器械”

该案由包含两类违法行为。

其一是“使用未依法注册、无合格证明文件的医疗器械”。根据《医疗器械监督管理条例》第6条的规定，医疗器械按照风险程度分为三类：第一类是风险程度低，实行常规管理可以保证其安全、有效的医疗器械；第二类是具有中度风险，需要严格控制管理以保证其安全、有效的医疗器械；第三类是具有较高风险，需要采取特别措施严格控制管理以保证其安全、有效的医疗器械。第一类医疗器械实行产品备案管理，第二类由省一级食品药品监管部门实施产品注册管理，第三类由国家食品药品监管部门实施产品注册管理。食品药品监督管理部门对符合安全、有效要求的，准予注册并发给医疗器械注册证。只有取得医疗器械注册证的医疗器械才能够生产、经营，医疗机构在购进医疗器械时，也应当查验供货者的资质和医疗器械的合格证明文件，建立进货查验记录制度，确保使用的是经过依法注册、有合格证明文件的医疗器械，这是法律法规的强制性规定。

如案例一中，在医疗机构无法提供相应的医疗器械注册证及医疗器械注册登记表等合格证明文件的情况下，很可能被认定为使用未依法注册、无合格证明文件的医疗器械，因为医疗机构负有“查验供货者的资质和医疗器械的合格证明文件”（《医疗器械监督管理条例》第45条）的义务，从而受到行政处罚。

其二是“使用过期、失效、淘汰的医疗器械”。根据《医疗器械监督管理条例》的规定，除未依法注册、无合格证明文件的医疗器械外，医疗机构也不能使用过期、失效、淘汰的医疗器械，否则也会受到行政处罚。

如案例二中，医疗机构使用的医用橡胶手套超过使用期限，即其使用了过期的医疗器械，在有负责人签字的现场检查笔录、物证等证据材料的支持下，被认定为违法行为，予以行政处罚。另外，“医疗器械使用单位对需要定期检查、检验、校准、保养、维护的医疗器械，应当按照产品说明书的要求进行检查、检验、校准、保养、维护并予以记录，及时进行分析、评估，确保医疗器械处于良好状态，保障使用质量”（《医疗器械监督管理条例》第50

条)，医用橡胶手套的产品说明书载明了使用期限，医疗机构负有按要求定期检查的义务。

三、使用未依法注册、无合格证明文件以及过期、失效、淘汰的医疗器械的法律责任

医疗器械的安全有效直接关系人体健康和生命安全，如果医疗器械经营单位、使用单位使用未依法注册、无合格证明文件以及过期、失效、淘汰的医疗器械，会造成医疗器械的管理混乱，无疑会增加医疗风险，对就诊患者的身体健康和生命安全造成严重的隐患。

如果医疗器械的经营单位、使用单位被行政机关认定使用未依法注册、无合格证明文件以及过期、失效、淘汰的医疗器械，那么将会由县级以上人民政府食品药品监督管理部门责令改正，没收违法生产、经营或者使用的医疗器械；违法生产、经营或者使用的医疗器械货值金额不足 1 万元的，并处 2 万元以上 5 万元以下罚款；货值金额 1 万元以上的，并处货值金额 5 倍以上 10 倍以下罚款；情节严重的，责令停产停业，直至由原发证部门吊销医疗器械注册证、医疗器械生产许可证、医疗器械经营许可证。

其中，医疗器械使用单位是指使用医疗器械为他人提供医疗等技术服务的机构，包括取得医疗机构执业许可证的医疗机构，取得计划生育技术服务机构执业许可证的计划生育技术服务机构，以及依法不需要取得医疗机构执业许可证的血站、单采血浆站、康复辅助器具适配机构等。

四、对违法“使用”医疗器械的相关讨论

（一）违法“贮存”不等于违法“使用”

本章案例三中，行政机关认定的违法事实是违法贮存，针对违法贮存能否适用《医疗器械监督管理条例》的规定对其进行行政处罚，即把违法“贮存”扩大解释为违法“使用”，首先需要对违法“使用”的内涵进行探明。

安定性和确定性是法律的首要特征，对法律规定，首先要理解其核心、通常含义，只有法律适用明显不正义或者存在漏洞时，才可能去考虑超越规则的核心意思进行目的性扩张。行政机关执法时应遵守对法律规定通常含义的理解。《医疗器械监督管理条例》“使用医疗器械”的语义是非常清楚的，核心意思就是使医疗器械发挥其应有的作用。对此，行政机关并不存在扩大解释和自由裁量的空间。行政机关只要严格遵守“使用”的通常文义，就能

够顺利执法。反之，如认定购入医疗器械后存放于药房就是使用医疗器械，则明显超出了“使用”的语义范围，也不具有社会普遍可接受性。法律本来是让社会公众了解和掌握的，如果法律语言经过行政机关的解释后失去了本来的意义，法律规定就会丧失其确定性和普遍适用性。

（二）如有充分证据证明违法“贮存”与使用高度关联的，则可认定为违法“使用”

医疗器械的使用，往往关涉人的生命安全，从权利的位阶来看，生命健康权要高于其他财产性权利。如违法“贮存”将导致违法“使用”，进而危害人的生命健康的，则可以考虑对违法“使用”进行目的性扩张，认定违法“贮存”涵摄于违法“使用”，以体现《医疗器械监督管理条例》“保证医疗器械的安全、有效，保障人体健康和生命安全”的立法目的。

具体来说，如行政机关有证据证明行为人违法“贮存”医疗器械就是为了之后违法“使用”，或者违法“使用”概率极大，由于“贮存”和“使用”之间有着较之通常情况下更为紧密的联系，可以将违法“贮存”也认定为违法“使用”。鉴于该认定对法律的适用超出了概念的通常语义射程，而行政处罚又属于负担行政，行政机关应负有更强的说明理由义务。其举证证明的标准也要从高度可能性标准上升到排除合理怀疑标准。本案是在药房而非手术室等“贮存”与“使用”联系更为紧密的空间存放医疗器械，所放置器械的数量也十分有限，不足以得出违法“使用”的结论。由于《医疗器械监督管理条例》并未对违法“贮存”规定相应的法律后果，行政机关基于对法律构成要件事实认识的错误，适用了违法“使用”的罚责，构成适用法律错误。

在具体实践过程中，执法机关可以对科室领用医疗器械记录情况、科室使用情况以及定期检查记录等相关制度执行情况等进行调查取证，再通过走访操作人员和有关病患者了解的情况，形成证明医疗机构违法“贮存”与“使用”过期医疗器械的高度关联的证据链条，再对医疗机构是否构成违法“使用”医疗器械进行认定，确定是单纯的违法“贮存”，还是应当以违法“使用”论处。

法律依据

《医疗器械监督管理条例》

第十三条　第一类医疗器械实行产品备案管理，第二类、第三类医疗器械实行产品注册管理。

医疗器械注册人、备案人应当加强医疗器械全生命周期质量管理，对研制、生产、经营、使用全过程中医疗器械的安全性、有效性依法承担责任。

第五十五条　医疗器械经营企业、使用单位不得经营、使用未依法注册或者备案、无合格证明文件以及过期、失效、淘汰的医疗器械。

第八十六条　有下列情形之一的，由负责药品监督管理的部门责令改正，没收违法生产经营使用的医疗器械；违法生产经营使用的医疗器械货值金额不足1万元的，并处2万元以上5万元以下罚款；货值金额1万元以上的，并处货值金额5倍以上20倍以下罚款；情节严重的，责令停产停业，直至由原发证部门吊销医疗器械注册证、医疗器械生产许可证、医疗器械经营许可证，对违法单位的法定代表人、主要负责人、直接负责的主管人员和其他责任人员，没收违法行为发生期间自本单位所获收入，并处所获收入30%以上3倍以下罚款，10年内禁止其从事医疗器械生产经营活动：

（一）生产、经营、使用不符合强制性标准或者不符合经注册或者备案的产品技术要求的医疗器械；

（二）未按照经注册或者备案的产品技术要求组织生产，或者未依照本条例规定建立质量管理体系并保持有效运行，影响产品安全、有效；

（三）经营、使用无合格证明文件、过期、失效、淘汰的医疗器械，或者使用未依法注册的医疗器械；

（四）在负责药品监督管理的部门责令召回后仍拒不召回，或者在负责药品监督管理的部门责令停止或者暂停生产、进口、经营后，仍拒不停止生产、进口、经营医疗器械；

（五）委托不具备本条例规定条件的企业生产医疗器械，或者未对受托生产企业的生产行为进行管理；

（六）进口过期、失效、淘汰等已使用过的医疗器械。

《中华人民共和国行政处罚法》

第五十七条　调查终结，行政机关负责人应当对调查结果进行审查，根据不同情况，分别作出如下决定：

（一）确有应受行政处罚的违法行为的，根据情节轻重及具体情况，作出行政处罚决定；

（二）违法行为轻微，依法可以不予行政处罚的，不予行政处罚；

（三）违法事实不能成立的，不予行政处罚；

（四）违法行为涉嫌犯罪的，移送司法机关。

对情节复杂或者重大违法行为给予行政处罚，行政机关负责人应当集体讨论决定。

第十四章

聘用外国医师、台湾（港澳）医师从事诊疗活动

本章概要

外国医师来华短期行医必须经过行政许可，取得《外国医师短期行医许可证》；台湾医师、港澳医师在大陆短期行医也应当经过行政许可，取得《台湾医师短期行医执业证书》或者《港澳医师短期行医执业证书》。本章通过对外国医师、港澳台医师在中国大陆短期行医的申请条件、执业年限、无证行医的法律责任等进行比较说明，并对行医过程中可能产生的法律问题结合司法判例予以讨论分析，从而帮助医疗机构规范外国医师、港澳台医师在中国大陆行医的行为，维护正常医疗秩序，保障医患双方合法权益。

典型案例

案例一①

因听闻台湾地区医生吕某某治疗技术高超，每月有几天在某美容医院治疗。沈某某遂于2015年6月20日在该美容医院接受了吕某某做的脸部皮肤往上提升的超声刀治疗，并支付了治疗费77540元。后沈某某得知根据《台湾地区医师在大陆短期行医管理规定》，台湾医生在北京短期行医应当在当地有关部门登记注册、取得行医证书，否则不合法。沈某某要求某美容医院出示吕某某医生的执业证书，某美容医院称吕某某只有在长沙的行医证书，北京地区的还在办理中。沈某某认为吕某某在北京行医应当取得北京的执业证书，在没有取得北京短期行医证书的情况下吕某某就在北京的某美容医院行医不合法，因此沈某某向北京市朝阳区人民法院提起诉讼，要求：(1) 确认原告与某美容医院之间的医疗服务合同无效；(2) 某美容医院返还所支付的治疗费77540元。

被告某美容医院辩称：台湾籍医生吕某某具备相应资质，以会诊的形式在我院给沈某某进行治疗，给沈某某治疗时，吕某某并未在北京取得《台湾医师短期行医执业证书》，但相关法律只要求台湾籍医生在大陆进行注册，对在行医地区进行注册的相关规定只是行政管理的规定，我方和会诊医院均按

① (2015) 朝民初字第43009号。

照医师外出会诊管理暂行规定履行了会诊手续，不存在没有资质或者未注册行医以及违反法律强制性规定的情形，也不存在医疗服务合同无效的情形，故医疗服务合同应认定有效，我方不同意返还医疗费用，请求法院驳回原告诉讼请求。

法院认为：2015年6月20日，原告沈某某因皮肤松弛到被告某美容医院就诊，台湾籍医生吕某某在北京的某美容医院为原告沈某某实施了检查和治疗，原告沈某某当时已接受并支付了相应费用，原被告双方的医疗服务合同成立。依据卫生部于2009年1月4日发布，2009年3月1日起施行的《台湾地区医师在大陆短期行医管理规定》，台湾医师在大陆短期行医应当进行执业注册，取得《台湾医师短期行医执业证书》，在执业有效期内按照注册的执业地点、执业类别、执业范围从事相应的诊疗活动。台湾医师未按照注册的执业地点、执业类别、执业范围从事诊疗活动的，由县级以上人民政府卫生行政部门责令改正，并给予警告。本案中，吕某某在长沙进行执业注册并取得《台湾医师短期行医执业证书》，其在未在北京进行执业注册的情况下在北京行医的行为属违反卫生部发布的部门规章的情形，不属于《合同法》第五十二条第五款规定的“违反法律、行政法规的强制性规定”的情形，亦不属于《合同法》第五十二条规定的合同无效的其余四种法定情形。故本院对原告提出确认其与被告2015年6月20日的医疗服务合同无效的诉讼请求不予支持。

关于原告沈某某请求退还医疗费77540元的诉讼请求，因该诉讼请求系在医疗服务合同无效的前提下提出，现医疗服务合同不能认定为无效，故该诉讼请求缺乏法律依据，加之，沈某某称被告某美容医院并未给其造成损害后果，但没有达到改善病情的效果。沈某某虽称病情没有改善，但未提交证据予以证明。故原告沈某某的此项诉讼请求，本院不予支持。综上，判决驳回原告全部诉讼请求。

案例二①

章某甲系患者朱某的丈夫、章某乙系朱某之子、金某某系朱某的母亲。2011年5月17日，朱某因“下腹痛七小时余”被南京某医院有限公司（以下简称某医院）收治入院。5月18日，该院为朱某在全麻下行卵巢癌分期手

① （2018）苏01民终2512号。

术＋大网膜切除术。5月30日患者出院。后朱某又分别于6月16日、7月7日、7月28日、8月18日、9月8日、12月5日等多次入住某医院，该院多次为其治疗。2012年1月17日，朱某从江苏省肿瘤医院再次转入某医院，并于2012年2月4日经治无效死亡。对此，章某甲、章某乙、金某某（以下统称患方家属）就与某医院医疗损害责任纠纷一案向南京市某区人民法院提起诉讼。

经法院委托，江苏省医学会对“某医院对朱某的医疗行为是否存在违反医疗卫生管理法律、行政法规、部门规章和诊疗护理规范、常规的过错；某医院如有过错，过错行为与患者的人身损害后果之间是否存在因果关系，其原因力大小”进行鉴定，于2013年8月13日出具医疗损害鉴定书，在鉴定书中的分析说明里认为医方在诊疗行为中存在以下过错：化疗方式选择不当、化疗药物剂量不足、随访不到位、输液泵的使用方法不妥。专家意见为：医方诊疗行为中的过错与患者的损害后果之间存在一定的因果关系，其原因力大小为同等因素。

2014年12月26日，南京市卫生局对某医院出具行政处罚决定书，认为某医院存在“使用林某某在2011年11月1日至2012年7月31日期间未取得《台湾医师短期行医执业证书》而从事诊疗活动”，违反了《台湾地区医师在大陆短期行医管理规定》第3条第1款“台湾医师在大陆短期行医应当按照本规定进行执业注册，取得《台湾医师短期行医执业证书》”的规定，依据《台湾地区医师在大陆短期行医管理规定》第17条、《医疗机构管理条例》第48条的规定，决定处以罚款人民币3000元行政处罚。

2015年3月17日，南京市卫生局对林某某出具行政处罚决定书，认为其“在2011年11月1日至2012年7月31日期间未取得《台湾医师短期行医执业证书》而从事诊疗活动”，违反了《台湾地区医师在大陆短期行医管理规定》第3条第1款“台湾医师在大陆短期行医应当按照本规定进行执业注册，取得《台湾医师短期行医执业证书》”的规定，依据《台湾地区医师在大陆短期行医管理规定》第18条“台湾医师未取得《台湾医师短期行医执业证书》行医或者未按照注册的有效期从事诊疗活动的，按照《执业医师法》第三十九条规定处理”以及《执业医师法》第39条“未经批准擅自开办医疗机构行医或者非医师行医的，由县级以上人民政府卫生行政部门予以取缔，没收其违法所得及其药品、器械，并处十万元以下的罚款；对医师吊销其执业证书；给患者造成损害的，依法承担赔偿责任；构成犯罪的，依法追究刑事责任”的规定，决定给予林某某没收2011年11月至2012年7月在某医院担任妇产科主任期间的非法所得人民币315000元、罚款人民币19000元、吊销《台湾医师短期行医执业证书》的行政处罚。

一审法院认为，关于林某某是否为非法行医的问题认为，某医院为朱某诊治的主治医生林某某为台湾在大陆短期行医的医生，为台湾妇产科专科医师，其执业证书的有效期限自1999年11月1日至2017年10月31日。依据《台湾地区医师在大陆短期行医管理规定》第3条第1款“台湾医师在大陆短期行医应当按照本规定进行执业注册，取得《台湾医师短期执业证书》”，林某某在2010年7月5日至2011年10月31日间持有《台湾医师短期执业证书》。虽然林某某为朱某治疗时有部分时间未取得《台湾医师短期执业证书》，但不能因此而否认其执业能力，其未及时办理《台湾医师短期执业证书》延期的瑕疵与因诊疗行为而产生的损害后果之间并无因果关系。某医院未能及时帮助林某某办理相关手续，南京市卫生局已对某医院、林某某做了相应的行政处罚，故一审法院对于原告方认为某医院主治医生林某某在为朱某诊治时为“非法行医”并要求其承担全部赔偿责任的主张不予采纳。一审法院判决某医院按照50%的比例赔偿原告各项损失785417元。

患方家属不服，向南京市中级人民法院提起上诉。

针对医师林某某违反行政管理被卫生主管部门行政处罚，患方家属上诉请求二审法院按照非法行医要求某医院承担全部赔偿责任。理由是，患者主治医师台湾医师林某某在2011年11月1日至2012年7月31日期间未取得《台湾医师短期行医职业证书》，且林某某在台湾地区的第一份《妇产科专科医师证书》的有效期到2011年10月31日，第二份证书系2012年3月8日补发。行政审批不具有溯及力，审批之前的空档期应认定为不具有台湾地区妇产科医师资质。根据《台湾地区医师大陆短期行医管理规定》，台湾医师未取得大陆短期行医执业证书等同于大陆医师未取得医师执业证书，均属于非法行医。一审判决将承担责任的过错范围仅限在执业能力，亦即实质的医疗行为，但是《侵权责任法》中有关医疗损害的过错并未局限于实质的医疗行为，还包括其他违法行为。综上，林某某在患者病程后半期的执业活动属于非法行医，应承担全部赔偿责任。

某医院对患方家属认为应当由某医院承担全部责任的上诉意见不予认可。理由是：（1）《医疗事故处理条例》第 61 条规定的情形并非医院承担全部责任，而本案也不是根据该条例所规定的流程进行处理，并未违反《医疗事故处理条例》，也不属于《侵权责任法》规定的推定医院承担全部责任的情形。（2）林某某为患者诊疗时虽有部分时间未取得台湾医师短期行医证书，但是林某某本人具备医师资格，且在为患者诊断治疗的大部分时间里是具有行医证书的，并及时补办了相关手续。从江苏省卫生厅出具的证明看，补办手续后林某某的短期行医证有效时间连续，并不存在患方所说的无证行医情况。（3）刑法所规定的无证行医，与行政法、民法处理办法并不能等同。本案中，林某某未及时办理短期执业证书的瑕疵，与诊疗行为以及患者的损害后果之间并没有因果关系。故不认可患方关于林某某非法行医，且要求医院承担全部责任的主张。

二审法院经审理，对一审法院认定的事实予以确认。另查明，江苏省卫生厅于 2010 年 7 月 28 日审批了林某某的《台湾医师短期执业证书》，有效期为 2010 年 7 月 5 日至 2011 年 10 月 31 日；于 2012 年 8 月 1 日补审批了林某某的《台湾医师短期执业证书》，有效期为 2011 年 11 月 1 日至 2014 年 10 月 31 日。

关于上诉人患方家属提出的，主治医生林某某在为患者朱某治疗的大部分时间内无有效的《台湾医师短期执业证书》，属于非法行医，某医院对于患者朱某的损害后果应承担全部责任的上诉意见，二审法院认为，主治医生林某某在患者朱某 2011 年 12 月 5 日肿瘤复发入住某医院治疗期间未取得《台湾医师短期执业证书》，但不能因此否认其执业能力，且江苏省卫生厅已于 2012 年 8 月 1 日补审批了林某某的《台湾医师短期执业证书》，某医院未及时办理《台湾医师短期执业证书》延期的瑕疵与患者因诊疗行为产生的损害后果之间并无因果关系，林某某、某医院也因此受到了南京市卫生局的行政处罚，上诉人认为某医院应当对损害后果承担全部赔偿责任的上诉意见依据不足，本院不予采信。

综上所述，二审法院驳回上诉，维持原判。

案例三[①]

根据患者周某举报，上海市某区卫生局就上海市某医院（以下简称某医院）在2004年4月22日至2005年7月30日间为患者周某进行诊疗的汪某益等28人的行医资质及诊疗行为进行再次调查，于2011年11月23日对周某作出答复，认定：（1）张某富、祁某罡、朱某辉、牛某燕、庄某伟、郑某华、高某峰、李某凤等8名人员行医资质完全符合法定要求。（2）洪某、汪某益、丁某、邬某宇、王某华、丁某燕、卢某、翁某国、管某等9名人员存在不规范执业行为，但非法行医证据不足、事实不清。根据《行政处罚法》第30条的规定，违法事实不清的，不得给予行政处罚。（3）刘某、陈某、张某、宋某良、洪某坚、姜某瑛、陈某燕、忻某峰等8名人员违法行为在二年内未被发现，根据《行政处罚法》第29条“违法行为在二年内未被发现的，不再给予行政处罚”的规定，卫生行政部门不能对上述违法行为进行行政处罚。（4）孙某、李某传、崔某等3名人员违法行为在二年内发现，依据《医疗机构管理条例》第48条的规定，对某医院处以人民币（以下币种均为人民币）5000元罚款的行政处罚。

周某不服上述答复，提起行政诉讼。

原告周某诉称：被告的答复无视法律规定，对某医院显而易见的违法情形依旧在实体上未依原告申请作为。被告作出的答复明显证据不足且适用法律法规错误，涉嫌渎职侵权，严重损害原告权益。故，原告起诉至法院要求：（1）判决撤销被告于2011年11月23日作出的对某医院及相关人员的行医资质方面的答复；（2）判令被告依法在实体上履行法定职责，将结果书面答复原告。

被告某区卫生局辩称：不同意原告的诉讼请求。被告对原告的举报事项认真调查，对原告作出明确答复，且告诉原告已经对某医院进行处罚，故被告依法履行了法定职责，做出了合法的处理。请求法院驳回原告的诉讼请求。

经审理，法院确认以下事实：周某之子，2004年4月22日因扩张性心肌病、心功能IV级进入某医院治疗。某医院先后为周某实施了BERLIN HEART LVAD辅助装置植入术、冠脉内骨髓干细胞移植术和原位心脏移植术。2005

---

① （2012）浦行初字第87号。

年 7 月 30 日，周某之子在某医院死亡。

原告周某于 2009 年 3 月 29 日以书面的形式，向被告邮寄《申请某区社发局履行法定职责》的申请函，申请内容为：（1）申请对某医院汪某益等 28 人的非法行医行为，依照《执业医师法》规定，根据调查结果，对其违法责任给予认定；（2）申请根据调查结果，对上述人员给予行政处罚，有构成犯罪的，依法移送司法机关追究刑事责任；（3）申请对某医院使用 28 位非卫生技术人员从事医疗卫生技术工作的非法行医行为，依照《医疗机构管理条例》及实施细则规定，根据调查结果，对违法责任给予认定，并作出行政处罚决定；（4）申请将违法责任认定结果、行政处罚和移送决定，所依据事实、理由和证据，书面明确答复申请人。

被告在 2009 年 3 月 30 日收到原告申请后，于同年 3 月 31 日受理，根据原告的申请内容，于同年 4 月 6 日立案。被告在对某医院进行现场检查，并对某医院医务部工作人员李某进行询问了解情况后，于 2009 年 7 月 7 日以其办公室的名义作出答复，告知原告：其反映的某医院使用汪某益等 28 位非卫生技术人员从事医疗卫生技术工作的行为，自发生之日起 2 年内未被发现，故不予处理。原告对上述答复不服，向本院提起诉讼。本院于 2011 年 5 月 26 日作出（2009）浦行初字第 284 号行政判决书，判决撤销被告作出的上述答复，并应于判决生效之日起三个月内重新作出具体行政行为。被告不服该判决，向上海市第一中级人民法院提起上诉，后申请撤回上诉，该院于 2011 年 8 月 23 日作出（2011）沪一中行终字第 183 号行政裁定书，裁定准许撤回上诉。被告于 2011 年 8 月 25 日签收上述行政裁定书。

被告根据（2009）浦行初字第 284 号生效判决，对原告要求履行法定职责的申请再次调查取证，于 2011 年 11 月 21 日作出浦第 2220110702 号行政处罚决定书，对某医院罚款 5000 元，于 2011 年 11 月 23 日作出被诉答复并送达原告。原告不服该答复，遂于 2012 年 2 月 20 日来院起诉，要求撤销被告 2011 年 11 月 23 日对原告作出的答复并判令被告依法在实体上履行法定职责，将结果书面答复原告。

另查明，原告要求履行法定职责涉及王某华、孙某、崔某、李某传、管某、张某、汪某益、丁某、邬某宇、洪某、张某富、祁某罡、庄某伟、宋某良、姜某瑛、郑某华、陈某燕、刘某、陈某、高某峰、洪某坚、李某某（曾用名为李某凤)、忻某峰、丁某燕、朱某辉、卢某、牛某燕、翁某国等28名人员。该28名人员的名字均出现在患者周某于2004年4月22日至2005年7月30日间在某医院就诊过程中的相关医疗文书中。其中，张某富、祁某罡、朱某辉、牛某燕在开展诊疗活动时均已取得医师资格证书及医师执业证书；庄某伟在开展诊疗活动时取得医师资格证书，尚未取得医师执业证书，但其是在有资质的张某富医师的带教下从事诊疗活动，未独立签名；郑某华、高某峰、李某某等3人均是检查技师，出具检查报告时均已取得技师资格证书，检查报告实际由医师出具，技师是检查者，由于某医院检查报告系统软件设置问题，将检查者或检查技师设置为检查医师；洪某、汪某益、丁某、邬某宇等4人均是在某医院实习的在校学生，是在有资质的带教老师带教下从事诊疗活动，由于带教老师工作繁忙等原因未及时在这4人书写的医疗文书上签名；王某华在施行麻醉手术时已取得医师资格证书、医师执业证书，但未办理执业地点变更手续，与其同时参与麻醉手术的还有符合法定资质的高某群医师；丁某燕具有护士资格及执业资格，2005年7月14日开具的医嘱是忻某峰医师以其名字登录系统，非其本人开具医嘱；卢某具有技师资格，其被列为“开嘱医师”系护士当时为记账需要而用其名字登录系统造成；翁某国是德籍心脏外科医师，其参与了周某手术的台下指导，未直接参与手术，其间未取得《外国医师短期行医许可证》；管某参与2005年7月14日周某的术前讨论，当时其已取得医师资格证书及医师执业证书，但尚未办妥执业地点变更手续；刘某、陈某、张某、宋某良、洪某坚、孙某、李某传、崔某等8人在从事诊疗活动时已取得医师资格证书及医师执业证书，但均未办妥医师执业证书执业地点的变更手续，刘某于2005年7月20日办妥变更手续，陈某于2005年11月25日办妥变更手续，张某于2005年5月9日办妥变更手续，宋某良于2005年7月12日办妥变更手续，洪某坚于2005年1月17日办妥变更手续，孙某于2006年7月5日办妥变更手续，李某传于2007年5月14日办妥变更手续，崔某于2006年6月20日办妥变更手续；陈某燕、忻某峰从事诊疗活动时取得医师资格证书，但尚未取得医师执业证书，陈某燕于2004年7月27日取得医师执业证书，忻某峰于2004年6月30日取得医师执业证书；姜某瑛护士于2004年4月22日出具心电图报告。

法院认为，根据《执业医师法》第4条、《医疗机构管理条例》第5条、沪浦编［2009］65号《关于同意上海市某区卫生局主要职责内设机构和人员编制规定的批复》的规定，被告作为该区的卫生行政部门，具有负责本行政区域内管理医师工作以及医疗机构监督管理工作的职权。

根据审理查明的事实，法院认为，张某富、祁某罡、朱某辉、牛某燕、庄某伟、郑某华、高某峰、李某凤等8名人员从事诊疗活动时具备相应的资质条件，符合法律规定；洪某、汪某益、丁某、邬某宇等4名人员作为在医院实习的在校学生，在有资质的执业医师指导下从事诊疗活动，符合卫政法发［2004］178号《卫生部关于取得医师资格但未经执业注册的人员开展医师执业活动有关问题的批复》的规定，但指导的执业医师未及时在学生书写的医疗文书上签名，属于不规范执业；王某华、管某在未办妥医师执业证书执业地点变更手续的情况下，分别参与施行麻醉手术、参与术前讨论，但两人并非单独行医，属于不规范执业；德籍医师翁某国虽未取得《外国医师短期行医许可证》，但未独立实施手术，其只参与手术的台下指导，属于不规范执业；丁某燕护士以及卢某技师的名字出现在医嘱上系由于某医院内部管理系统的不规范所致，医嘱并非实际由两人开具，不构成非法行医；刘某、陈某、张某、宋某良、洪某坚、姜某瑛、陈某燕、忻某峰等8名人员在从事诊疗活动时存在违法行为，但从违法行为结束至周某2008年3月31日举报时，已超过两年，被告根据《行政处罚法》第29条的规定不予处罚，并无不当。

另外，被告认定孙某、李某传、崔某等3人存在违法行为，并依据《医疗机构管理条例》第48条等规定，于2011年11月21日作出浦第2220110702号行政处罚决定书。本案被诉答复涉及的该部分内容，即答复的第3条第（2）项内容，只是被告依据原告要求履行法定职责，告知原告周某该行政处罚决定的内容，被告履行的是一种告知义务。因此，原告若对该部分内容有异议，应另行对被告作出的浦第2220110702号行政处罚决定提起诉讼。

在履行职责的程序方面，被告根据法院的生效判决，针对原告周某要求履行法定职责的内容对某医院以及相关工作人员进行调查后，将处理理由、处理结果在法定期限内告知原告，执法程序合法。原告认为被告的案件受理记录、立案报告、案情调查终结报告、结案报告因违反卫生部《全国卫生监督机构工作规范》要求加盖卫生行政机关监督专用章的有关规定，不具有形式合法性，对此，法院认为，上述文书属于行政机关内部程序性文书，并非直接对外文书，被告也确认上述文书是其作出，是否加盖印章并不影响其真实性、合法性，故对原告的观点，难以采纳。

综上，被告根据原告要求履行法定职责的申请函，在法律规定的期限内进行调查核实，依法作出答复并送达原告，答复结论并无不当，已经履行了法定职责。据此，依照《最高人民法院关于执行〈中华人民共和国行政诉讼法〉若干问题的解释》第56条第（4）项之规定，判决驳回原告周某某的诉讼请求。

知识要点

1. 外国医师来华短期行医与港澳台医师在大陆短期行医的异同点。

2. 治疗期间，外国、台湾、港澳医师未取得行医资格的行政许可，在医疗损害责任纠纷、医疗服务合同纠纷中的影响。

3. 外国、台湾、港澳医师行政处罚中的终止问题。

案例解析

一、外国医师来华短期行医与港澳台医师在大陆短期行医的异同点①

（一）概念解释

外国医师来华短期行医，是指在外国取得合法行医权的外籍医师，应邀、应聘或申请来华从事不超过一年期限的临床诊断、治疗业务活动。外国医师来华短期行医必须经过注册，取得《外国医师短期行医许可证》。

台湾医师在大陆短期行医，是指台湾医师应聘在大陆医疗机构从事不超过三年的临床诊疗活动。台湾医师在大陆短期行医应当按照规定进行执业注册，取得《台湾医师短期行医执业证书》。

① 由于港澳医师与台湾医师在大陆短期行医的相关规定与要求一致，此处仅对外国医师与台湾医师进行对比分析，不再对港澳医师在内地短期行医单独列举。

（二）申请材料及执业注册机关

	台湾医师	外国医师
注册机关	台湾医师在大陆短期行医的执业注册机关为医疗机构所在地设区的市级以上地方人民政府卫生行政部门和中医药管理部门。	外国医师来华短期行医的注册机关为设区的市级以上卫生计生行政部门。
申请材料	（一）申请书； （二）台湾永久居民身份证明材料； （三）近6个月内的2寸免冠正面半身照片2张； （四）与申请执业范围相适应的医学专业最高学历证明； （五）台湾医师的行医执照或者行医资格证明； （六）近3个月内的体检健康证明； （七）无刑事犯罪记录的证明； （八）大陆聘用医疗机构与台湾医师签订的协议书； （九）大陆省级以上人民政府卫生行政部门规定的其他材料。 前款（四）、（五）、（六）、（七）项的内容必须经过台湾地区公证机关的公证。 以上材料应当为中文文本。	（一）申请书； （二）外国医师的学位证书； （三）外国行医执照或行医权证明； （四）外国医师的健康证明； （五）邀请或聘用单位证明以及协议书或承担有关民事责任的声明书。 前款（二）、（三）项的内容必须经过公证。 注：外国医师申请来华短期行医，应当依照规定与聘用单位签订协议。有多个聘用单位的，要分别签订协议。

（三）执业年限要求

外国医师来华短期行医注册的有效期不超过一年。注册期满需要延期的，可以按《外国医师来华短期行医暂行管理办法》的规定重新办理注册。

《台湾医师短期行医执业证书》有效期应与台湾医师在大陆医疗机构应聘的时间相同，最长为三年。有效期满后，如拟继续执业的，应当重新办理短期行医执业注册手续。

（四）法律责任

1. 台湾医师

（1）医疗事故争议：台湾医师在大陆短期行医期间发生医疗事故争议的，按照《医疗事故处理条例》及有关规定处理。

（2）医疗机构处罚：医疗机构聘用未经大陆短期行医执业注册的台湾医师从事诊疗活动，视为聘用非卫生技术人员，按照《医疗机构管理条例》第48条规定处理。

（3）台湾医师个人处罚：

①台湾医师未取得《台湾医师短期行医执业证书》行医或者未按照注册的有效期从事诊疗活动的，按照《执业医师法》第39条规定处理；

②台湾医师未按照注册的执业地点、执业类别、执业范围从事诊疗活动的，由县级以上人民政府卫生行政部门责令改正，并给予警告；逾期不改的，按照《执业医师法》第37条第（1）项规定处理。

注：注销注册《台湾医师短期行医执业证书》情形：

（1）医疗机构和台湾医师解除聘用关系的；

（2）身体健康状况不适宜继续执业的；

（3）在考核周期内因考核不合格，被责令暂停执业活动，并在暂停执业活动期满经培训后再次考核仍不合格的；

（4）违反《执业医师法》有关规定，被吊销《台湾医师短期行医执业证书》的；

（5）出借、出租、抵押、转让、涂改《台湾医师短期行医执业证书》的；

（6）死亡或者被宣告失踪的；

（7）受刑事处罚的；

（8）被公安机关取消大陆居留资格的；

（9）卫生部规定不宜从事医疗、预防、保健业务的其他情形的。

台湾医师因前述第（3）项、第（4）项、第（7）项、第（8）项情形而被注销执业注册的，2年内不得再次申请在大陆短期行医。

2. 外国医师

（1）外国医师来华短期行医未取得《外国医师短期行医许可证》的，由所在地设区的市级以上卫生计生行政部门予以取缔，没收非法所得，并处以10000元以下罚款；对邀请、聘用或提供场所的单位，处以警告，没收非法所得，并处以5000元以下罚款。

（2）外国医师来华短期行医，必须遵守中国的法律法规，尊重中国的风俗习惯。违反该规定的，由有关主管机关依法处理。

需要说明的是，如果外国医师没有直接参与诊疗活动，则不承担法律责任。如案例三中，德国医师未依法注册，但其没有直接参与手术，仅仅是指导，故没有给予行政处罚。

二、治疗期间，外国、台湾、港澳医师未取得行医资格的行政许可，在医疗损害责任纠纷、医疗服务合同纠纷中的影响

（一）医疗服务合同纠纷中，治疗期间外国、台湾、港澳医师未取得行医资格的行政许可对医疗服务合同效力的影响

参照前述案例一，法院认为吕某某在长沙进行执业注册并取得《台湾医师短期行医执业证书》，其在未在北京进行执业注册的情况下在北京行医的行为属违反卫生部发布的部门规章的情形，不属于当时《合同法》第52条第5款规定的“违反法律、行政法规的强制性规定”的情形，亦不属于合同无效的其余四种法定情形。换言之，若患者以台湾医师在执业地未取得《台湾医师短期行医执业证书》行医为由主张医疗服务合同无效，不属于当时《合同法》第52条规定的合同无效的法定情形，法院对此不予支持。

因此，外国、台湾、港澳医师未取得行医资格的行政许可，不能仅据此认定医疗服务合同无效。

（二）医疗损害责任纠纷中，治疗期间外国、台湾、港澳医生未取得行医资格的行政许可对赔偿责任的影响

参照前述案例二，法院认为林某某在为患者治疗期间未取得《台湾医师短期执业证书》，但不能因此否认其执业能力，且江苏省卫生厅已于2012年8月1日补审批了林某某的《台湾医师短期执业证书》，某医院未及时办理《台湾医师短期执业证书》延期的瑕疵与患者因诊疗行为产生的损害后果之间并无因果关系，林某某、某医院也因此受到了南京市卫生局的行政处罚，原告认为某医院应当对患方的损害后果承担全部赔偿责任的上诉意见依据不足。换言之，若患者主张台湾医师在执业地未取得《台湾医师短期行医执业证书》

行医，该行为与患者损害后果之间当然具有因果关系，法院可能不予支持。

因此，治疗期间，外国、台湾、港澳医生未取得行医资格的行政许可，并非当然成为承担赔偿责任的理由，还要在具体案件中具体分析其与损害结果之间是否存在因果关系。

三、外国、台湾、港澳医师行政处罚中的终止问题

外国、台湾、港澳医师来中国大陆行医，行政许可（如执业证书）附有期限，在期限内发生违法行为，执法机关立案调查，但是在调查过程中，行政许可到期，这时调查是继续进行还是终止呢？实践中存在不同意见。

第一种意见认为，行政许可已经到期，责任人已经没有继续行医资格，继续进行行政处罚没有意义，因而应当终止调查，即终止行政处罚。第二种意见认为，虽然行政许可到期，但应当继续查明事实，继续给与医疗行为行政评价，如果确实违法，应当行政处罚。本书同意第二种意见，理由如下。

（一）行政许可到期不应成为终止处罚的法定理由

如上所述，行政处罚过程中，遇到什么情形，可以中止、终止，法律上没有明确说明，但在一些位阶比较低、由某部门制定的部门规章中偶有涉及，如公安部《公安机关办理行政案件程序规定》中，对于没有违法事实的，违法行为已过追究时效的，违法嫌疑人死亡的，其他需要终止调查的情形，终止调查。

由此，我们可以理解为，终止调查，应该适用于无法继续调查、无需继续调查、无人承担责任等情形，是针对继续调查耗费行政资源，又无法取得行政处罚效果的案件。在实务中，难免会遇到需要终止调查的案件，但要启动终止程序，应当有法理或法律依据。

在上文讨论的情形中，行政许可到期，无论从法理还是相关规范性文件的角度，均不能认为是终止调查的充分理由或可信依据。

（二）行政许可到期，即不予处罚违背立法意图

如果遇到行政许可到期的情形就停止调查，不予处罚，显然违背了立法意图，不符合社会公平正义的基本价值。

1. 从设立行政许可的角度来看，行政许可是对涉外医师在中国大陆行医的认可，一旦行政许可到期，表示该涉外医师不能继续以医师身份在中国行医。这是对医师行医行为的一种管理行为，并非对行政机关行使行政处罚权

力的约束。

2. 从设立行政处罚的角度来看，行政处罚是对某行为的评价，如果确认某医师在中国执业时违反法律规定，那就应当承担法律责任，给予行政处罚。假设因行政许可到期就不接受处罚，会造成执法不公，与社会公平正义的基本价值不符。

另外，涉外医师违法，行政处罚的是自然人，虽然行政许可到期，但自然人的行政能力没有改变，这与被处罚主体失踪、死亡存在根本区别，不存在处罚主体缺失的问题，因此，不存在行政许可到期无法处罚的情况，即不存在执法障碍。

因此，本书认为，在行政许可期间，涉外医师违反行政监管法律法规，没有法定终止调查理由或依据，行政机关就应当继续调查，如确实存在违法行为，则依法做出行政处罚，构成犯罪的，移送司法机关。

法律依据

《外国医师来华短期行医暂行管理办法》

第十四条　外国医师来华短期行医，必须遵守中国的法律法规，尊重中国的风俗习惯。

第十五条　违反本办法第三条规定的，由所在地设区的市级以上卫生计生行政部门予以取缔，没收非法所得，并处以10000元以下罚款；对邀请、聘用或提供场所的单位，处以警告，没收非法所得，并处以5000元以下罚款。

第十六条　违反本办法第十四条规定的，由有关主管机关依法处理。

第十七条　外国医疗团体来华短期行医的，由邀请或合作单位所在地的设区的市级卫生计生行政部门依照本办法的有关规定进行审批。

《台湾地区医师在大陆短期行医管理规定》

第十三条　台湾医师短期行医执业注册后有下列情形之一的，聘用的医疗机构应当在30日内报告准予其执业注册的卫生行政部门，卫生行政部门应当注销注册，收回《台湾医师短期行医执业证书》：

（一）医疗机构和台湾医师解除聘用关系的；

（二）身体健康状况不适宜继续执业的；

（三）在考核周期内因考核不合格，被责令暂停执业活动，并在暂停执业活动期满经培训后再次考核仍不合格的；

（四）违反《执业医师法》有关规定，被吊销《台湾医师短期行医执业证书》的；

（五）出借、出租、抵押、转让、涂改《台湾医师短期行医执业证书》的；

（六）死亡或者被宣告失踪的；

（七）受刑事处罚的；

（八）被公安机关取消大陆居留资格的；

（九）卫生部规定不宜从事医疗、预防、保健业务的其他情形的。

第十四条　台湾医师因本办法第十三条第（三）项、第（四）项、第（七）项、第（八）项情形而被注销执业注册的，2 年内不得再次申请在大陆短期行医。

第十六条　台湾医师在大陆短期行医期间发生医疗事故争议的，按照《医疗事故处理条例》及有关规定处理。

第十七条　医疗机构聘用未经大陆短期行医执业注册的台湾医师从事诊疗活动，视为聘用非卫生技术人员，按照《医疗机构管理条例》第四十八条规定处理。

第十八条　台湾医师未取得《台湾医师短期行医执业证书》行医或者未按照注册的有效期从事诊疗活动的，按照《执业医师法》第三十九条规定处理。

第十九条　台湾医师未按照注册的执业地点、执业类别、执业范围从事诊疗活动的，由县级以上人民政府卫生行政部门责令改正，并给予警告；逾期不改的，按照《执业医师法》第三十七条第（一）项规定处理。

第十五章

执业助理医师违反《执业医师法》相关规定

本章概要

我国《执业医师法》第2条规定，依法取得执业医师资格或者执业助理医师资格，经注册在医疗、预防、保健机构中执业的专业医务人员，适用本法。本法所称医师，包括执业医师和执业助理医师。本章首先根据《执业医师法》《处方管理办法》等法律法规对执业医师与执业助理医师在执业活动、执业地点、处方权等方面的区别予以整理。其次针对执业助理医师开办个体诊所、独立从事诊疗活动，结合相关法律法规与实务案例进行分析探讨，同时对案例中涉及的程序违法问题进一步讨论，论述行政处罚过程中程序合法的重要性。

典型案例

案例一①

2012年4月26日，江某某向某市卫计委提出医疗机构变更登记申请，并填写了医疗机构申请变更登记注册书，申请将广华办事处个体医疗机构刘某某西医内科诊所的名称变更为广华办事处个体医疗机构江某某西医内科诊所，其法定代表人及主要负责人由刘某某变更为江某某。2012年6月12日，某市卫计委办理了变更登记，将医疗机构执业许可证上的机构名称变更为某市个体医疗机构江某某西医内科诊所，法定代表人及主要负责人变更为江某某，并将该医疗机构执业许可证发放给了江某某。2013年12月23日，某市卫计委以江某某仅取得执业助理医师资格，未取得执业医师资格证且在变更过程中提供虚假证明为由，对其进行立案调查。2014年9月23日，某市卫计委向江某某送达了行政处罚事先告知书。后江某某向某市卫计委提出听证申请。2014年10月10日，某市卫计委向江某某送达行政处罚听证通知书，通知听证时间为2014年10月11日，听证主持人为郭某。2014年10月16日，某市卫计委对江某某作出行政处罚决定，注销其医疗机构执业许可证。

江某某认为某市卫计委作出的处罚决定事实不清，其从未伪造某市卫计

---

① （2015）鄂潜江行初字第00005号。

委负责人的签名，如实进行了申报，某市卫计委已向自己发放了医疗机构许可证，该证仍在有效期内，某市卫计委的行为违反了诚信原则。另外，某市卫计委作出的处罚决定听证程序不合法，2014 年 9 月 23 日江某某收到行政处罚事先告知书后于 2014 年 9 月 26 日提出听证要求，2014 年 10 月 10 日才告知其听证的时间、地点，且听证会的主持人郭某是本案的调查人员，主持人与本案有直接利害关系，江某某代理人在听证时提出了回避申请。某市卫计委作出的处罚决定适用法律不准确，自己是如实申报，某市卫计委发放给其医疗机构执业许可证的日期是 2012 年 6 月 12 日，根据《行政处罚法》第 29 条的规定，该案已过处罚时效。因此，江某某向人民法院提起行政诉讼，请求判决依法撤销被告作出的行政处罚决定。

法院查明，原告申请将广华办事处个体医疗机构刘某某西医内科诊所的名称变更为广华办事处个体医疗机构江某某西医内科诊所，其法定代表人及主要负责人由刘某某变更为原告时，向刘某某支付人民币 15000 元。

法院认为，本案系原告江某某不服被告卫计委作出的行政处罚而引起的行政诉讼。本案的争议焦点为：被告卫计委对原告江某某作出的行政行为是否合法？

根据《医疗机构管理条例》第 5 条第 2 款："县级以上地方人民政府卫生行政部门负责本行政区域内医疗机构的监督管理工作。"被告卫计委作为卫生行政主管部门对其辖区内的医疗机构有监督管理的行政职责。

根据《医疗机构管理条例》第 20 条，"医疗机构改变名称、场所、主要负责人、诊疗科目、床位，必须向原登记机关办理变更登记"。《医疗机构管理条例实施细则》第 30 条："医疗机构变更名称、地址、法定代表人或者主要负责人、所有制形式、服务对象、服务方式、注册资金（资本）、诊疗科目、床位（牙椅）的，必须向登记机关申请办理变更登记，并提交下列材料：（一）医疗机构法定代表人或者主要负责人签署的《医疗机构申请变更登记注册书》；（二）申请变更登记的原因和理由；（三）登记机关规定提交的其他材料。"第 33 条："登记机关在受理变更登记申请后，依据条例和本细则的有关规定以及当地《医疗机构设置规划》进行审核，按照登记程序或者简化程序办理变更登记，并作出核准变更登记或者不予变更登记的决定。"被告卫计委辖区内的医疗机构申请变更应符合上述规定，并向被告卫计委申请办理变更登记。被告卫计委对变更登记申请具有审核并作出是否核准变更登记决定的法定职责。根据《执业医师法》第2条："依法取得执业医师资格或者执业助理医师资格，经注册在医疗、预防、保健机构中执业的专业医务人员，适用本法。本法所称医师，包括执业医师和执业助理医师。"第19条第1款："申请个体行医的执业医师，须经注册后在医疗、预防、保健机构中执业满五年，并按照国家有关规定办理审批手续；未经批准，不得行医。"第30条："执业助理医师应当在执业医师的指导下，在医疗、预防、保健机构中按照其执业类别执业。在乡、民族乡、镇的医疗、预防、保健机构中工作的执业助理医师，可以根据医疗诊治的情况和需要，独立从事一般的执业活动。"《医疗机构管理条例》第23条第1款："《医疗机构执业许可证》不得伪造、涂改、出卖、转让、出借。"参照卫医函（2001）163号《卫生部关于执业助理医师能否设置个体诊所问题的批复》，只有执业医师才能申请个体行医，执业助理医师不得申请个体行医、设置个体诊所。执业助理医师在乡卫生院和村卫生室，可以根据医疗诊治的情况和需要，独立从事一般的执业活动。本案中，原告江某某虽向被告卫计委申请了变更登记，也提交了医疗机构法定代表人或者主要负责人签署的医疗机构申请变更登记注册书，并在登记注册书中注明了申请变更登记的原因和理由，但原告江某某作为执业助理医师，不能申请个体行医、设置个体诊所，更不能买卖、转让医疗机构执业许可证。被告卫计委对原告江某某变更登记的申请，理应按照上述规定履行其审核的法定职责，但其在原告江某某提出变更登记申请后，却未能认真履行该法定职责。被告卫计委提出，其认定原告江某某作为执业助理医师申请变更为个体医疗机构法定代表人、主要负责人，是由于原告江某某提交了伪造签名的医疗机构申请变更登记注册书，但对此被告卫计委未能提供相关证据予以佐证。被告卫计委作出的处罚决定事实不清，证据不足，本院依法不予支持。

根据《行政处罚法》第42条第1款第（2）项、第（4）项的规定，被告卫计委在原告江某某申请听证后，应当在听证的七日前通知原告听证时间、地点，同时应指定非本案调查人员主持听证。本案中，被告卫计委收到原告江某某申请听证的书面材料后，只提前了一天通知原告江某某听证时间、地点，并指定本案调查人员郭某担任听证会的主持人。被告卫计委作出的处罚决定程序违法，本院依法不予支持。

关于原告江某某诉称其医疗机构执业许可证于2012年6月12日颁发，已过两年处罚时效的问题。因自被告卫计委向原告江某某颁发医疗机构执业许可证之日起，原告江某某即取得该许可，并一直处于连续状态，故处罚的期限应从行为终了之日起计算。因此，对原告江某某的该项诉称，本院依法不予支持。

综上所述，被告卫计委作出的行政处罚决定事实不清，证据不足，程序违法，法院判决撤销被告卫计委于2014年10月16日作出的行政处罚决定。

案例二①

2012年9月7日，某市卫生局对某市某区某卫生院进行立案调查，调查人员发现在卫生院二楼设有中医美容科，现场挂有中医美容科的牌匾以及与中医美容相关的宣传资料，在中医美容诊室查到“某市某区某卫生院医生工作日志”以及卫生院门诊病历15份。调查人员还在B超室发现有多份B型超声切面显象报告表，报告者签名是黄某森，有相应的报告内容和诊断内容。某卫生院所提交的卫生院人员一览表显示，中医美容科由庞某负责，B超由黄某兰和黄某森负责，妇科由肖某梅、黎某旋负责。调查人员分别对卫生院的法定代表人郑某、医生肖某梅、护士黄某兰进行了询问。郑某确认该院从2010年3月开始开展中医美容科诊疗活动至今，并从2012年6月15日起任用执业范围为妇科专业的执业助理医师庞某在中医美容室主诊；从2008年8月起，任用护士黄某兰从事B超诊断工作；从2012年1月起，任用执业范围为公共卫生类别专业的执业医师黄某森从事B超诊断工作；从2008年1月起任用未取得《母婴保健技术考核合格证书》的医师肖某梅从事终止妊娠手术工作。肖某梅确认其当时在没有取得《母婴保健技术考核合格证书》的情况下，开展人工终止妊娠手术。黄某兰确认从2008年8月开始至今在原告处负责妇科的查环、查孕和B超诊断工作，其没有取得医师资格证书和医师执业证书。2012年12月19日，市卫生局作出行政处罚决定：（1）擅自超出《医疗机构执业许可证》核准诊疗科目登记范围开展中医美容科诊疗活动；（2）任用执业范围为公共卫生类别专业的执业医师黄某森从事B超诊断工作，任用护士黄某兰从事B超诊断工作，任用执业范围为妇科专业的执业助理医师庞某

① （2013）江蓬法行初字第19号。

从事中医美容诊疗工作；（3）任用无《母婴保健技术考核合格证书》的医师肖某梅从事终止妊娠手术，其行为违反了《医疗机构管理条例》第27条、第28条，《母婴保健法》第33条第2款和《母婴保健法实施办法》第35条第3款的规定，被告依据《医疗机构管理条例》第47条、第48条，《医疗机构管理条例实施细则》第80条第1款、第81条，《母婴保健法》第35条第1款第（2）项和《母婴保健实施办法》第40条的规定，决定作出罚款26800元和吊销《医疗机构执业许可证》的行政处罚。

2013年3月，某市某区某卫生院提起行政诉讼，请求法院依法撤销行政处罚决定。

法院分别对行政机关认定原告存在违法行为事实是否清楚、适用相关法律法规是否正确、作出的行政处罚是否符合法定程序的问题等进行审理，以下仅节选法院关于被告作出的行政处罚是否符合法定程序的裁判观点：

《卫生行政处罚程序》第6条规定："县级以上卫生行政机关负责查处所辖区域内的违反卫生法律、法规、规章的案件。"据此，被告属于县级以上卫生行政机关，其有权负责查处所辖区域内的违反卫生法律、法规、规章的案件。

2012年6月28日，某市卫生局对原告进行监督检查时，相关执法人员在制作《现场检查笔录》和《询问笔录》时均载明已向原告方出示执法证件，原告方当场并无提出异议。《行政处罚法》第38条第2款规定："对情节复杂或者重大违法行为给予较重的行政处罚，行政机关的负责人应当集体讨论决定。"《卫生行政处罚程序》第27条第2款规定："卫生行政机关负责人应根据情节轻重及具体情况作出行政处罚决定。对于重大、复杂的行政处罚案件，应当由卫生行政机关负责人集体讨论决定。"本案中，被告在作出本案行政处罚决定之前，已由该局局长覃某作为主持，该局主要领导，包括副局长梁某忠、纪检组组长范某彩、办公室副股级科员兼执法人员赖某成参加了合议，并由医教股股长兼执法人员莫某亮进行记录，经参会人员一致同意，才做出本案处罚。因此，可以认定本案处罚经被告负责人集体讨论决定，是符合法定程序的。原告在庭审中提出被告的集体讨论不符合法律规定的主张依据不足。

关于原告在庭审中提出根据《卫生行政处罚程序》，从立案之日起3个月内要下发处罚决定书，被告的立案时间是2012年9月7日，但被告下发处罚决定书的时间是2012年12月19日，超过法定时间，应申请延期，但其没有申请，认为这是程序违法，经查，《卫生行政处罚程序》第57条第2款规定，“案件处理过程中听证时间不计入案件办理期限”，本案由于原告于2012年11月16日向被告提出申请听证，被告于2012年12月5日举行听证会，听证时间依法应当剔除，因此被告于2012年12月19日作出行政处罚决定书，并未超过法定时间。故本院对原告上述主张不予采纳。

最终法院认为，被告作出的行政处罚决定，证据确凿，适用法律、法规正确，符合法定程序，依法应予维持，判决维持被告于2012年12月19日作出的《行政处罚决定书》。

知识要点

1. 执业助理医师能否设置个体诊所。
2. 执业助理医师独立从事诊疗活动的处理。
3. 行政处罚案件听证程序与集体讨论制度。

案例解析

我国《执业医师法》第2条：“依法取得执业医师资格或者执业助理医师资格，经注册在医疗、预防、保健机构中执业的专业医务人员，适用本法。本法所称医师，包括执业医师和执业助理医师。”虽然同样是经过全国统一考试，能在全国范围内通用的资格证书，但执业助理医师与执业医师存在很大区别：

	执业医师	执业助理医师
执业活动	医师经注册后，可以在医疗、预防、保健机构中按照注册的执业地点、执业类别、执业范围执业，从事相应的医疗、预防、保健业务。未经医师注册取得执业证书，不得从事医师执业活动。	执业助理医师应当在执业医师的指导下，在医疗、预防、保健机构中按照其执业类别执业。在乡、民族乡、镇的医疗、预防、保健机构中工作的执业助理医师，可以根据医疗诊治的情况和需要，独立从事一般的执业活动。

续表

	执业医师	执业助理医师
执业地点	执业医师执业地点是指其医疗、预防、保健机构所在地的省级行政区划，医师跨执业地点增加执业机构，应当向批准该机构执业的卫生计生行政部门申请增加注册。	执业助理医师执业地点为其医疗、预防、保健机构所在地的县级行政区划。执业助理医师只能注册一个执业地点。
个体行医	申请个体行医的执业医师，须经注册后在医疗、预防、保健机构中执业满五年，并按照国家有关规定办理审批手续。	不可申请个体行医。
处方权	注册的执业医师在执业地点取得相应的处方权。	经注册的执业助理医师在医疗机构开具的处方，应当经所在执业地点执业医师签名或加盖专用签章后方有效。经注册的执业助理医师在乡、民族乡、镇、村的医疗机构独立从事一般的执业活动，可以在注册的执业地点取得相应的处方权。

以下重点对执业助理医师设置个体诊所、独立从事诊疗活动等行为结合前述案例予以具体讨论。

一、执业助理医师能否设置个体诊所

我国《执业医师法》第 19 条针对执业医师申请个体行医作出明确规定："申请个体行医的执业医师，须经注册后在医疗、预防、保健机构中执业满五年，并按照国家有关规定办理审批手续；未经批准，不得行医。"同时在第 30 条针对执业助理医师规定："执业助理医师应当在执业医师的指导下，在医疗、预防、保健机构中按照其执业类别执业。在乡、民族乡、镇的医疗、预防、保健机构中工作的执业助理医师，可以根据医疗诊治的情况和需要，独立从事一般的执业活动。"

根据《医疗机构管理条例》第 16 条第 1 款第（4）项，申请医疗机构执业登记，应当有与其开展的业务相适应的经费、设施、设备和专业卫生技术人员。同时，《医疗机构管理条例实施细则》第 13 条第 1 款规定："在城市设

置诊所的个人，必须同时具备下列条件：（一）经医师执业技术考核合格，取得《医师执业证书》；（二）取得《医师执业证书》或者医师职称后，从事五年以上同一专业的临床工作；（三）省、自治区、直辖市卫生行政部门规定的其他条件。”因此，执业助理医师不具备在城市开办个体诊所的条件。

《卫生部关于执业助理医师能否设置个体诊所问题的批复》中也明确，执业医师才能申请个体行医，执业助理医师不得申请个体行医、设置个体诊所。

二、执业助理医师独立从事诊疗活动的处理

根据《执业医师法》第30条，执业助理医师应当在执业医师的指导下，在医疗、预防、保健机构中按照其执业类别执业。在乡、民族乡、镇的医疗、预防、保健机构中工作的执业助理医师，可以根据医疗诊治的情况和需要，独立从事一般的执业活动。原卫生部针对执业助理医师独立从事诊疗活动这一违法行为，曾指出执业助理医师个人的处罚及法律依据，“执业助理医师违反《中华人民共和国执业医师法》第三十条第一款的规定，独立从事临床活动，卫生行政部门应当按照《执业医师法》第三十七条的规定进行处理，造成患者人身损害的，按照《医疗事故处理条例》的有关规定进行处理”。但是，对执业助理医师所在医疗机构的处理方式未予以明确。

原四川省卫生厅对于前述问题曾以复函形式指出，“经请示卫生部……执业助理医师未在执业医师指导下而独立从事执业活动，视为医疗机构使用卫生技术人员从事本专业以外的诊疗活动，此种情形按医疗机构任用非卫生技术人员从事医疗卫生技术工作来处理”。但是，复函系原四川省卫生厅发布，不能直接类推适用于全国。

因此，关于执业助理医师独立从事诊疗活动这一违法行为，针对执业助理医师个人应当按照《执业医师法》第37条的规定进行处理，而针对执业助理医师所在医疗机构的处理在法律适用上尚不明确。在案例二中，行政处罚文书表述为：“任用执业范围为公共卫生类别专业的执业医师黄某森从事B超诊断工作，任用护士黄某兰从事B超诊断工作，任用执业范围为妇科专业的执业助理医师庞某从事中医美容诊疗工作”，也就是说，执法机关认定“执业助理医师庞某从事中医美容诊疗工作”系违法行为，但是否认定为“使用非卫生技术人员”并没有明确说明。本书以为，根据行政处罚的一般原则，在没有法律明确规定的情况下，执业助理医师独立从事诊疗活动不宜直接认定为使用非卫生技术人员。

三、行政处罚案件听证程序与集体讨论制度

行政处罚程序是法律规定的行政处罚主体作出行政处罚行为必须遵循的步骤、顺序和时限。《行政处罚法》第 3 条规定，公民、法人或者其他组织违反行政管理秩序的行为，应当给予行政处罚的，依照本法由法律、法规或者规章规定，并由行政机关依照本法规定的程序实施。没有法定依据或者不遵守法定程序的，行政处罚无效。另根据《行政诉讼法》第 70 条、《行政复议法》第 28 条第 1 款第（3）项的规定，对于程序违法的行政行为，人民法院判决撤销或者部分撤销，并可以判决被告重新作出行政行为；行政复议机关可决定撤销、变更或者确认该具体行政行为违法；决定撤销或者确认该具体行政行为违法的，可以责令被申请人在一定期限内重新作出具体行政行为。依法行政是行政机关从事行政活动的基本要求，行政活动的合法性、合理性与正确性除了要有实体保障外，还需要有程序保障。

（一）组织、举行听证程序

前述案例一中，市卫计委收到原告江某某申请听证的书面材料后，只提前了一天通知江某某听证时间、地点，并指定该案调查人员郭某担任听证会的主持人。法院认定市卫计委作出的处罚决定程序违法，依法不予支持。市卫计委违反了《行政处罚法》（2017 年）关于“行政机关应当在听证的七日前，通知当事人举行听证的时间、地点”，“听证由行政机关指定的非本案调查人员主持；当事人认为主持人与本案有直接利害关系的，有权申请回避”的规定。

我国《行政处罚法》《卫生行政处罚程序》等对于行政处罚案件中的听证程序已经作出具体规定，因此在涉及责令停产停业、吊销许可证或者执照、较大数额罚款等听证的行政处罚案件中，除应当告知当事人有要求举行听证的权利、听证的条件外，亦需符合关于组织、举行听证的程序方面的具体规定。关于听证的具体程序问题，本书第十二章也有讨论。

（二）集体讨论制度

前述案例二中，行政机关在作出行政处罚决定之前，已由行政机关局长作为主持，行政机关主要领导，包括副局长、纪检组组长、办公室副股级科员兼执法人员参加了合议，并由医教股股长兼执法人员进行记录，经参会人

员一致同意。因此，可以认定该案处罚经行政机关负责人集体讨论决定，是符合法定程序的。关于相对人在庭审中提出行政机关的集体讨论不符合法律规定的主张依据不足，法院没有采纳。

《行政处罚法》第57条第2款规定，对情节复杂或者重大违法行为给予行政处罚，行政机关负责人应当集体讨论决定。但关于应当集体讨论的具体情形未有明确规定或者列举，有待行政执法机关合理处置。《卫生行政处罚程序》第27条第2款亦规定，卫生行政机关负责人应根据情节轻重及具体情况作出行政处罚决定。对于重大、复杂的行政处罚案件，应当由卫生行政机关负责人集体讨论决定。

实务中存在因未进行集体讨论、集体讨论在陈述申辩之后或集体讨论在调查终结之前进行，从而被认定为程序违法的案例，如姚某保与某市城乡建设委员会城乡建设行政管理一案，市中级人民法院认为，市城乡建设委员会在案情调查尚未结束的情况下就已经先期集体讨论，确定了对相对人的处罚结果，显然属于先决定、后取证的程序倒置行为，故即便有该证据亦不能证明市城乡建设委员会切实履行了《行政处罚法》规定的集体讨论决定程序，其用意在于据此保障行政处罚决定的客观公正。

因此，针对情节复杂或者重大违法行为给予较重的行政处罚的案件，集体讨论的人员、时间以及合理的程序，在行政执法中需予以充分注意。

法律依据

《卫生部关于执业助理医师能否设置个体诊所问题的批复》

你厅《关于执业助理医师能否设置个体诊所的请示》收悉。现答复如下：

《中华人民共和国执业医师法》（以下简称《执业医师法》）第三十条第二款规定“在乡、民族乡、镇的医疗、预防、保健机构中工作的执业助理医师，可以根据医疗诊治的情况和需要，独立从事一般的执业活动。”这里提到的“乡、民族乡、镇的医疗、预防、保健机构”主要指乡镇卫生院和村卫生室，不包括个体诊所。

根据《执业医师法》第十九条第一款规定，“申请个体行医的执业医师，须经注册后在医疗、预防、保健机构中执业满五年，并按照国家有关规定办理审批手续；未经批准，不得行医。”执业助理医师不得申请个体行医、设置个体诊所。

此复。

二〇〇一年九月二十四日

第十六章

涉嫌商业贿赂

本章概要

反商业贿赂，是近年来医药行业的热点话题。首先，应该明确商业贿赂的界定，究竟哪些行为涉及商业贿赂，特别是《反不正当竞争法》修改以后，商业贿赂的认定应重点围绕该法第七条进行研究；其次，在医药领域，非营利性医疗机构是否可以成为行政处罚的对象也是有争议的问题之一，在了解《反不正当竞争法》条文的基础上，还要结合行政主管部门的规章、批复进行理解；最后，对于行政处罚案件，执法程序也应重点关注。

典型案例

案例一①

2017 年 10 月 30 日，北京市某区工商分局作出《行政处罚决定书》，主要内容为：2013 年 11 月 19 日，北京某科技发展有限公司（以下简称某公司）与北京市某区妇幼保健院（以下简称妇幼保健院）签订了《产科 VIP 病房陪护合作协议》，协议中主要约定：(1) 当事人是妇幼保健院的唯一指定合作伙伴，协议合作内容具有排他性；(2) 某公司承诺将产科 VIP 病房收费服务项目交易额的 15%上缴给妇幼保健院作为项目管理费。某公司通过给予妇幼保健院项目管理费，获得了在妇幼保健院内产科 VIP 病房提供陪护服务的交易机会。2013 年 12 月 1 日至 2016 年 2 月 24 日，妇幼保健院收取产科 VIP 病房陪护费共计 1216450 元。妇幼保健院在扣除了 182400 元的项目管理费后，以现金转账的方式给付了某公司 1034050 元。妇幼保健院将收取的项目管理费中的 113736 元计入财务账册中的“其他收入”科目，未给某公司开具收取 182400 元项目管理费的票据。某公司给妇幼保健院开具了 1034050 元的陪护费、服务费的发票，并计入“主营业务收入”科目，没有将给付妇幼保健院的 182400 元项目管理费计入账目。某公司缴纳了税款 55149. 34 元。2016 年 2 月 25 日至 2017 年 2 月 28 日不再由妇幼保健院收取产科 VIP 病房陪护费，某公司自行收取产科 VIP 病房陪护费，其间共收取陪护费 583600 元。某公司未

① (2018) 京 01 行终 1085 号。

将自行收取的陪护费计入会计账目。某公司在2016年2月25日至2017年2月28日，未向妇幼保健院支付项目管理费。2013年12月1日至2017年2月28日，某公司在妇幼保健院产科VIP病房陪护的经营活动中，共收取1800050元陪护费，支付陪护人员工资及饭费共计1124750元，支付妇幼保健院项目管理费182400元，缴纳税款共计55149.34元，获得违法所得共计437750.66元。某公司的上述行为，违反了1993年12月1日起施行的《反不正当竞争法》第8条"经营者不得采用财物或者其他手段进行贿赂以销售或者购买商品"的规定，属于收受商业贿赂的行为，依据修订前的《反不正当竞争法》第22条"经营者采用财物或者其他手段进行贿赂以销售或者购买商品，构成犯罪的，依法追究刑事责任；不构成犯罪的，监督检查部门可以根据情节处以一万元以上二十万元以下的罚款，有违法所得的，予以没收"的规定，对某公司作出行政处罚决定如下：（1）没收非法所得437750.66元；（2）罚款20万元。某公司不服，向原市工商局申请行政复议。原市工商局于2018年2月12日作出《行政复议决定书》，决定维持被诉处罚决定。某公司仍不服，诉至法院，请求法院依法撤销被诉处罚决定和被诉复议决定。

2018年9月7日，一审法院作出判决认为，修订前的《反不正当竞争法》第3条第2款规定："县级以上人民政府工商行政管理部门对不正当竞争行为进行监督检查；法律、行政法规规定由其他部门监督检查的，依照其规定。"丰台区工商分局作为工商行政管理部门，对本辖区内的不正当竞争行为具有依法查处的法定职责。修订前的《反不正当竞争法》第2条第2款规定："本法所称的不正当竞争，是指经营者违反本法规定，损害其他经营者的合法权益，扰乱社会经济秩序的行为。"该法第8条第1款规定："经营者不得采用财物或者其他手段进行贿赂以销售或者购买商品。在帐外暗中给予对方单位或者个人回扣的，以行贿论处；对方单位或者个人在帐外暗中收受回扣的，以受贿论处。"

本案争议焦点在于某公司与妇幼保健院签订协议，由某公司在妇幼保健院产科VIP病房提供月嫂服务并由妇幼保健院收取管理费的行为是否属于商业贿赂。区工商分局认为，第一，某公司为了争取得到交易机会，给予妇幼保健院15%的项目管理费属于商业贿赂行为；该行为干扰了正常的市场经济规则；妇幼保健院利用自身优势资源和影响力，为某公司提供便利条件，客观上增加了交易机会；妇幼保健院也没有将管理费如实入账。第二，妇幼保健院免费为某公司提供场地，且仅对某公司的陪护人员进行了院规院纪等教育，没有对其进行专业知识的培训，某公司缴纳管理费是为了获得交易机会，排斥其他经营者。第三，某公司与妇幼保健院签订的协议中约定某公司是妇幼保健院的唯一指定合作伙伴，该协议内容具有排他性，违背了平等、公平、诚实信用的原则，使其他经营者失去了平等、公平的竞争机会。

一审法院认为，第一，2000 年 1 月 1 日起施行的《招标投标法》第 3 条第 1 款规定："在中华人民共和国境内进行下列工程建设项目包括项目的勘察、设计、施工、监理以及与工程建设有关的重要设备、材料等的采购，必须进行招标：（一）大型基础设施、公用事业等关系社会公共利益、公众安全的项目；（二）全部或者部分使用国有资金投资或者国家融资的项目；（三）使用国际组织或者外国政府贷款、援助资金的项目。"因此，某公司与妇幼保健院之间的合作事项不属于上述法律规定的招标投标项目。妇幼保健院作为经营主体，有权自主选择其认为符合要求的经营者为其提供相关服务，且不需要通过招标投标等方式来确定为其提供服务的经营者。虽然双方签订的协议中有"唯一""排他性"等表述，但此种表述只是表明在双方协议履行期间内仅由某公司一个经营者来提供相关服务，该约定并未损害其他经营者的合法权益，也未扰乱正常的社会经济秩序。第二，妇幼保健院作为专业的医疗机构，在选择为其产科 VIP 病房提供陪护服务的机构时，应当采取谨慎、严格的态度，认真挑选符合相关医疗要求的服务机构。因此，法院有理由相信妇幼保健院在选择某公司作为合作对象时，已经对相关服务机构进行了认真的考察和筛选，以达到其产科 VIP 病房的陪护要求，避免将来可能产生的医疗矛盾和纠纷。故不存在区工商分局所称的妇幼保健院利用其自身优势进行交易的情形。第三，对于收取 15% 管理费是否合理的问题，根据业已查明的事实可以认定，产科 VIP 病房的陪护费是由妇幼保健院负责收取，在扣除了 15% 的管理费之后，剩余部分返还给某公司。因此，妇幼保健院作为产科 VIP 病房的直接责任人，其应对在产科 VIP 病房陪护期间产生的各种问题承担必要的责任；且妇幼保健院对于陪护人员的日常工作也需尽到相应的管理职责。故妇幼保健院收取 15% 管理费的行为不属于收受商业贿赂的行为。第四，虽然妇幼保健院仅将管理费入账，没有给某公司开具票据，属于没有如实入账，但上述行为并非构成妇幼保健院收受商业贿赂的必要条件。

综上，某公司的行为没有损害其他经营者的合法权益，也未扰乱正常的社会经济秩序，不属于修订前的《反不正当竞争法》规定的不正当竞争行为和商业贿赂行为。区工商分局作出的被诉处罚决定属于认定事实不清，主要证据不足，应予纠正。同时，原市工商局作出的被诉复议决定亦应一并予以撤销。因此，一审法院判决撤销了被诉处罚决定和被诉复议决定。

区工商分局及原市工商局不服一审判决，均以某公司存在商业贿赂行为，一审判决认定事实不清，适用法律错误等为由上诉，请求撤销一审判决，改判驳回某公司的诉讼请求。

二审法院认为，本案争议焦点在于，某公司在履行与妇幼保健院签订的《产科 VIP 病房陪护合作协议》过程中是否存在商业贿赂行为。

涉案行为发生在 2013 年 12 月 1 日至 2017 年 2 月 28 日期间，应适用修订前的《反不正当竞争法》。该法第 2 条规定："经营者在市场交易中，应当遵循自愿、平等、公平、诚实信用的原则，遵守公认的商业道德。本法所称的不正当竞争，是指经营者违反本法规定，损害其他经营者的合法权益，扰乱社会经济秩序的行为。本法所称的经营者，是指从事商品经营或者营利性服务（以下所称商品包括服务）的法人、其他经济组织和个人。"本案中，某公司作为《产科 VIP 病房陪护合作协议》中从事营利性服务的经营者，其经营行为应当符合修订前的《反不正当竞争法》的有关规定。该法第二章对不正当竞争行为的表现形式进行了明确规定，其中第 8 条规定："经营者不得采用财物或者其他手段进行贿赂以销售或者购买商品。在帐外暗中给予对方单位或者个人回扣的，以行贿论处；对方单位或者个人在帐外暗中收受回扣的，以受贿论处。经营者销售或者购买商品，可以以明示方式给对方折扣，可以给中间人佣金。经营者给对方折扣、给中间人佣金的，必须如实入帐。接受折扣、佣金的经营者必须如实入帐。"根据上述规定，某公司是否构成以"账外暗中"的方式给予妇幼保健院回扣的行为才是对本案焦点问题认定的关键。

针对一审法院适用 2000 年 1 月 1 日起施行的《招标投标法》第 3 条第 1 款规定，认定某公司与妇幼保健院之间的合作事项不属于法律规定的招标投标项目，在此前提下对某公司的经营行为是否构成不正当竞争行为作出的判断，二审法院认为，《招标投标法》的立法目的是规范招标投标活动，保护国家利益、社会公共利益和招标投标活动当事人的合法权益，提高经济效益，保证项目质量。《反不正当竞争法》的立法目的是保障社会主义市场经济健康发展，鼓励和保护公平竞争，制止不正当竞争行为，保护经营者和消费者的合法权益。因二者调整的领域不同，故涉案合作项目是否为法定招标投标项目，与该合作项目的经营行为是否构成不正当竞争行为并无关联，涉案合作项目虽不属于法定招标投标的项目，但基于该项目所实施的市场经营行为，依法应受到《反不正当竞争法》的规制，故一审法院适用法律有误，进而认定某公司不存在不正当竞争行为和商业贿赂行为，该事实认定不清。鉴于一审法院亦未对被诉处罚决定中的违法所得数额之认定是否正确、行政处罚幅度是否适当、行政处罚程序以及行政复议程序是否合法等事项进行审查，故本案应撤销一审判决，发回一审法院重新审理。综上，依照《行政诉讼法》第 89 条第 1 款第（3）项的规定，裁定撤销一审行政判决，发回重审。

案例二①

2014 年 4 月 25 日，安徽某县人民医院与安徽某医疗器械有限公司（以下简称某公司）签订《医疗设备合作协议》，约定由某公司提供一台 YD－600 尿液分析仪供某县人民医院使用，某县人民医院须从某公司购买该设备配套试纸条，双方合作期限六年，单价为 125 元/筒。协议签订后，某县人民医院即将 YD－600 尿液分析仪正式投入使用，并按照协议约定从某公司采购试纸。2015 年 11 月 20 日，市工商质监局对某县人民医院涉嫌商业贿赂进行立案调查，2015 年 12 月 16 日，市工商质监局向某县人民医院送达了《行政处罚听证告知书》，告知其拟处罚的内容和其享有陈述、申辩以及要求举行听证的权利。2016 年 1 月 7 日，市工商质监局作出《行政处罚决定书》，某县人民医院不服该处罚决定，遂提起行政诉讼。

原审法院认为，市工商质监局具有对辖区内不正当竞争行为进行监督检查的法定职权。《反不正当竞争法》（1993 年）第 8 条第 1 款规定："经营者不得采用财物或者其他手段进行贿赂以销售或者购买商品，在帐外暗中给予对方单位或者个人回扣的，以行贿论处；对方单位或者个人在帐外暗中收受回扣的，以受贿论处。"国家工商总局《关于禁止商业贿赂行为的暂行规定》

① （2016）皖 18 行终 96 号。

第 4 条规定："任何单位或者个人在销售或者购买商品时不得收受或者索取贿赂。"本案中，某县人民医院与某公司签订《医疗设备合作协议》，约定某公司免费投放一台 YD－600 尿液分析仪供某县人民医院使用，某公司取得该设备配套试纸条的六年独家供应权，该行为属于典型的附赠式商业贿赂行为，以上事实有现场笔录、询问（调查）笔录、医疗设备合作协议等证实。《反不正当竞争法》第 2 条第 3 款规定：本法所称的经营者，是指从事商品经营或者营利性服务的法人、其他经济组织和个人。从上述规定可以看出，只要其在法律允许的范围内从事商品经营和营利性服务，就属于《反不正当竞争法》调整范围之内的经营者，而不论该主体的法律属性如何。国家工商总局《关于非营利性医疗机构是否属于〈中华人民共和国反不正当竞争法〉规范主体问题的答复》（工商法字〔2001〕248 号）明确指出："无论是营利性医疗机构，还是非营利性医疗机构，只要在购买药品或者其他医疗用品中收受回扣的，都应当按照《反不正当竞争法》的规定依法查处。"因此，从事采购药品活动中的医院，是《反不正当竞争法》所称的经营者，故某县人民医院在采购试纸过程中收受医药公司免费提供尿液分析仪的行为已构成收受商业受贿行为，事实清楚。市工商质检局依据《反不正当竞争法》第 22 条和《关于禁止商业贿赂行为的暂行规定》第 9 条之规定对某县人民医院作出行政处罚，适用依据正确。市工商质检局在处罚前，进行了立案、调查取证，并送达了行政处罚告知书，交代了陈述和申辩以及要求举行听证的权利，其作出的处罚决定程序符合法律规定。综上，市工商质监局作出的行政处罚，认定事实清楚，适用法律正确，程序合法。依据《行政诉讼法》第 69 条之规定，判决如下：驳回某县人民医院的诉讼请求。

某县人民医院不服上述判决，提出上诉称：（1）某县人民医院属于非营利性公立医院，并不是《反不正当竞争法》规定的经营者，某县人民医院的行为不构成商业贿赂行为。（2）市工商质监局在调查案件过程中，违反了《工商行政管理机关行政处罚程序规定》和《行政强制法》第 18 条的规定，程序违法。市工商质监局辩称：（1）某县人民医院在医疗器械设备及耗材采购中，与某公司签订《医疗设备合作协议》，是典型的附赠式商业贿赂行为，违反了《反不正当竞争法》第 8 条第 1 款和国家工商行政管理总局《关于禁止商业贿赂行为的暂行规定》第 2 条第 1 款、第 8 条之规定。（2）国家工商总局《关于非营利性医疗机构是否属于〈中华人民共和国反不正当竞争法〉规范主体问题的答复》明确：无论是营利性医疗机构，还是非营利性医疗机构，只要在购买药品或者其他医疗药品中收受回扣的，都应当按照《反不正当竞争法》的规定依法查处。（3）本案于2015年11月20日立案调查，12月16日向某县人民医院送达了《行政处罚听证告知书》，告知了拟处罚的内容及当事人陈述、申辩以及听证的权利。现场检查、询问调查等程序符合《工商行政机关管理行政处罚程序的规定》《行政处罚法》的规定。对某县人民医院作出罚款人民币10000元的行政处罚认定事实清楚、证据确实充分。

二审经审查认为：某公司根据与某县人民医院签订的销售协议，向该医院免费投放一台YD－600尿液分析仪，显然该分析仪不属于在销售商品时附赠的小额广告礼品，某公司投放YD－600尿液分析仪并向某县人民医院销售配套试纸的行为违反了国家工商总局《关于禁止商业贿赂行为的暂行规定》第4条、第8条和《反不正当竞争法》第8条第1款的规定，已构成商业贿赂。国家工商总局《关于非营利性医疗机构是否属于〈中华人民共和国反不正当竞争法〉规范主体问题的答复》规定：无论是营利性医疗机构，还是非营利性医疗机构，只要在购买药品或者其他医疗药品中收受回扣的，都应当按照《反不正当竞争法》的规定依法查处。某县人民医院上诉称其属于非营利性公立医院，并不是《反不正当竞争法》规定的经营者，其行为不构成商业贿赂，无法律依据。市工商质监局经现场检查、询问调查后立案，向某县人民医院送达了《行政处罚听证告知书》，听取当事人的陈述、申辩，对该案进行了听证，程序合法，对某县人民医院作出的行政处罚认定事实清楚，适用法律适当，程序合法。某县人民医院上诉称市工商质监局处罚程序违法，无事实和法律依据，本院不予支持。依照《行政诉讼法》第89条第1款第（1）项之规定，判决驳回上诉，维持原判。

案例三①

2016年12月15日，岳阳市某区工商分局执法人员在例行工作检查时发现某公司与二医院于2015年4月3日签订合作合同。合同约定：甲方（某公司）向乙方（区二医院）提供化学发光分析仪、全自动生化仪各一台，市场

① （2018）湘06行终105号。

价格 40 万元，折扣价 30 万元。协议期限为六年，期限满后甲方以一元的价格转让给乙方。协议期内乙方不得在甲方以外采购食品相关试剂及耗材，如违反乙方必须向甲方支付违约金。双方加盖了单位的公章和代表签名。执法人员认为此合同违反了法律规定，建议进行核查，于同日立案调查。经查证双方往来账目，询问当事人，某公司销售与仪器有关的试剂耗材交易额高达 1036237.6 元，有涉嫌商业贿赂的行为，经工商分局集体讨论决定，于 2017 年 9 月 18 日作出《行政处罚决定书》。某公司不服此行政处罚决定，于同年 9 月 21 日向岳阳市工商行政管理局提出行政复议。复议机关维持了行政处罚决定。某公司以工商分局违反程序，适用法律错误，提起行政诉讼。

法院认为，本案的焦点有二：第一，工商分局执法程序是否合法；第二，某公司的行为是否构成商业贿赂行为。

关于工商分局没有送达立案通知书、未立案先调查的意见。在本案中，2016 年 12 月 15 日工商分局执法人员在执法检查中发现某公司与第三人二医院签订了设备投放合同。经初步调查后认为双方涉嫌商业贿赂，随即报请分局领导批准立案并将立案情况送交分局法规部门备案。立案后，工商分局执法人员开展调查取证。从工商分局提供的证据材料中，可以看出立案在先、调查取证在后的事实，且程序符合我国《行政处罚法》和《工商行政管理机关行政处罚程序规定》。同时法律没有明文规定立案通知书必须送达给被立案对象。某公司认为未立案先调查，没有事实证据和法律依据，此意见法院没有采信。

关于某公司的行为是否构成商业贿赂行为的问题。经查，工商分局具有对辖区内不正当竞争行为进行监督检查的法定职权。根据《反不正当竞争法》第 8 条第 1 款，国家工商总局《关于禁止商业贿赂行为的暂行规定》第 8 条的规定，经营者在商品交易中不得向对方单位或者其个人附赠现金或者物品，否则属于附赠式商业贿赂行为。本案中，某公司与第三人二医院签订合作合同，约定以 1 元的价格投放二台生化仪供医院使用，原告取得该设备试剂及耗材的六年供应权，从而获取更多交易机会，排挤其他竞争对手，上述行为侵害的是公平竞争秩序，并不要求有明确具体的其他竞争者，该行为属于典型的附赠式商业贿赂行为。

综上所述，被告工商分局作出的行政处罚，被告市工商局作出的行政复议决定，认定事实清楚，适用法律正确，程序合法，根据《行政诉讼法》第69条的规定，判决驳回某公司的诉讼请求。

知识要点

1. 如何认定“商业贿赂”。
2. 非营利性医疗机构是否能够成为商业贿赂行政处罚的对象。
3. 行政处罚程序。

案例解析

一、如何认定“商业贿赂”

“商业贿赂”第一次作为法律术语出现，是在《关于禁止商业贿赂行为的暂行规定》中，该规定第2条第1款规定：“经营者不得违反《反不正当竞争法》第八条规定，采用商业贿赂手段销售或者购买商品。”并且，对“商业贿赂”进行了定义，即“指经营者为销售或者购买商品而采用财物或者其他手段贿赂对方单位或者个人的行为”。该规定的缺陷在于将商业贿赂限定在“销售或者购买商品”领域，显然是不全面的。

2017年，我国修订了《反不正当竞争法》，但在实践中仍然存在不少争议。首先，我国对商业贿赂主体没有详细的规定，其中规定的经营者及其对方单位、个人难以涵盖当今社会纷繁复杂的商业贿赂主体，使得现实生活中一些主体较为特殊的商业贿赂行为无法合理归类；其次，我国对于商业贿赂的行为方式规定较为单薄，参照《反不正当竞争法》第7条的规定，贿赂手段被简单概括为“财物”和“其他手段”，无法起到治理现实生活中的商业贿赂行为的效果；最后也是最为关键的是法律责任的薄弱，我国现行法律构建了包括民事责任、行政责任以及刑事责任在内的法律责任体系，但是处罚力度较弱。

国外对于商业贿赂的法律规定日趋成熟，最典型的是美国颁布的《反海外腐败法》，反贿赂条款正是该法的核心，该条款的适用范围广泛，但同时用严格的适用条件防止司法实践中的滥用，配合严厉的处罚标准，形成了一套完善的行为规范体系。

通过上述三个案例可以看出，在我国，商业贿赂的认定，实践中存在较大的争议。如案例一中，医疗机构是否可以收取管理费，执法机关以及一审、二审法院的观点存在明显的不一致。本书认为，该案件认定是否构成商业贿赂的核心是，医疗机构收取管理费，是进行必要的管理，还是以收取管理费的名义来获取不正当利益，剥夺其他市场主体的交易机会。

2019 年修正的《反不正当竞争法》第 7 条规定："经营者不得采用财物或者其他手段贿赂下列单位或者个人，以谋取交易机会或者竞争优势：（一）交易相对方的工作人员；（二）受交易相对方委托办理相关事务的单位或者个人；（三）利用职权或者影响力影响交易的单位或者个人。经营者在交易活动中，可以以明示方式向交易相对方支付折扣，或者向中间人支付佣金。经营者向交易相对方支付折扣、向中间人支付佣金的，应当如实入账。接受折扣、佣金的经营者也应当如实入账。"由此可见，对商业贿赂的理解，与修正之前有很大区别。

从新法来看，商业贿赂的认定，可以考量以下几个方面。第一，商业贿赂应该包括行贿和受贿两个方面，受贿的主体不包含对方单位，而是交易相对方的工作人员、受交易相对方委托办理相关事务的单位或者个人、利用职权或者影响力影响交易的单位或者个人；第二，要区别商业贿赂与公职贿赂；第三，商业贿赂是一种不正当的竞争行为，发生在市场交易过程中；第四，商业贿赂的目的是获得交易机会、竞争优势或相应的优惠机会，而这些机会并非通过正常的竞争途径，由对方公平评价后给予的；第五，商业贿赂的手段可以是给予物质利益，当然也包括其他形式的非经济利益及其他手段。

二、非营利性医疗机构是否能够成为商业贿赂行政处罚的对象

在案例一、案例二中，都涉及非营利性医疗机构被处罚的情形。因此，有必要讨论，非营利性医疗机构是否能够成为商业贿赂行政处罚的主体。

在《反不正当竞争法》（2019 年修正）第 19 条中，规定了商业贿赂的法律责任："经营者违反本法第七条规定贿赂他人的，由监督检查部门没收违法所得，处十万元以上三百万元以下的罚款。情节严重的，吊销营业执照。"对于"经营者"的定义，越来越多的人主张坚持"行为标准"说，即不以是否

取得经营资格来界定经营者，只要实际上在从事或参与经营活动，即可成为《反不正当竞争法》中的经营者，从而可以构成商业贿赂中的行贿主体。因此，可以认为，是否为《反不正当竞争法》意义上的“经营者”，并非在于其是否具有登记注册资格，而只要行为人实施了经营行为，就可以认定其主体资格。

同时，对于医疗机构，前述判决中提到的原国家工商行政管理总局《关于非营利性医疗机构是否属于〈中华人民共和国反不正当竞争法〉规范主体问题的答复》指出：“无论是营利性医疗机构，还是非营利性医疗机构，只要在购买药品或者其他医疗用品中收受回扣的，都应当按照《反不正当竞争法》的规定依法查处。”

因此，不难看出，只要医疗机构从事了商业贿赂行为，无论是行贿，还是受贿，都可能会涉及相应的法律责任。

三、行政处罚程序

在行政处罚案件中，执法程序始终是备受关注的话题，如案例二、案例三中，都涉及执法程序的讨论。

行政处罚，既是行政机关的实体行为，也是程序行为，实施任何一种行政处罚行为，都离不开一定的步骤、方式、方法和过程，这些就构成了行政处罚程序。我国行政处罚程序的设定，根本上是为了控制行政权力的滥用。我国《行政处罚法》第五章规定了行政处罚决定程序，包括简易程序和一般程序两种。

1. 简易程序

简易程序是指行政机关对于违法事实确凿、情节简单的行政处罚事项当场进行处罚的行政处罚程序。它最大的特点就是程序简单，行政执法人员发现违法行为后即可当场处罚，不需要进行复杂的调查取证。

2. 一般程序

行政处罚主体作出行政处罚，除了可以当场处罚的以外，必须依照法律规定的一般程序去实施，否则即属于违法，所做出的处罚很可能被人民法院认定为无效或确认违法。行政处罚的一般程序必须经过以下步骤：收集证据；告知当事人行政处罚的事实、理由和依据；听取当事人的陈述、申辩；作出处罚决定；制作并送达处罚决定书。

立案

对于属本行政机关管辖范围内并在追究时效内的行政违法行为，行政机关认为有调查处理的必要的，应当正式立案。

↓

调查

执法人员必须两人以上，向当事人出示执法身份证件，全面、客观、公正地调查、收集有关证据，执法人员对调查情况应制作《检查笔录》《询问笔录》，并交付当事人审阅无误后签名。

↓

审批

执法经办人，规范填写《案件审批表》，提出案件处理意见，逐级审批。案件复杂而且较大数额罚款，应当坚持领导会审制度。

↓

告知

告知当事人（单位）拟作出处罚的事实、理由和依据，当事人依法享有陈述、申辩的权利。

↓

送达

执法人员规范填写《行政处罚决定书》及《送达回证》送达当事人（单位），多数人或见证人审核无误后签名（盖章）。

↓

执行

除在边远、水上、交通不便地区，当事人向指定银行缴纳确有困难，经当事人提出的，可当场收缴罚款外，其他情形，严格执行罚缴分离制度。当事人对处罚决定既不申请行政复议，也不向同级人民法院提起行政诉讼，又不履行的，行政机关在作出行政处罚决定之日起三个月内向人民法院申请强制执行。

↓

备案

按要求撰写结案报告并整理文书归档备案。

3. 听证程序

听证程序涉及较为严厉的行政处罚，此处不做讨论，可以参考本书第十五章。

法律依据

《中华人民共和国反不正当竞争法》

第七条　经营者不得采用财物或者其他手段贿赂下列单位或者个人，以谋取交易机会或者竞争优势：

（一）交易相对方的工作人员；

（二）受交易相对方委托办理相关事务的单位或者个人；

（三）利用职权或者影响力影响交易的单位或者个人。

经营者在交易活动中，可以以明示方式向交易相对方支付折扣，或者向中间人支付佣金。经营者向交易相对方支付折扣、向中间人支付佣金的，应当如实入账。接受折扣、佣金的经营者也应当如实入账。

经营者的工作人员进行贿赂的，应当认定为经营者的行为；但是，经营者有证据证明该工作人员的行为与为经营者谋取交易机会或者竞争优势无关的除外。

第十九条　经营者违反本法第七条规定贿赂他人的，由监督检查部门没收违法所得，处十万元以上三百万元以下的罚款。情节严重的，吊销营业执照。

《关于禁止商业贿赂行为的暂行规定》

第八条　经营者在商品交易中不得向对方单位或者其个人附赠现金或者物品。但按照商业惯例赠送小额广告礼品的除外。

违反前款规定的，视为商业贿赂行为。

《中华人民共和国行政处罚法》

第四条　公民、法人或者其他组织违反行政管理秩序的行为，应当给予行政处罚的，依照本法由法律、法规、规章规定，并由行政机关依照本法规定的程序实施。

第四十二条　行政处罚应当由具有行政执法资格的执法人员实施。执法人员不得少于两人，法律另有规定的除外。

执法人员应当文明执法，尊重和保护当事人合法权益。

第五十四条　除本法第五十一条规定的可以当场作出的行政处罚外，行政机关发现公民、法人或者其他组织有依法应当给予行政处罚的行为的，必须全面、客观、公正地调查，收集有关证据；必要时，依照法律、法规的规定，可以进行检查。

符合立案标准的，行政机关应当及时立案。

第五十六条　行政机关在收集证据时，可以采取抽样取证的方法；在证据可能灭失或者以后难以取得的情况下，经行政机关负责人批准，可以先行登记保存，并应当在七日内及时作出处理决定，在此期间，当事人或者有关人员不得销毁或者转移证据。

第五十七条　调查终结，行政机关负责人应当对调查结果进行审查，根据不同情况，分别作出如下决定：

（一）确有应受行政处罚的违法行为的，根据情节轻重及具体情况，作出行政处罚决定；

（二）违法行为轻微，依法可以不予行政处罚的，不予行政处罚；

（三）违法事实不能成立的，不予行政处罚；

（四）违法行为涉嫌犯罪的，移送司法机关。

对情节复杂或者重大违法行为给予行政处罚，行政机关负责人应当集体讨论决定。

第十七章

未经亲自诊查、调查，签署诊断、治疗、流行病学等证明文件或者有关出生、死亡等证明文件

本章概要

本章结合法律法规和相关案例对“医学文书”“医学证明文件”等概念进行了探讨，分析了“医生未经亲自诊查书写患者病历”是否构成“未经亲自诊查、调查签署证明文件”之违法行为等问题，并对“未经亲自诊查书写患者病历”可能引起的法律责任进行说明。

典型案例

案例一①

陈某于2017年5月6日至6月12日在某医院看门诊，同年7月6日到该医院复印门诊病历，认为门诊病历记载简单。2017年7月11日，陈某以单位报销为由要求门诊的牛医生补写门诊病历，牛医生按陈某叙述补写了门诊病历。陈某认为牛医生为其补写的门诊就诊病历与电子病历不符，有造假行为。陈某于2018年1月2日向佳木斯市卫生和计划生育委员会（以下简称行政机关）投诉，要求对涉事医生作出行政处罚，并将处理结果正式书面答复投诉人。

行政机关经调查核实后，于2018年4月4日依据《执业医师法》第37条第（4）项、第（5）项（未经亲自诊查、调查，签署诊断、治疗、流行病学等证明文件或者有关出生、死亡等证明文件的；隐匿、伪造或者擅自销毁医学文书及有关资料的）对牛医生作出警告的行政处罚，并将处理结果告知投诉人陈某。陈某认为行政机关作出的行政处罚决定，未经调查与事实不符，显失公平，处罚不当，向法院提起行政诉讼，提出要求被告改正错误行政处罚，重新作出相应的行政处罚等诉讼请求。

一审法院认为，根据我国《执业医师法》《医疗机构管理条例》等规定，被告行政机关具有对投诉内容进行行政处理和答复的法定职责，是本案的适格被告。根据《行政诉讼法》第25条第1款规定，行政行为的相对人以及其他与行政行为有利害关系的公民、法人或者其他组织，有权提起诉讼。原告

① （2019）黑行申456号。

与被诉行政行为具有利害关系，有权提起行政诉讼。原告陈某于2018年1月2日向被告行政机关投诉，要求对涉事医生作出行政处罚，并将处理结果正式书面答复原告。被告经调查后认定，涉事医生牛某未经亲自诊查、调查，为患者原告陈某开具门诊病历并签署其他医师姓名，违反我国《执业医师法》第23条的规定，被告依据我国《执业医师法》第37条第（4）项、第（5）项之规定，对牛医生作出警告的行政处罚，事实清楚，证据确实充分，程序合法，应予维持。一审法院依照《行政诉讼法》第69规定，判决驳回原告陈某的诉讼请求。

陈某不服，提出上诉。

二审法院经审理查明，陈某于2017年5月至6月到某医院门诊就医，该院罗医生为其诊治。陈某认为病历书写过于简单，以报销为由到该院门诊部要求补写病历。该院牛医生为其补写了数份门诊病历，签署了罗医生的名字。2018年1月2日，陈某向行政机关投诉，反映某医院门诊病历书写不完整、不及时、非医生本人签字等问题。2018年4月4日，行政机关作出行政处罚决定，给予医生牛某警告的行政处罚，并将处罚结果告知投诉人陈某。

二审法院认为：我国《执业医师法》第23条规定，医师实施医疗、预防、保健措施，签署有关医学证明文件，必须亲自诊查、调查，并按规定及时填写医学文书，不得隐匿、伪造或者销毁医学文书及有关资料。医师不得出具与自己执业范围无关或者与执业类别不相符的医学证明文件。根据该规定，牛医生在未对上诉人亲自诊治的情况下，为其补写门诊病历，行政机关对其作出警告的行政处罚并无不当。一审判决驳回陈某的诉讼请求，符合法律规定。二审法院判决驳回上诉，维持原判。

案例二①

2013年10月27日，某医院霍医生出具了患者为陈某的门诊病历。2014年9月3日，苏某向区卫计委（以下简称行政机关）举报霍医生于2013年10月27日在患者陈某未到场情况下为其出具门诊病历。2014年9月11日，霍医生向行政机关陈述其与患者陈某并不认识，2013年10月27日当天其在患者陈某本人并未到场情况下，根据一男子的要求和描述出具了门诊病历。

① （2015）扬行终字第00077号。

2014年9月25日，行政机关作出行政处罚决定，以霍医生在患者陈某未到场情况下出具病历，违反了我国《执业医师法》第23条第1款的规定之由，依据我国《执业医师法》第37条第（4）项的规定，决定对医生霍某责令暂停六个月执业活动。霍某对此不服，向上级行政机关申请复议，复议机关维持了原行政处罚决定。

霍某不服，向法院提起行政诉讼。

一审法院认为本案的争议焦点在于：（1）2013年10月27日原告霍某出具病历时患者陈某是否在场；（2）被告行政机关作出本案被诉行政处罚决定适用我国《执业医师法》第37条第（4）项是否正确。针对第一个争议焦点，法院认为，能够认定2013年10月27日原告出具病历时患者陈某并未到场。理由在于，原告此前在被告向其调查时已认可2013年10月27日在陈某未到场情况下根据一男子的要求出具了门诊病历，其最先所作的对己不利的陈述在没有足以推翻的相反证据的情形下，本院应予以确认。陈某、张某当庭所作证言与其在复议阶段所作陈述以及两人各自的陈述多处细节相互矛盾，仅凭上述证人证言无法推翻原告的上述陈述。原告辩称上述陈述系其受到多方因素影响，迫于压力所作，并非真实意思表示，因无有效证据加以证明，故本院对此不予采信。针对第二个争议焦点，法院认为，被告依据我国《执业医师法》第37条第（4）项作出的行政处罚决定，适用法律错误。理由在于：（1）我国《执业医师法》第23条第1款规定，医师实施医疗、预防、保健措施，签署有关医学证明文件，必须亲自诊查、调查，并按照规定及时填写医学文书，不得隐匿、伪造或者销毁医学文书及有关资料。该法第37条规定："医师在执业活动中，违反本法规定，有下列行为之一的，由县级以上人民政府卫生行政部门给予警告或者责令暂停六个月以上一年以下执业活动；情节严重的，吊销其执业证书；构成犯罪的，依法追究刑事责任：……（四）未经亲自诊查、调查，签署诊断、治疗、流行病学等证明文件或者有关出生、死亡等证明文件的；（五）隐匿、伪造或者擅自销毁医学文书及有关资料的；……"该法上述两个不同条款均出现"医学证明文件""医学文书"的不同表述，可见两者在内涵上是有本质区别的，否则也无须在条款中作不同表述。（2）相关法律、法规、规章虽无明确的关于"医学证明文件""医学文书"的概念解释，两者也均有法律上的证明效力，但结合上述条文以及医疗机构的通常做法，两者主要区别在于，在形式上，医学证明文件一般须以医疗机构名义出具，并加盖医疗机构公章，而医学文书则一般由医生书写，不加盖医疗机构公章；在内容上，医学证明文件记载的是医疗机构的结论性意见，而医学文书一般则反映的是过程中某段情况；在效力上，医学证明文件具有一定的权威性和法律效力，往往会被其他单位直接采信，而医学文书效力则不及前者。由此可见，本案所涉门诊病历应归类为医学文书而非医学证明文件。我国《执业医师法》第 23 条第 1 款、第 37 条第（4）项的规定所指向的均为医学证明文件，故被告认为原告违反该法第 23 条第 1 款，依据该法第 37 条第（4）项规定作出的本案被诉行政处罚决定，属适用法律错误。综上，被告作出的被诉具体行政行为认定事实清楚、程序合法，但适用法律错误，判决撤销被告作出的行政处罚决定。

被告行政机关对一审判决不服，提起上诉。行政机关称：首先，一审法院认定本案所涉门诊病历系医学文书而非医学证明文件，没有法律及事实依据。一方面，从法律规定来看，我国《执业医师法》第 23 条第 1 款规定，医师实施医疗、预防、保健措施，签署有关医学证明文件，必须亲自诊查、调查，并按照规定及时填写医学文书，不得隐匿、伪造或者销毁医学文书及有关资料。该法第 37 条规定："医师在执业活动中，违反本法规定，有下列行为之一的，由县级以上人民政府卫生行政部门给予警告或者责令暂停六个月以上一年以下执业活动；情节严重的，吊销其执业证书；构成犯罪的，依法追究刑事责任：……（四）未经亲自诊查、调查，签署诊断、治疗、流行病学等证明文件或者有关出生、死亡等证明文件的；（五）隐匿、伪造或者擅自销毁医学文书及有关资料的；……"这里出现了医学证明文件、医学文书和证明文件三个概念，而原审法院却省略为两个，将医学证明文件与证明文件之间直接画等号，并进而认为医学证明文件与医学文书之间存在本质区别，是违背法律规定的。无论是我国《执业医师法》还是其他相关法律法规均未对医学证明文件、医学文书和证明文件的内涵及外延作出明确规定，也未有认为门诊病历应归类于医学证明文件、医学文书或证明文件的任何规定。另一方面，原审法院以是否加盖医疗机构公章作为区分医学文书和医学证明文件的形式条件，属于以偏概全。本案所涉门诊病历已经完全构成诊断、治疗的证明文件。门诊病历与医学证明文件、证明文件一样，也往往会被其他单位直接采信。

其次，本案所涉门诊病历系证明文件，上诉人作出的行政处罚决定，适用法律正确，应予以维持。从法条文义上看，证明文件是指证实、说明事实、某种资质等内容的书面文件材料。本案门诊病历已经客观上成为从医学上证实患者陈某患有腰椎间盘突出症以及相应治疗方案的证明文件。本案被上诉人霍某在未见到患者陈某，未亲自诊查、调查的情况下，就在陈某的门诊病历上作出腰椎间盘突出症的诊断结论及相应的治疗方案，其行为显然应被我国《执业医师法》第 23 条第 1 款所禁止，并依据该法第 37 条第（4）项而被处罚。从形式上看，本案所涉门诊病历加盖了被上诉人所在医院的格式印章，并由被上诉人签名，完全符合医学证明文件的形式要求。综上所述，上诉人认为一审判决认定本案所涉门诊病历不属于证明文件，适用法律错误。请求二审法院撤销原审判决，依法改判维持上诉人作出的行政处罚决定。

二审法院认为案件争议焦点在于：（1）上诉人行政机关作出的行政处罚决定书，认定被上诉人霍某在患者陈某未到场的情况下为其出具门诊病历，是否正确；（2）上诉人作出的行政处罚决定书，依据我国《执业医师法》第 37 条第（4）项之规定，适用法律是否正确。

二审法院认为：首先，上诉人作出行政处罚决定书，认定被上诉人霍某在患者陈某未到场的情况下为其出具门诊病历，认定事实正确。

其次，上诉人行政机关作出的行政处罚决定书，依据我国《执业医师法》第 37 条第（4）项之规定，适用法律存在不当。我国《执业医师法》第 23 条第 1 款规定，医师实施医疗、预防、保健措施，签署有关医学证明文件，必须亲自诊查、调查，并按照规定及时填写医学文书，不得隐匿、伪造或者销毁医学文书及有关资料。该法第 37 条规定："医师在执业活动中，违反本法规定，有下列行为之一的，由县级以上人民政府卫生行政部门给予警告或者责令暂停六个月以上一年以下执业活动；情节严重的，吊销其执业证书；构成犯罪的，依法追究刑事责任：……；（四）未经亲自诊查、调查，签署诊断、治疗、流行病学等证明文件或者有关出生、死亡等证明文件的……"对于门诊病历是属于医学文书，还是属于医学证明文件或证明文件，全国人大常委会法工委国家法室、卫生部政策法规司、卫生部医政司联合编写的《〈中华人民共和国执业医师法〉释解》中认为，我国《执业医师法》第 23 条所规定医学证明文件一般是指诊断书、化验单、医学鉴定、残疾或者死亡医学证明等，医学文书一般是指处方、病历书、手术记录、住院患者诊疗记录、传染病疫情报告等。[①] 因此，在通常情况下，门诊病历属于医学文书范畴，除非在有充分证据足以证明当事人已经实际将门诊病历用于在办理有关事项过程中证明相关事实的客观存在。本案中，上诉人认为本案所涉病历应当属于我国《执业医师法》第 37 条第（4）项所规定的证明文件，但既未能提交相应规范性文件对其上述主张予以证明，亦未能对本案所涉及的证明文件、医学证明文件和医学文书等概念之间的区别与联系作出合法、合理的解释。因此，二审法院对上诉人的上述主张不予采纳。

综上所述，二审法院认为上诉人作出的行政处罚决定书，认定事实正确，但适用法律不当。原审判决认定事实清楚，适用法律正确。判决驳回上诉，维持原判。

案例三[②]

朱某于 2013 年至 2015 年 1 月 20 日间，在某医院进行了 RhD 血型、RH 血型、RH 抗体效价及 ABO 红细胞定型、ABO 亚型鉴定等血液化验。朱某认为该医院出具的检验报告单是故意造假报告，于 2016 年 12 月 11 日向省卫生计生委邮寄投诉书，请求对某医院故意造假报告依法作出行政处罚，并公开此信息。省卫生计生委于 2017 年 3 月 9 日作出答复函，内容为：您于 2013 年、2014 年在某医院分别做了 RhD 血型、RH 血型、RH 抗体效价及 ABO 红细胞定型、ABO 亚型鉴定四项检查。您认为院方出具的检验报告单中 RhD 血型检验结果阳性（↑）、RH 血型检验结果“DCcee”、RH 抗体效价检验结果“1：2”等检验报告结果，未采用 RhD 血型检验结果阳性（+）、RH 血型检验结果“DDCcee”、RH 抗体效价检验结果未注明凝聚强度“4+”等表述方式属于检验报告单故意造假。经调查，某医院作上述同类检验项目的流程为：患者到抽血室抽血，血液由抽血室送到相关检验科室进行化验，相关科室根据实验室标准操作规程进行检测并出具检验结果。某医院陈述，在对患者出

---

① 全国人大常委会法工委国家法室、卫生部政策法规司、卫生部医政司编：《〈中华人民共和国执业医师法〉释解》，中国民主法制出版社 1998 年版。

② （2018）辽 01 行终 1989 号。

具上述同类检验项目的报告单时，均采用与您的检验报告单相同的表述方式。监督员现场随机抽取了3个检查项目的检验报告单，确定某医院陈述符合实情。目前，现有事实及证据不能认定某医院存在伪造检验报告单的违法行为。朱某不服，向省政府提出行政复议，复议机关维持了省卫生计生委的答复函。朱某不服，诉至法院。

一审法院认为：根据我国《医疗机构管理条例》《执业医师法》等规定，省卫生计生委作为县级以上的卫生行政部门具有对医疗机构及医师的执业活动进行监督管理的法定职权。根据《行政复议法》相关规定，被告省人民政府具有作出行政复议决定的法定职责。

本案中，原告主张某医院为其出具故意造假报告，要求省卫生计生委依法作出行政处罚。省卫生计生委在收到原告投诉后，依法进行了调查，并抽取了该医院与原告同类的检验项目的检验报告单，查明抽取的检验报告单的表述方式与原告的检验报告单相同。法院经调查认为，某医院为原告出具的检验报告内容部分不符合《卫生部临床检验中心2013（2014）年临床输血相容性检测质检质量评价统计结果》和《卫生部临床检验中心2013（2014）年临床输血相容性检测专业第一次质评活动——某医院质评上报表》，但该行为并不属于我国《医疗机构管理条例》《执业医师法》等法律法规规定的出具虚假证明文件和隐匿、伪造或者擅自销毁医学文书的违法行为，也不属于上述法律法规规定的其他违法行为情形，故省卫生计生委答复某医院不存在伪造检验报告单的违法行为，并无不当。省政府提供的证据能够证明其复议程序合法。综上，原告要求撤销告知函、行政复议决定及赔偿经济损失的诉讼请求，无事实及法律依据，一审法院不予支持，判决驳回原告朱某的诉讼请求。

朱某不服，提起上诉。

二审法院经审查，认为：原审法院对证据的认定正确，本院审理查明的事实与原审查明的事实一致。本案中，被上诉人省卫计委提供的证据能够证明，在接到上诉人朱某投诉后，省卫计委依法进行了调查，某医院为朱某出具的检验报告内容不属于《医疗机构管理条例》第32条、第49条和我国《执业医师法》第37条规定的违法行为，不属于出具虚假证明文件和隐匿、伪造或者擅自销毁医学文书的违法行为，故省卫计委对于上诉人朱某的投诉作出的行政答复并无不当。省政府依申请按照法定程序对于被诉行政答复作出了行政复议，程序合法。综上，原审认定事实清楚，适用法律、法规正确。上诉人的上诉请求，无事实及法律依据，不予支持。二审法院判决驳回上诉，维持原判。

知识要点

1. “医学文书”和“医学证明文件”的区分。
2. 医生未经亲自诊查书写患者病历的法律责任。

案例解析

一、“医学文书”和“医学证明文件”的区分

我国《执业医师法》第23条规定，医师实施医疗、预防、保健措施，签署有关医学证明文件，必须亲自诊查、调查，并按照规定及时填写医学文书，不得隐匿、伪造或者销毁医学文书及有关资料。医师不得出具与自己执业范围无关或者与执业类别不相符的医学证明文件。

根据上述规定，医师负有对患者亲自诊查、调查的义务，未经亲自诊查、调查签署诊断、治疗、流行病学等证明文件或者有关出生、死亡等证明文件，或者隐匿、伪造或者擅自销毁医学文书及有关资料属于违法行为。

我国《执业医师法》第23条中出现的“医学证明文件”“医学文书”的概念分别是什么？

目前，相关法律、法规、规章无明确的关于“医学证明文件”“医学文书”的概念解释。《〈中华人民共和国执业医师法〉释解》认为，我国《执业医师法》第23条所规定医学证明文件一般是指诊断书、化验单、医学鉴定、残疾或者死亡医学证明等，医学文书一般是指处方、病历书、手术记录、住院患者诊疗记录、传染病疫情报告等。①

结合上述案例二的判决书，可以认为，医学证明文件记载的是医疗机构

① 全国人大常委会法工委国家法室、卫生部政策法规司、卫生部医政司编：《〈中华人民共和国执业医师法〉释解》，中国民主法制出版社1998年版。

的结论性意见，一般须以医疗机构名义出具，并加盖医疗机构公章，具有一定的权威性和法律效力，其制作目的在于证明某项事实；而医学文书一般则反映的是患者治疗过程中的具体信息或某些情况，效力不及医学证明文件，其制作目的在于客观描述患者病情及诊疗情况。

二、医师未经亲自诊查书写患者病历的法律责任

在案例一中，某医院医生牛某未经亲自诊查、调查，为患者补写门诊病历并签署其他医师姓名，行政机关依据我国《执业医师法》第 37 条第（4）项、第（5）项之规定，对牛医生作出警告的行政处罚。在该案件中，行政机关并未区分涉案门诊病历属于“医学证明文件”还是“医学文书”，在处罚决定书中同时引用了我国《执业医师法》第 37 条第（4）项、第（5）项的规定作出行政处罚。

在案例二中，某医院霍医生在患者未到场的情况下通过第三人的要求和描述出具了门诊病历。行政机关认为该行为违反了我国《执业医师法》第 23 条第 1 款的规定，依据我国《执业医师法》第 37 条第（4）项（未经亲自诊查、调查，签署诊断、治疗、流行病学等证明文件或者有关出生、死亡等证明文件的）的规定，决定对医生霍某责令暂停六个月执业活动。在后来的行政诉讼中，一审法院将行政机关作出被诉行政处罚决定适用我国《执业医师法》第 37 条第（4）项是否正确作为案件争议焦点进行了重点论述。法院认为，本案所涉门诊病历应归类为医学文书而非医学证明文件。因此，法院认为行政机关依据我国《执业医师法》第 37 条第（4）项规定作出的行政处罚决定属适用法律错误。上诉后，二审法院也认为门诊病历在通常情况下应属于医学文书范畴。

因此，结合上述案例，病历应当属于医学文书范畴，而非医学证明文件，据此，不能以“未经亲自诊查、调查，签署诊断、治疗、流行病学等证明文件或者有关出生、死亡等证明文件”为法律依据对“医生未经亲自诊查书写患者病历”的行为作出行政处罚。

那么，医生未经亲自诊查书写患者病历，需要承担什么法律责任呢？

本书认为，医生未经亲自诊查书写患者病历，不能一概认定为伪造医学文书，适用我国《执业医师法》第 37 条第（5）项“隐匿、伪造或者擅自销毁医学文书及有关资料的”进行处理。如果医生未经亲自诊查书写患者病历，

其主观目的在于掩盖事实，符合伪造病历的构成要件，则可以认定为伪造病历；如果不符合伪造病历的构成要件，则应根据医生未经亲自诊查书写患者病历时的具体情形，判断是否违反其他卫生行政规章制度，如《医疗机构病历管理规定》《病历书写基本规范》等作出相应处理。

法律依据

《中华人民共和国执业医师法》

第二十三条　医师实施医疗、预防、保健措施，签署有关医学证明文件，必须亲自诊查、调查，并按照规定及时填写医学文书，不得隐匿、伪造或者销毁医学文书及有关资料。

医师不得出具与自己执业范围无关或者与执业类别不相符的医学证明文件。

第三十七条　医师在执业活动中，违反本法规定，有下列行为之一的，由县级以上人民政府卫生行政部门给予警告或者责令暂停六个月以上一年以下执业活动；情节严重的，吊销其执业证书；构成犯罪的，依法追究刑事责任：

（一）违反卫生行政规章制度或者技术操作规范，造成严重后果的；

（二）由于不负责任延误急危患者的抢救和诊治，造成严重后果的；

（三）造成医疗责任事故的；

（四）未经亲自诊查、调查，签署诊断、治疗、流行病学等证明文件或者有关出生、死亡等证明文件的；

（五）隐匿、伪造或者擅自销毁医学文书及有关资料的；

（六）使用未经批准使用的药品、消毒药剂和医疗器械的；

（七）不按照规定使用麻醉药品、医疗用毒性药品、精神药品和放射性药品的；

（八）未经患者或者其家属同意，对患者进行实验性临床医疗的；

（九）泄露患者隐私，造成严重后果的；

（十）利用职务之便，索取、非法收受患者财物或者牟取其他不正当利益的；

（十一）发生自然灾害、传染病流行、突发重大伤亡事故以及其他严重威胁人民生命健康的紧急情况时，不服从卫生行政部门调遣的；

（十二）发生医疗事故或者发现传染病疫情，患者涉嫌伤害事件或者非正常死亡，不按照规定报告的。

第十八章

医疗机构未取得《医疗机构制剂许可证》生产、销售药品

本章概要

认定医疗机构未取得《医疗机构制剂许可证》配制制剂，首先要明确医疗机构制剂的含义，然后在此基础上理解医疗机构制剂和《医疗机构制剂许可证》的生产、销售要求，明确未取得《医疗机构制剂许可证》生产、销售药品的法律责任。同时通过相关判例，分析复议机关作出维持决定时的被告主体问题。

典型案例

案例一①

2017 年 4 月，某市某区食品药品监督管理局（以下简称区食药监局）执法人员到某医院进行专项检查，在其二楼药品库房内发现中药液 43 袋，药品库房旁边的杂物间内发现中药液包装袋 11 单卷，在 5 楼到 6 楼的楼梯间外延平台上发现循环煎药包装组合机 1 台，机器上有中药液包装袋 2 单卷，机器内有中药液 12 袋，以上 55 袋“中药液”外包装上无生产厂家、生产地址、患者信息等相关信息。之后，执法人员从某医院药房电脑中导出了《病人发药记录》22 张、《病人发药汇总》3 张、药品业务明细汇总报表（皮肤外洗方）39 页，提取了记账联 2 张、治疗单 1 张、处方笺 2 张、外购中药凭证 1 张，并对某医院工作人员进行了调查询问。2017 年 6 月 5 日，区食药监局向某医院送达听证告知书，告知拟对其作出没收违法生产、销售药品（中药液）55 袋和违法所得人民币 389997.85 元，并处违法生产、销售药品（中药液）货值金额二倍的罚款人民币 783202.2 元，合计人民币 1173200 元的行政处罚，并告知某医院可以提出陈述、申辩和举行听证。2017 年 6 月，区食药监局根据某医院的申请召开了听证会。后作出行政处罚决定，认定某医院在未取得《医疗机构制剂许可证》及制剂批准文号的情况下，从 2016 年 5 月开始配制“中药液”皮肤外洗方（熬药有时由药店代熬、有时在医院熬制）并在临床中给病人使用（配合中药熏蒸仓用于熏蒸或由病人带回家自行使用），累计发

① （2017）川 11 行终 214 号。

药 1282 人次，共计 13379 袋，单价 29.15 元/袋，合计金额 389997.85 元。现场扣押的 55 袋“中药液”货值金额 1603.25 元，合计货值金额 391601.1 元，违法所得 389997.85 元。某医院的上述行为违反了《药品管理法》第 23 条第 1 款的规定，依据《药品管理法》第 72 条的规定，决定没收违法生产、销售药品（中药液）55 袋和违法所得人民币 389997.85 元，并处违法生产、销售药品（中药液）货值金额二倍的罚款人民币 783202.2 元。某医院不服该处罚决定，向该市食品药品监督管理局（以下简称市食药监局）申请行政复议。

2017 年 8 月 28 日，市食药监局作出行政复议决定，认定：(1) 申请人由具有中医执业资格的医师开具处方，按处方煎制成中药液“皮肤外洗方”，在本院对病人使用并提供给病人带回家自行使用的行为，违反了《药品管理法》第 23 条规定，应按该法第 72 条规定进行处罚；(2) 区食药监局在案件调查过程，对某医院未取得《医疗机构制剂许可证》配制制剂的违法行为进行了查处，但是对于申请人配制制剂的中药材来源并未查明，而且部分认定事实和证据并不充分，属主要事实不清、证据不足。故决定撤销行政处罚决定并责令区食药监局在复议决定生效之日起 60 日内重新作出具体行政行为。

某医院不服，于 2017 年 9 月 19 日向法院提起诉讼，请求撤销市食药监局作出的行政复议决定书。

一审法院认为，本案存在以下争议焦点：

第一，某医院销售和使用的中药液“皮肤外洗方”是否属于单纯的代煎中药行为。一审法院认为，规范的中药代煎仅仅是代为煎制，每一位患者的中药处方、煎制要求各不相同，代煎的医院或药房必须一一分开，防止错漏或发生配伍禁忌。同时，这种代煎应当是先有处方后代为煎制，且代煎者必须严格按方煎制，现煎现用。而根据本案审理查明事实，某医院所使用的中药液“皮肤外洗方”是按照固定处方批量煎制而成，不针对特定病人，煎好后分袋包装置于医院药房冰箱内冷藏。患者来就诊时，医师根据临床诊断直接在处方笺上开具“皮肤外洗中药”或“中药费 XXX 元”，患者到药房凭处方购买相应的中药液“皮肤外洗方”。在这一过程中，医生并不是根据患者病情开出中药处方，而是直接使用相应的中药液，也不存在根据病情调整处方。因此，该中药液“皮肤外洗方”实质上是一种医疗机构使用和销售的中药煎制成品，并非只是单纯的根据医生处方代煎中药。

第二，某医院销售和使用的中药液“皮肤外洗方”是否属于中药制剂，是否需要取得《医疗机构制剂许可证》。一审法院认为：（1）某医院销售和使用的中药液“皮肤外洗方”实际系某医院根据本单位临床治疗需要，按照医师出具的固定中药处方购买中药饮片后加水进行煎制，用于不特定患者治疗使用的皮肤外用中药溶液成品。该中药溶液符合《药品管理法实施条例》（国务院令第360号）对制剂所作的法律定义，也符合《中华人民共和国药典》（2015年版）制剂通则0127“洗剂”项有关“洗剂，系指含原料药物的溶液、乳状液或混悬液，供清洗无破损皮肤或腔道用的液体制剂”的规定，且不属于国中医药医政发［2010］39号文件规定的不纳入医疗机构中药制剂管理范围的“1. 中药加工成细粉，临用时加水、酒、醋、蜜、麻油等中药传统基质调配、外用，在医疗机构内由医务人员调配使用；2. 鲜药榨汁；3. 受患者委托，按医师处方（一人一方）应用中药传统工艺加工而成的制品”范畴，应当认定为属于医疗机构中药制剂。（2）《药品管理法》第23条规定，医疗机构配制制剂，须经所在地省、自治区、直辖市人民政府卫生行政部门审核同意，由省、自治区、直辖市人民政府药品监督管理部门批准，发给《医疗机构制剂许可证》。无《医疗机构制剂许可证》的，不得配制制剂。某医院销售和使用的中药液“皮肤外洗方”属于医疗机构中药制剂，依法应当取得《医疗机构制剂许可证》。

同时，根据审理查明事实，区食药监局作出的行政处罚决定还存在对某医院配制制剂的中药材来源未查明，认定某医院从2016年5月6日开始向病人使用皮肤外洗方以及熬药有时由药店代熬、有时在医院熬制等事实和证据不充分问题。庭审中，某医院对区食药监局处罚决定书中认定的“中药液”皮肤外洗方合计货值金额及违法所得均提出异议，认为仅是药房内部统计数据，并非真实销售量，应通过财务收费票据印证。因此，区食药监局在未对案件有关事实进行全面充分调查核实的情况下即作出行政处罚决定，属于认定事实不清，主要证据不足。行政复议机关经审查作出复议决定，撤销行政处罚决定并责令重新作出具体行政行为符合法律规定，处理结果并无不当。据此，一审法院判决：驳回某医院的诉讼请求。

某医院不服，上诉至二审法院。

二审法院认为，首先，某医院主张其配置中药液“皮肤外洗方”系单纯的代煎中药行为，且其配置的中药液“皮肤外洗方”不含有中药残渣故不属于中药制剂，被上诉人作出的复议决定对此认定为违法行为系适用法律错误。但本案中药液“皮肤外洗方”在医生开具处方之前，甚至是特定患者就医之前就已经煎制完成，也不存在根据病情调整处方，故其并非是单纯的代煎中药。其次，《药品管理法实施条例》第83条规定，医疗机构制剂，是指医疗机构根据本单位临床需要经批准而配制，自用的固定处方制剂。国中医药医政发［2010］39号文件规定的不纳入医疗机构中药制剂管理范围为：“1. 中药加工成细粉，临用时加水、酒、醋、蜜、麻油等中药传统基质调配、外用，在医疗机构内由医务人员调配使用；2. 鲜药榨汁；3. 受患者委托，按医师处方（一人一方）应用中药传统工艺加工而成的制品”。本案的中药液“皮肤外洗方”是上诉人根据固定处方批量将药物加适量的水煎煮后，去渣取汁的液体制剂，符合前述规定中关于中药制剂的规定，且不属于不纳入医疗机构中药制剂管理的范畴，故上诉人关于液体制剂中不含有中药残渣就不属于中药制剂的上诉理由系对中药制剂的错误理解。

综上所述，二审法院认为，某医院的上诉理由不能成立，判决驳回上诉，维持原判。

案例二①

2018年2月，某某诊所聘用的医生接诊患者吴某后，即把按照祖传秘方将中药研磨配成粉末装到滤袋的药包（共30小包）出售给患者吴某，要求其泡开水服用，并收取患者吴某6000元药费。2018年3月，区市场监督管理局接到投诉后对本案立案调查，经调查取证、合议、集体讨论后，对某某诊所作出行政处罚决定，责令某某诊所改正违法行为并处罚款24000元的行政处罚。原告不服，于2018年9月向法院提起行政诉讼。

一审法院认为，被告区市场监督管理局认定原告某某诊所聘用的医生接诊患者吴某后，即把按照祖传秘方将中药研磨配成粉末装到滤袋的药包出售给患者吴某，并收取患者吴某6000元药费的行为，属于医疗机构未经批准和检验，擅自配制制剂并销售给消费者的违法行为，有询问笔录及收费票据等证据证实。被告经立案、调查取证、集体讨论、行政处罚告知、听证等程序

---

① （2019）桂14行终15号。

后，依照《行政处罚法》第23条、《药品管理法》第72条的规定，作出《行政处罚决定书》，事实清楚，证据充分，程序合法，适用法律、法规正确。故依照《行政诉讼法》第69条的规定，判决驳回原告某某诊所的诉讼请求。

上诉人某某诊所上诉称，第一，一审法院认定事实错误。（1）其聘用的医生接诊痤疮患者，为患者开具处方和按处方捡药，为了方便患者服用，经双方约定后把所捡中药饮片简单地研磨、粉碎，装到纱纸做的滤袋交给患者使用，服用方法是泡开水喝，并不属于制剂过程，只是正常的中医诊疗过程；（2）涉案的“中药粉”用材属于食材的范畴，被上诉人江州区市场监督管理局非鉴定机构和评估部门无权认定“中药粉”为中药；（3）涉案的“中药粉”的制作过程并没有去渣，指导的服用过程仅是装到滤袋中泡水喝，与被上诉人认定的“散剂”特征存在明显区别；（4）一审法院依据患者吴某模棱两可的陈述以及发生纠纷后投诉时的片面之词，认定“患者吴某明确表示没有要求医生按照处方粉碎中药片”是错误的，被上诉人多次检查上诉人的经营场所均未发现诊所还有其他中药粉，意味着本案涉及的“中药粉”为现抓现做，和通常制剂备卖的行为存在明显区别，不可能是未经患者同意就自行制作；（5）患者已接受“中药粉”，意味着已具备足够的知情过程，根据其陈述亦没有明确表示其不知已研磨、粉碎的事实。第二，一审法院适用法律错误。（1）上诉人对患者吴某只是正常诊疗行为，所开具和使用的物品仅是食材，在双方约定一致后进行简单加工，不存在制剂行为，不应受到行政处罚；（2）一审法院认定事实错误，导致适用法律错误，应予撤销，被上诉人违法行政、无事实根据作出行政处罚，应予撤销。请求撤销区人民法院行政判决，撤销行政处罚决定。

二审法院认为，《行政诉讼法》第26条第2款规定：“经复议的案件，复议机关决定维持原行政行为的，作出原行政行为的行政机关和复议机关是共同被告；复议机关改变原行政行为的，复议机关是被告。”《最高人民法院关于适用〈中华人民共和国行政诉讼法〉的解释》第59条规定：“公民、法人或者其他组织向复议机关申请行政复议后，复议机关作出维持决定的，应当以复议机关和原行为机关为共同被告，并以复议决定送达时间确定起诉期限。”本案中，上诉人某某诊所不服区市场监督管理局作出的行政处罚决定，已向市食品药品监督管理局申请行政复议，后市食品药品监督管理局作出行政复议决定维持了行政处罚决定。上诉人不服，向一审法院提起行政诉讼，一审法院本应将区市场监督管理局和市食品药品监督管理局共同列为被告，现仅将区市场监督管理局列为被告，属遗漏必须参加诉讼的当事人。

关于诉讼主体的问题。《行政诉讼法》第 26 条第 6 款规定："行政机关被撤销或者职权变更的，继续行使其职权的行政机关是被告。"经查，被上诉人某市某区食品药品监督管理局因机构改革已变更为某市某区市场监督管理局，即应由某市某区市场监督管理局承担某市某区食品药品监督管理局在本案中的诉讼主体责任。同理，在某市食品药品监督管理局已变更为某市市场监督管理局后，某市市场监督管理局应承担某市食品药品监督管理局的复议维持主体责任，即某市市场监督管理局应作为必须参加诉讼当事人参加诉讼。

综上所述，一审判决遗漏必须参加诉讼当事人，依法应予撤销。本院依照《行政诉讼法》第 86 条、第 89 条第 1 款第（4）项的规定，裁定如下：一、撤销一审法院行政判决；二、本案发回一审法院重审。

知识要点

1. 医疗机构制剂的概念。
2. 未取得《医疗机构制剂许可证》生产、销售药品的法律责任。
3. 医疗机构配制制剂的要求。
4. 行政复议维持后的被告主体问题。

案例解析

一、医疗机构制剂的概念

根据《药品管理法》、《药品管理法实施条例》以及《医疗机构制剂注册管理办法（试行）》的相关规定，医疗机构制剂，是指医疗机构根据本单位临床需要经批准而配制、自用的固定处方制剂，应当是本单位临床需要而市场上没有供应的品种。

卫生部、国家中医药管理局、国家食品药品监督管理局《关于加强医疗机构中药制剂管理意见的通知》（国中医药医政发［2010］39 号）规定，医疗机构中药制剂是医疗机构根据本单位临床需要经批准而配制、自用的固定的中药处方制剂。下列情况不纳入医疗机构中药制剂管理范围：（1）中药加工成细粉，临用时加水、酒、醋、蜜、麻油等中药传统基质调配、外用，在医疗机构内由医务人员调配使用。（2）鲜药榨汁。（3）受患者委托，按医师处方（一人一方）应用中药传统工艺加工而成的制品。

如案例一中对于“皮肤外洗方”是否属于医疗机构中药制剂产生争议。二审法院最终认为，本案的中药液“皮肤外洗方”是上诉人根据固定处方批量将药物加适量的水煎煮后，去渣取汁的液体制剂，符合上述规定中关于中药制剂的规定，且不属于不纳入医疗机构中药制剂管理的范畴，所以按照医疗机构未取得《医疗机构制剂许可证》生产、销售药品进行行政处罚。

案例二中，二审法院并未对涉案药品是否属于中药制剂进行说明，根据本案判决书公布的部分事实，某某诊所将中药研磨配成粉末装到滤袋的药包（共30小包）出售给患者，要求其泡开水服用，是否可以认定为医疗机构制剂可能存在一定争议。是否会被认定为中药制剂，一方面看是否属于《关于加强医疗机构中药制剂管理意见的通知》不纳入医疗机构中药制剂管理范围的情形；另一方面，《食品药品监管总局关于对医疗机构应用传统工艺配制中药制剂实施备案管理的公告》（食品药品监管总局公告2018年第19号）规定：“……传统中药制剂包括：（一）由中药饮片经粉碎或仅经水或油提取制成的固体（丸剂、散剂、丹剂、锭剂等）、半固体（膏滋、膏药等）和液体（汤剂等）传统剂型……”因此，本书认为，案例二中某某诊所将中药研磨配成粉末装到滤袋的药包（共30小包）出售给患者，存在被认定为中药制剂的风险。

二、未取得《医疗机构制剂许可证》生产、销售药品的法律责任

医疗机构配制制剂，原则上需要获得行政许可，中药制剂实施备案管理，没有取得《医疗机构制剂许可证》，需要承担法律责任。

根据《药品管理法》第74条以及《国家卫生健康委办公厅关于做好医疗机构配制制剂有关工作的通知》（国卫办医函［2019］863号）的规定，医疗机构配制制剂，应当经所在地省、自治区、直辖市人民政府药品监督管理部门批准，取得医疗机构制剂许可证。无医疗机构制剂许可证的，不得配制制剂。医疗机构制剂许可证应当标明有效期，到期重新审查发证。《医疗机构制

剂许可证》有效期为5年，有效期届满，需要继续配制制剂的，医疗机构应当在许可证有效期届满前6个月，按照国务院药品监督管理部门的规定申请换发《医疗机构制剂许可证》。另外，《中医药法》第31条的规定，医疗机构配制中药制剂，应当依照《药品管理法》的规定取得医疗机构制剂许可证，或者委托取得药品生产许可证的药品生产企业、取得医疗机构制剂许可证的其他医疗机构配制中药制剂。

对于没有依法取得行政许可，我国法律设定了需承担的行政责任。《药品管理法》第115条规定，未取得药品生产许可证、药品经营许可证或者医疗机构制剂许可证生产、销售药品的，责令关闭，没收违法生产、销售的药品和违法所得，并处违法生产、销售的药品（包括已售出和未售出的药品）货值金额十五倍以上三十倍以下的罚款；货值金额不足十万元的，按十万元计算。

如果符合刑事责任构成要件，也有可能涉嫌犯罪，承担刑事责任。如生产、销售假药、劣药罪等。

三、医疗机构配制制剂的要求

根据《药品管理法》、《中医药法》以及《医疗机构制剂注册管理办法（试行）》的相关规定，医疗机构配制制剂、申请《医疗机构制剂许可证》应符合如下要求。

（一）设立制剂室

医疗机构配制制剂，应当向所在地省、自治区、直辖市人民政府卫生行政部门提出申请设立制剂室，经审核同意后，报同级人民政府药品监督管理部门审批；省、自治区、直辖市人民政府药品监督管理部门验收合格的，予以批准，下发《医疗机构制剂许可证》，保证制剂质量的设施、管理制度、检验仪器和卫生环境等。

（二）取得制剂批准文号

申请医疗机构制剂，应当进行相应的临床前研究，包括处方筛选、配制工艺、质量指标、药理、毒理学研究等。之后，必须按照国务院药品监督管理部门的规定报送有关资料和样品，经所在地省、自治区、直辖市人民政府药品监督管理部门组织完成技术审评，批准并核发《医疗机构制剂注册批件》以及制剂批准文号后，方可配制医疗机构制剂。

医疗机构配制的中药制剂品种，也应当依法取得制剂批准文号。但是，仅应用传统工艺配制的中药制剂品种，向医疗机构所在地省、自治区、直辖市人民政府药品监督管理部门备案后即可配制，不需要取得制剂批准文号。

（三）制作符合药用要求

医疗机构配制制剂，应当按照经核准的工艺进行，所需的原料、辅料和包装材料等应当符合药用要求。其中所使用的直接接触药品的包装材料和容器、制剂的标签和说明书应当符合《药品管理法》及其条例的有关规定，并经省、自治区、直辖市人民政府药品监督管理部门批准。否则将依照《药品管理法》的规定给予处罚。

（四）在法律规定的使用范围内使用

医疗机构配制的制剂应当按照规定进行质量检验；合格的，只能在本医疗机构内凭执业医师或者执业助理医师的处方使用，并与《医疗机构执业许可证》所载明的诊疗范围一致。发生灾情、疫情、突发事件或者临床急需而市场没有供应时，经国务院或者省、自治区、直辖市人民政府的药品监督管理部门批准，在规定期限内，医疗机构配制的制剂可以在指定的医疗机构之间调剂使用。

省级辖区内申请医疗机构制剂调剂使用的，应当由使用单位向所在地省、自治区、直辖市（食品）药品监督管理部门提出申请，说明使用理由、期限、数量和范围，并报送有关资料。省、自治区、直辖市之间医疗机构制剂的调剂使用以及国家食品药品监督管理部门规定的特殊制剂的调剂使用，应当由取得制剂批准文号的医疗机构向所在地省、自治区、直辖市（食品）药品监督管理部门提出申请，说明使用理由、期限、数量和范围，经所在地省、自治区、直辖市（食品）药品监督管理部门审查同意后，报国家食品药品监督管理部门审批。

未经批准，医疗机构擅自使用其他医疗机构配制的制剂的，依照《药品管理法》有关规定给予处罚。

（五）不得在市场销售

医疗机构配制的制剂不得在市场上销售或者变相销售，不得发布医疗机构制剂广告。否则，将被责令改正，没收违法销售的制剂和违法所得，并处违法销售制剂货值金额二倍以上五倍以下的罚款；情节严重的，并处货值金额五倍以上十五倍以下的罚款；货值金额不足五万元的，按五万元计算。

四、行政复议维持后的被告主体问题

关于行政复议维持后，被告主体的问题，2014 年修正、2015 年 5 月 1 日起施行的《行政诉讼法》作出了较大的改变。1990 年《行政诉讼法》第 25 条第 2 款规定“经复议的案件，复议机关决定维持原具体行政行为的，作出原具体行政行为的行政机关是被告”。而修正后的《行政诉讼法》第 26 条第 2 款规定“经复议的案件，复议机关决定维持原行政行为的，作出原行政行为的行政机关和复议机关是共同被告”。因此，复议机关维持原行政行为，复议机关也应当作为共同被告。

在案例二中，上诉人某某诊所申请行政复议后，复议机关某市食品药品监督管理局维持了原行政处罚决定。因此，一审法院应将作出原行政行为的行政机关区食品药品监督管理局和复议机关共同列为被告，其仅将作出原行政行为的行政机关列为被告，遗漏了必须参加诉讼的当事人复议机关，所以违反了程序规定，被二审法院撤销一审判决。

此番修改后的法条加重了复议机关的责任，即无论复议机关决定维持还是改变，复议机关都难以避免会在行政诉讼中被列为被告。由此，行政机关及复议机关应严格审查案件情况，作出公正、合法的行政行为，避免在行政复议甚至行政诉讼中被否定，给各方主体带来不必要的损失。同时也提示各诉讼参加人，在行政诉讼中应符合法律规定的程序性要求，否则可能因程序违法而被法院作出撤销判决。

法律依据

《中华人民共和国药品管理法》

第七十四条　医疗机构配制制剂，应当经所在地省、自治区、直辖市人民政府药品监督管理部门批准，取得医疗机构制剂许可证。无医疗机构制剂许可证的，不得配制制剂。

医疗机构制剂许可证应当标明有效期，到期重新审查发证。

第七十五条　医疗机构配制制剂，应当有能够保证制剂质量的设施、管理制度、检验仪器和卫生环境。

医疗机构配制制剂，应当按照经核准的工艺进行，所需的原料、辅料和

包装材料等应当符合药用要求。

第七十六条　医疗机构配制的制剂，应当是本单位临床需要而市场上没有供应的品种，并应当经所在地省、自治区、直辖市人民政府药品监督管理部门批准；但是，法律对配制中药制剂另有规定的除外。

医疗机构配制的制剂应当按照规定进行质量检验；合格的，凭医师处方在本单位使用。经国务院药品监督管理部门或者省、自治区、直辖市人民政府药品监督管理部门批准，医疗机构配制的制剂可以在指定的医疗机构之间调剂使用。

医疗机构配制的制剂不得在市场上销售。

第一百一十五条　未取得药品生产许可证、药品经营许可证或者医疗机构制剂许可证生产、销售药品的，责令关闭，没收违法生产、销售的药品和违法所得，并处违法生产、销售的药品（包括已售出和未售出的药品，下同）货值金额十五倍以上三十倍以下的罚款；货值金额不足十万元的，按十万元计算。

《中华人民共和国中医药法》

第三十一条　国家鼓励医疗机构根据本医疗机构临床用药需要配制和使用中药制剂，支持应用传统工艺配制中药制剂，支持以中药制剂为基础研制中药新药。

医疗机构配制中药制剂，应当依照《中华人民共和国药品管理法》的规定取得医疗机构制剂许可证，或者委托取得药品生产许可证的药品生产企业、取得医疗机构制剂许可证的其他医疗机构配制中药制剂。委托配制中药制剂，应当向委托方所在地省、自治区、直辖市人民政府药品监督管理部门备案。

医疗机构对其配制的中药制剂的质量负责；委托配制中药制剂的，委托方和受托方对所配制的中药制剂的质量分别承担相应责任。

《麻醉药品和精神药品管理条例》

第四十三条　对临床需要而市场无供应的麻醉药品和精神药品，持有医疗机构制剂许可证和印鉴卡的医疗机构需要配制制剂的，应当经所在地省、自治区、直辖市人民政府药品监督管理部门批准。医疗机构配制的麻醉药品和精神药品制剂只能在本医疗机构使用，不得对外销售。

第十九章

医疗新技术的研究与应用

本章概要

医疗新技术进行临床研究，应当科学、规范、公开、符合伦理，充分保护受试者权益。以医疗新技术临床研究为名，进行临床应用的，需要承担法律责任。民事上，由于医疗新技术临床研究不可以收费，故利用临床研究营利的行为，可能被认定为无效合同。行政上，临床研究可能涉及药品注册管理或医疗新技术管理，需要符合行政监管，并严格制定临床研究的实施流程，以及临床研究转化为临床应用的程序。刑事上，对于医疗新技术临床研究中的严重违法行为，可能追究刑事责任，如医疗事故罪等。

典型案例①

2016 年 5 月 17 日，湖南食药监管局对王某作出《关于投诉举报长沙市中心医院涉嫌生产及使用假药的回复》（以下简称《回复》）。王某不服，向国家食药监管总局申请行政复议。2016 年 12 月 9 日，国家食药监管总局作出《行政复议决定书》。王某不服，提起行政诉讼。

原告王某诉称：2012 年 3 月，长沙市中心医院对本人胞妹许某香做 DC－CIK 细胞和干细胞治疗使用细胞产品后导致许某香惨死。经媒体报道，发现该医院还曾使用 DC－CIK 细胞治疗产品治死刘某权、陈某炎等患者。该医院的细胞治疗，系从患者体内抽取血液，送到 GMP 实验室经过培养，培养出强大杀灭肿瘤细胞的特异功能细胞，再回输到患者体内。根据《药品注册管理办法》及附件的规定，体细胞治疗及其制品属于治疗用生物制品，应当向药品监督管理部门申请药品注册许可，由药品监督管理部门核发治疗用生物制品新药证书后，方能用于临床试验和治疗。但该医院用于临床的细胞治疗产品并未进行药品注册许可，并造成患者死亡的严重后果。原告于 2015 年 7 月向湖南食药监管局书面投诉举报，要求认定长沙市中心医院的细胞治疗及制品为假药并进行查处，湖南食药监管局以要向国家食药监管总局请示和征求湖南省卫生和计划生育委员会意见为由，拖延至 2016 年 5 月 18 日才作出

① （2019）湘行再 49 号。

《回复》，回复称：在我国现行法律法规尚未对细胞治疗属性和管理归口进行明确界定，目前没有将细胞治疗认定为药品管理的依据，自体细胞免疫治疗技术属第三类诊疗技术，不属于湖南食药监管局监管职责范围。原告认为该回复违背了法律法规的明确规定，当场提出异议，湖南食药监管局亦自知错误，答应重新答复，但拖延一个多月也未作出新的答复。原告因担心超过行政复议期限，遂向国家食药监管总局申请行政复议。国家食药监管总局 2016 年 7 月 1 日即受理了原告的复议申请，超过审理期限于 12 月 9 日作出的复议决定维持了湖南食药监管局的回复。原告认为湖南食药监管局的回复以及国家食药监管总局的复议决定均为故意违背事实与法律的枉法行政行为，应当立即撤销，重新处理。主要理由如下：（1）《药品注册管理办法》附件三已经明确体细胞治疗及其制品属于治疗用生物制品类药品，而湖南食药监管局却称将细胞治疗认定为药品没有依据。（2）卫生部《人体细胞治疗及基因治疗临床研究质控要点》也明确规定将人体细胞治疗纳入《药品管理法》管理。（3）国家卫计委《关于政协十二届全国委员会第三次会议第 5071 号提案答复函》明确答复细胞治疗产品属性属于《药品管理法》药品范畴。（4）国家食药监管总局在复议决定书中已自己认定了细胞治疗属药品，纠正了湖南食药监管局回复中的错误，但又维持了湖南食药监管局的回复，该复议决定的事实认定和决定结论自相矛盾。（5）原告要求湖南食药监管局查处的是细胞治疗药品，国家食药监管总局却以细胞治疗属于医疗技术，卫生行政机关已做查处为由作出复议决定，并无任何法律依据。（6）自魏泽西事件发生后，国家卫计委已明确我国未承认自细胞治疗技术的合法性，细胞治疗不能作为合法的医疗技术管理，只能作为药品管理才有明确的法律依据。（7）长沙市中心医院的细胞制品由承包医院科室的企业批量生产完成，湖南食药监管局在回复中称被举报行为发生的医疗机构与事实不符。（8）卫生部与国家食药监管总局 2011 年 12 月 16 日在《关于开展干细胞临床研究和应用自查自纠工作的通知》中明确规定自 2011 年起要停止一切未经批准的干细胞临床研究和应用活动，全国各级、各类从事干细胞临床研究和应用的医疗机构及相关研制单位，应当按照《药物临床试验质量管理规范》和《医疗技术临床应用管理办法》的要求，开展干细胞临床研究和应用项目的自查自纠工作。国家食药监管总局与卫生部于 2015 年 7 月 20 日共同制定的《干细胞临床研究管理办法》则明确规定了干细胞属药品。（9）根据长沙医监［2012］057 号《医疗事故技术鉴定书》的认定，长沙市中心医院给许某香体内输入的 DC – CIK 细胞属于细胞生物剂，根据《药品管理法》相关规定，医疗机构配制制剂须经省政府卫生行政部门审核同意，由省政府药品监督管理部门批准，发给“医疗机构制剂许可证”。长沙市中心医院输入许某香体内的细胞生物药剂并未经过上述审批或取得许可，故应认定为假药。综上，原告认为，细胞治疗制品应作为药品进行管理具有充分的法律依据，湖南食药监管局错误适用法律，逃避法定的监督管理职责，对原告的投诉举报作出的回复违背法律规定，故请求法院判令：（1）撤销湖南食药监管局作出的《回复》以及国家食药监管总局作出的《行政复议决定书》；（2）湖南食药监管局对原告投诉举报重新作出书面答复，认定长沙市中心医院未经药品监督管理部门审批缺的药品注册许可擅自适用细胞治疗治死若干患者使用的细胞治疗及制品为假药并进行查处。

被告湖南食药监管局辩称：第一，湖南食药监管局接到原告的投诉举报后，于 2015 年 9 月 14 日就原告投诉举报涉及的“医疗机构在应用自体细胞免疫（DC – CIK）医疗技术治疗肿瘤中使用的自体细胞是否纳入药品管理、是否需要取得药品注册批准证明文件”等问题，向国家食药监管总局进行请示，2015 年 11 月 19 日又根据国家食药监管总局复函要求，向湖南省卫生和计划生育委员会进行函商；2016 年 4 月 7 日，湖南省卫生和计划生育委员会复函称“自体细胞免疫治疗技术属于第三类诊疗技术……2015 年 5 月 10 日，国务院已经取消了第三类医疗技术临床应用准入审批”；2016 年 5 月 17 日，对原告作出上述《回复》，综上，该回复不管是在立案程序还是处理程序上均严格经过审慎调查核实并按照《食品药品投诉举报管理办法》的规定作出。第二，根据《药品注册管理办法》第 3 条及该办法附件三以及《人体细胞治疗研究和制剂质量控制技术指导原则》等相关规定，体细胞治疗及其制品可以按照药品进行申报注册。但《医疗技术临床应用管理办法》附件《第三类医疗技术目录》却包含自体细胞和免疫细胞治疗技术，根据该办法的规定，应当由卫生行政部门依法进行监督管理。从前述法律规定来看，医疗机构将自体细胞免疫（DC/CIK）医疗技术应用于临床的，法规并未强制要求医疗机构既要按照药品注册管理法律规定申报注册，又要按照第三类医疗技术进行申报和管理；同一医疗机构应用此种技术的行为，法律也未规定由药品监督管理部门和卫生行政部门同时进行监督。本案中，长沙市中心医院曾就自体细胞免疫治疗肿瘤技术向卫生部第三类医疗技术审核机构申报第三类医疗技术，湖南省卫生厅、湖南省卫计委亦已对长沙市中心医院未取得卫生部医疗技术临床应用能力技术审核报告开展自体细胞免疫治疗中肿瘤的医疗行为进行监管，并作出了处罚。湖南食药监管局根据上述事实以及法律法规的规定，对原告投诉举报作出的《回复》，事实清楚，证据确凿，适用法律正确。请求法院驳回原告的诉讼请求。

被告国家食药监管总局辩称：第一，基本案情。2016 年 7 月 1 日，国家食药监管总局法制司收到原告邮寄提交的行政复议申请，请求撤销湖南食药监管局对其投诉举报作出的《回复》并支持其举报请求。2016 年 8 月 29 日，因案件存在涉及申请人资格调查和专业技术判断等影响案件审理的情形，遂作出《中止行政复议通知书》，中止案件审理。2016 年 12 月 8 日，中止原因消除，又作出《恢复行政复议通知书》恢复案件审理，并于 2016 年 12 月 9 日作出被诉的《行政复议决定书》，维持湖南食药监管局的举报答复，上述法律文书均已依法向行政复议双方当事人送达。第二，国家食药监管总局作出的复议决定，符合法定职责和程序，证据确凿、适用法律正确，并无不当。理由如下：（1）作为国务院药品监督管理工作主管部门，国家食药监管总局具有就原告不服湖南食药监管局举报答复提出的行政复议申请作出处理的职权。（2）国家食药监管总局 2016 年 7 月 1 日收到原告提交的行政复议申请，当日予以受理并将复议申请书副本和复议答复通知书发送给湖南食药监管局。湖南食药监管局亦于 7 月 14 日提交了书面答复和证据依据等材料。因案件存在申请人资格调查和专业技术判断等影响案件审理的情形，于 8 月 29 日作出并向原告和湖南食药监管局送达《中止行政复议通知书》，中止案件审理，2016 年 12 月 8 日，因中止原因消除，又依法向原告及湖南食药监管局送达《恢复行政复议通知书》，恢复案件审理，2016 年 12 月 9 日作出本案被诉行政复议决定，12 月 14 日寄出，原告及湖南食药监管总局均已于 12 月 17 日签收。复议决定并没有超过法定审理期限。受理、审查、中止、送达等程序均符合法律规定。（3）行政复议决定证据确凿、适用法律依据正确，并无不当。本案中，国家食药监管总局经审理认为湖南食药监管局作出举报答复认定事实清楚，证据确凿，适用依据正确，程序合法，并无明显不当，故依法作出被诉行政复议决定，决定维持被诉举报答复，符合法律规定。综上所述，请求法院判决驳回原告的诉讼请求。

法院确认如下案件事实：2012 年 3 月 1 日，原告胞妹许某香住入中心医院肿瘤科接受 DC – CIK 细胞抗肿瘤、免疫抚正等支持治疗，2012 年 3 月 12 日出院。2012 年 11 月 7 日，许某香病故。2015 年 7 月 15 日，原告当面向被告湖南食药监管局举报称：长沙市中心医院对原告胞妹许某香使用 DC – CIK 细胞治疗技术，使许某香惨死，请求认定该医院细胞产品为假药劣药并进行查处，被告湖南食药监管局随后予以受理，并进行调查。2015 年 9 月 14 日，被告湖南食药监管局向被告国家食药监管总局发函请示，对于医疗机构在应用自体细胞免疫（DC – CIK）治疗肿瘤中使用的自体细胞，是否纳入药品管理、是否需要取得药品注册批准证明文件等问题请求批示。2015 年 11 月 3 日，被告国家食药监管总局复函称：鉴于该举报所反映的问题发生在医疗机构，建议听取卫生部门意见，若其认定被举报机构临床治疗行为系按药品治疗方式开展且涉嫌使用假药行为，则可依据药品管理法等相关规定移交司法部门处理；若认定其行为属于医疗技术，则由卫生计生部门处理。2015 年 11 月 19 日，被告湖南食药监管局就长沙市中心医院应用自体细胞免疫治疗肿瘤治疗用治疗细胞定性的问题向湖南省卫生和计划生育委员会发函，请求该委予以明确。2016 年 4 月 7 日，湖南省卫生和计划生育委员会复函称：根据原卫生部卫医政发［2009］18 号和 84 号文件规定，自体细胞免疫（DC – CIK）治疗技术属于第三类诊疗技术。2015 年 5 月 10 日，国务院国发［2015］27 号文取消了第三类医疗技术临床准入审批。自体细胞免疫（DC – CIK）治疗技术所涉及治疗细胞的定性，超出了我委职权，建议向此政策制定的国家行政机关咨询。2016 年 5 月 17 日，被告湖南食药监管局对原告作出《回复》，回复称：在我国现行的法律法规中尚未对细胞治疗的属性和管理归口问题进行明确界定，目前没有“将细胞治疗认定为药品管理”的依据。您举报所反映的问题发生在医疗机构，自体细胞免疫（DC – CIK）治疗技术属第三类诊疗技术，不属于我局监管职责范围。原告不服，向被告国家食药监管总局提起行政复议。被告国家食药监管总局于 2016 年 7 月 1 日收到原告以邮寄方式提交的《行政复议申请书》，当日予以受理；原告和被告湖南食药监管局于

2016年7月4日分别收到了被告国家食药监管局邮寄的《行政复议受理通知书》和《行政复议答复通知书》。2016年7月14日，被告湖南食药监管局向被告国家食药监管总局递交了《行政复议答复书》。2016年8月29日，被告国家食药监管总局以案件涉及细胞治疗等相关专业技术问题的判断，需要进一步确认为由，决定自2016年8月29日起中止该行政复议案件的审理，原告及被告湖南食药监管局则于2016年9月2日分别签收了被告国家食药监管总局邮寄送达的《中止行政复议通知书》。同时送达原告的还有被告国家食药监管总局要求原告补充证据的食药监复调［2016］65号《行政复议调查函》。2016年12月8日，被告国家食药监管总局因行政复议中止原因消除，恢复该行政复议案件的审理，其作出的食药监复恢字［2016］65号《恢复行政复议通知书》，于2016年9月14日送达给原告和被告湖南食药监管局。2016年12月9日，被告国家食药监管总局作出食药监复决字［2016］71号《行政复议决定书》，决定维持被告湖南食药监管局作出的第167号回复。原告和被告湖南食药监管局均已于2016年12月17日签收了被告国家食药监管总局邮寄送达的《行政复议决定书》。原告不服，遂向本院提起行政诉讼。

另查明，在原告向被告湖南食药监管局投诉举报之前，原告及其父亲均曾就长沙市中心医院为许某香实施DC－CIK细胞免疫治疗未办理相关手续向湖南省卫生厅投诉举报。2013年9月3日，因对湖南省卫生厅作出的处理不服，原告父亲又向长沙市开福区人民法院提起行政诉讼。2014年5月29日，长沙市中级人民法院就此案作出终审判决，判决维持了一审责令湖南省卫生厅限期对长沙市中心医院未取得医疗技术临床应用能力技术审核、登记开展自体细胞免疫（DC－CIK）治疗肿瘤的医疗行为实施行政处罚的判决内容。

法院认为：第一，关于被投诉医疗行为的监管是否属于被告湖南食药监管局监管职责的问题。原告投诉举报的医疗行为发生在其胞妹许某香2012年3月1日至3月12日在长沙市中心医院住院治疗期间。故对被投诉医疗机构应用自体细胞免疫（DC－CIK）医疗技术治疗肿瘤中使用的自体细胞是否纳入药品管理、是否需要取得药品注册批准的问题，应当适用该行为发生当时的法律法规进行规范和管理。根据2007年10月1日实施的《药品注册管理办法》第3条规定，药品注册是指国家食品药品监督管理总局根据药品注册人的申请，依照法定程序，对拟上市销售药品的安全性、有效性、质量可控性等进行审查，并决定是否同意其申请的审批过程。该办法附件3《生物制品注册分类及申报资料要求》第一部分“治疗用生物制品”第一条“注册分类”中第3类为“基因治疗、体细胞治疗及其制品”，故“体细胞治疗及其制品”可以按照药品进行申报注册。但《医疗技术临床应用管理办法》（卫医政发［2009］18号）又规定，卫生部门负责全国医疗技术临床应用管理工作，县级以上地方卫生行政部门负责本辖区医疗技术临床应用监督管理工作；且该办法附件《第三类医疗技术目录》中就包含了自体干细胞和免疫细胞治疗技术；而第三类医疗技术临床应用准入审批的取消是在2015年5月10日《国务院关于取消非行政审批许可审批事项的决定》发布之后。由此可见，原告投诉举报的医疗行为发生时，法律法规对于同一医疗机构应用此类技术的监管规定存在部门职责竞合；又由于细胞治疗的最终制品不是某一种单一物质，而是一类具有生物效应的细胞，其制备技术和应用方案具有多样性、复杂性和特殊性，对于同一医疗机构在实施同一医疗行为过程中使用的细胞治疗技术及其细胞制品是否应当由卫生行政部门和药品监督管理部门分别进行监管，法律并未予以明确。本案中，原告投诉举报称长沙市中心医院2012年对许某香使用DC－CIK细胞治疗技术的问题，在原告投诉举报之前，法院生效法律文书已经判令由湖南省卫生行政部门按照第三类医疗技术进行监管，并作出相应的行政处罚。现原告同时又要求被告湖南食药监管局将该医院对许某香实施该细胞治疗技术过程中使用的细胞产品分离于医疗技术作为药品独立进行监管，并无法律依据。被告湖南省食药监管局在接到原告举报后，经调查核实后，作出被诉第167号回复，告知原告其投诉举报的行为，不属于湖南食药监管局监管职责范围，并无不妥。

第二，关于被告湖南食药监管局是否存在超期答复违法的问题。《食品药品投诉举报管理办法》（试行）以及2016年3月1日起施行的《食品药品投诉举报管理办法》均规定，食品药品投诉举报机构或者管理部门收到投诉举报后应当自收到之日起5日内作出是否受理的决定，自受理之日起60日内向投诉举报人反馈办理结果，情况复杂的可以延长办理期限，但延长期限一般不超过30日。确定管辖的食品药品投诉举报机关或者管理部门或向其他部门协助调查所需要的时间不计算在内。虽然被告湖南食药监管局于2015年7月15日即收到原告的举报资料，2016年5月17日方向原告作出书面回复，但扣除其向被告国家食药监管总局请示和向湖南省卫生和计划生育委员会函商的时间后，对原告投诉举报作出答复的日期尚在法定期限之内，故被告湖南食药监管局对原告投诉举报作出的答复不存在超期答复违法的事实。

第三，关于被告国家食药监管总局作出的行政复议决定是否合法的问题。被告国家食药监管总局作为国务院药品监督管理工作的主管部门，2016 年 7 月 1 日收到原告以邮寄方式提交的行政复议申请书，当日决定予以受理，并向原告和被告湖南食药监管局分别邮寄送达了受理通知书和行政复议答复通知书，因其审理期限应当扣除依法中止行政复议的时间（2016 年 8 月 29 日至 2016 年 12 月 8 日），故被告国家食药监管总局于 2016 年 12 月 9 日作出行政复议决定，12 月 17 日将《行政复议决定书》送达给原告和被告湖南食药监管局，并没有超过法定审理期限。被告国家食药监管总局在对原告和被告湖南省食药监管局提交的证据资料进行书面审理以后，认定原告投诉举报的相关医疗行为不属于被告湖南食药监管局监管职责范围，纠正了被告湖南食药监管局所作答复中有失严谨的表述，决定维持被告湖南食药监管局作出的第 167 号回复，证据确凿，适用法律、法规正确，符合法定程序。

综上，原告的诉讼请求，均没有事实和法律依据，本院不予支持。据此，依据《行政诉讼法》第 69 条之规定，判决驳回原告王某的诉讼请求。本案后经过了二审、再审程序，再审法院认为，一审判决处理结果正确，予以维持。

知识要点

1. 医患双方订立合同的法律效力。
2. 医疗新技术的行政监管。
3. 医疗新技术涉及的刑事责任。

案例解析

伴随着人们对健康诉求的不断提高，医疗新技术也在快速发展，不断挑战并攻克新难题，给公众带来惊喜，给人类带来福音，如干细胞技术、基因治疗、自体免疫细胞治疗技术、人工智能辅助治疗技术等，上述案例中涉及的 DC－CIK 细胞治疗技术及干细胞技术即属于医疗新技术。但是，由于医疗新技术具有高度的专业性，一般民众很难鉴别其真伪，很容易出现鱼龙混杂的情况。因此，在大力发展医疗新技术的同时，也要对医疗新技术进行严格监管，特别是医疗新技术临床研究过程，不能进行临床应用，以保证临床研究的科学性、规范性，保障患者生命健康及合法权益，保障行业健康有序发展。医疗机构在医疗新技术临床研究及临床应用中，违反医疗新技术管理，可能涉及民事、行政和刑事责任。

一、医患双方订立合同的法律效力

医疗新技术的临床研究及临床应用，涉及医疗机构，患者，可能还会涉及第三方（如研究机构、医药企业、中介机构等），各方权利义务都应有明确约定。鉴于这些权利义务涵盖面很广，本章仅讨论医疗新技术临床研究中，研究机构以临床研究为名，进行临床应用，并因此营利的情况下，医疗机构或研究机构与患者之间签订的合同，如何认定其法律效力。

合同的效力，是法律赋予依法成立的合同所产生的约束力。合同的效力可分为四大类，即有效合同，无效合同，效力待定合同，可变更、可撤销合同。在患者不知情的情况下，医疗机构或研究机构以研究为名，实施临床应用所签订的合同，属于无效合同，还是可变更、可撤销合同呢?

《民法典》第 153 条规定："违反法律、行政法规的强制性规定的民事法律行为无效。但是，该强制性规定不导致该民事法律行为无效的除外。违背公序良俗的民事法律行为无效。"

2018 年 10 月 1 日施行的《医疗纠纷预防和处理条例》第 46 条规定："医疗机构将未通过技术评估和伦理审查的医疗新技术应用于临床的，由县级以上人民政府卫生主管部门没收违法所得，并处 5 万元以上 10 万元以下罚款，对直接负责的主管人员和其他直接责任人员给予或者责令给予降低岗位等级或者撤职的处分，对有关医务人员责令暂停 6 个月以上 1 年以下执业活动；情节严重的，对直接负责的主管人员和其他直接责任人员给予或者责令给予开除的处分，对有关医务人员由原发证部门吊销执业证书；构成犯罪的，依法追究刑事责任。"因此，以临床研究为名，进行临床应用的，客观上就会表现为缺少技术评估和伦理审查，其与患者订立的合同因违反行政法规，可能被认定为无效合同。

二、医疗新技术的行政监管

2014 年 10 月 16 日，《医疗卫生机构开展临床研究项目管理办法》正式施行，但该办法法律位阶较低、规定比较简单。2019 年，《生物医学新技术临床应用管理条例（征求意见稿）》公开征求意见，但至今没有施行。因此，对于医疗新技术的行政监管，如临床研究机构、项目立项审查、研究过程管理、不良事件报告，特别是法律责任，目前有待立法予以进一步明确。限于篇幅，本章仅讨论项目立项审查及研究过程管理。

（一）医疗新技术临床研究立项审查

药品、医疗器械的临床试验，一般需要药监行政部门的行政许可，获取批准证书，虽然 2019 年新修订的《药品管理法》有默示许可，但仍然处于高度监管之中。那么，医疗新技术的临床研究，是否需要获得行政许可，还是登记备案即可？

从《生物医学新技术临床应用管理条例（征求意见稿）》来看，其中第 18 条规定："对于申请开展中低级风险生物医学新技术临床研究的，省级人民政府卫生主管部门应当自接到申请后 60 日内，完成学术审查和伦理审查，符合规定条件的，批准开展临床研究并予以登记。对于申请开展高风险生物医学新技术临床研究的，省级人民政府卫生主管部门进行初步审查，并出具初审意见后，提交国务院卫生主管部门。国务院卫生主管部门应当于 60 日内完成审查。审查通过的，批准开展临床研究并通知省级人民政府卫生主管部门登记。临床研究学术审查和伦理审查规范由国务院卫生主管部门制定并公布。"也就是说，立法意图应是改变之前医疗机构自行审核的规定，由卫生行政主管部门对医疗新技术的临床研究进行行政许可。

当然，要防止滥用临床研究，以及防止临床研究中出现违法犯罪行为，还需要加强事中事后监管，建立信用平台，对于违法违规次数较多的医疗机构，应当加大检查和打击力度，维护医疗新技术临床研究的良好环境，并建立医疗新技术临床研究的过程管理制度。

（二）医疗新技术临床研究过程管理

为了加强医疗新技术临床研究的事中事后监管，有必要对临床研究的全过程进行跟踪、管理。对于研究过程中出现的违法行为，应当给予行政处罚。

借鉴药品、医疗器械的临床试验质量管理规范，本书认为，医疗新技术的临床研究过程管理，应当注重符合伦理、方案科学、程序规范、数据真实、知情同意、保障患者。

1. 确保临床研究数据真实

临床研究的生命在于真实，如果研究过程中数据不真实，那么其研究成果就失去了信任的基础。但是，在我国当前环境下，要求全部数据真实并不容易。伴随着我国信息技术的快速发展，监管机构可以利用这些科技成果，来提高数据真实度，净化行业环境。一方面，在数据记录过程中，对记录的及时性进行跟踪，同时对数据的删除、修改做到留痕管理，可以借鉴目前电子病历管理中的一些经验，在临床研究中，数据的记录也要求与病历记录一样，及时、准确，并设定修改权限，禁止随意删除数据；另一方面，还可以利用互联网技术，对临床研究的数据进行实时监控，各研究机构和医疗机构的数据实时与监管机构连接、共享，数据上传后，研究机构或医疗机构无法自行修改或删除数据，修改删除都要经过监管部门数据管理部门的同意，这样的话，可以确保数据的原始和真实。

2. 保障受试者合法权益

在原来新技术临床研究过程中，保护受试者的合法权益，首先是要保护受试者生命健康权，尽可能保障其生命健康，在不良事件发生时及时救治；其次是保障其财产权，不会因为临床研究反而财产受损；再次是要尊重其知情同意权，充分了解临床研究的风险和收益，自愿参加，自愿退出；最后就是隐私权，参加临床研究的数据、资料不会被不当窃取和利用。

目前，个别医疗机构以临床研究为名，进行临床应用，如何进行监管，是行政机关当前较为棘手的一个问题。因为如何区分临床研究和临床应用，法律规定尚不够完整、细致，可操作性不足，目前对临床研究的过程管理规定过于原则，没有类似于药物 GCP 这样的流程化规定，导致实践中难以监管，这个问题亟待解决。

三、医疗新技术涉及的刑事责任

在临床研究或临床应用过程中，医疗机构或医务人员存在严重过失，导致患者伤残或死亡，是否可能构成医疗事故罪？

有人认为，医疗事故系出现在正常医疗行为过程，即临床应用中，而非临床研究过程中。本书认为，首先，依据医疗事故的概念，医疗事故是指医疗机构及其医务人员在医疗活动中，违反医疗卫生管理法律、行政法规、部门规章和诊疗护理规范、常规，过失造成患者人身损害的事故。在其概念中，医疗活动不仅包括临床应用，也应当包括临床研究，临床研究也是医疗活动的一种形式。其次，《药物临床试验质量管理规范》第 39 条规定："申办者应当采取适当方式保证可以给予受试者和研究者补偿或者赔偿。（一）申办者应当向研究者和临床试验机构提供与临床试验相关的法律上、经济上的保险或者保证，并与临床试验的风险性质和风险程度相适应。但不包括研究者和临床试验机构自身的过失所致的损害。……"可见，药品临床试验中，也可能发生医疗事故。因此，在医疗新技术临床研究过程中，医疗机构及其医务人员违反医疗卫生管理法律、行政法规、部门规章和诊疗护理规范、常规，过失造成患者人身损害，情节严重的，也可能构成医疗事故罪。

法律依据

《中华人民共和国药品管理法》

第一百二十六条　除本法另有规定的情形外，药品上市许可持有人、药品生产企业、药品经营企业、药物非临床安全性评价研究机构、药物临床试验机构等未遵守药品生产质量管理规范、药品经营质量管理规范、药物非临床研究质量管理规范、药物临床试验质量管理规范等的，责令限期改正，给予警告；逾期不改正的，处十万元以上五十万元以下的罚款；情节严重的，处五十万元以上二百万元以下的罚款，责令停产停业整顿直至吊销药品批准证明文件、药品生产许可证、药品经营许可证等，药物非临床安全性评价研究机构、药物临床试验机构等五年内不得开展药物非临床安全性评价研究、药物临床试验，对法定代表人、主要负责人、直接负责的主管人员和其他责任人员，没收违法行为发生期间自本单位所获收入，并处所获收入百分之十以上百分之五十以下的罚款，十年直至终身禁止从事药品生产经营等活动。

《医疗纠纷预防和处理条例》

第四十六条　医疗机构将未通过技术评估和伦理审查的医疗新技术应用于临床的，由县级以上人民政府卫生主管部门没收违法所得，并处 5 万元以上10万元以下罚款，对直接负责的主管人员和其他直接责任人员给予或者责令给予降低岗位等级或者撤职的处分，对有关医务人员责令暂停6个月以上1年以下执业活动；情节严重的，对直接负责的主管人员和其他直接责任人员给予或者责令给予开除的处分，对有关医务人员由原发证部门吊销执业证书；构成犯罪的，依法追究刑事责任。

《药品注册管理办法》

第三条　药品注册，是指国家食品药品监督管理局根据药品注册申请人的申请，依照法定程序，对拟上市销售药品的安全性、有效性、质量可控性等进行审查，并决定是否同意其申请的审批过程。

《医疗技术临床应用管理办法》

第六条　医疗机构对本机构医疗技术临床应用和管理承担主体责任。医疗机构开展医疗技术服务应当与其技术能力相适应。

医疗机构主要负责人是本机构医疗技术临床应用管理的第一责任人。

第二十章

违反传染病报告义务

本章概要

《传染病防治法》等法律法规规定了负有传染病疫情报告职责的人民政府有关部门、疾病预防控制机构、医疗机构、采供血机构及其工作人员应当按照规定报告传染病疫情。本章以瞒报传染病疫情的传染病防治失职刑事案例为切入点，进一步探讨哪些传染病需要报告，哪些机构和人员负有传染病报告的义务，传染病报告内容、程序、方式和时限，违反传染病报告义务的法律后果等问题。

典型案例①

当事人信息：

公诉机关广西壮族自治区巴马瑶族自治县人民检察院。

被告人周某某，男，1991 年 7 月至 1996 年 7 月在巴马瑶族自治县那桃乡卫生院工作；1996 年 7 月至今在巴马瑶族自治县疾病预防控制中心（其前身为巴马瑶族自治县防疫站）工作，其间于 2007 年至今任该中心免疫规划科科长。因涉嫌传染病防治失职罪，于 2014 年 2 月 20 日被立案侦查，同年 3 月 13 日被取保候审。

案件情况：

经审理查明，2013 年 2 月 14 日，巴马县某医院通过中国疾病预防控制信息系统网络直报一例麻疹疑似病例，后订正为风疹。同月 16 日，巴马县疾病预防控制中心通过中国疾病预防控制信息系统网络直报一例麻疹疑似病例，后订正为其他。同月 21 日，巴马县某医院通过中国疾病预防控制信息系统网络直报一例麻疹疑似病例，后经实验室检验确诊为麻疹病。

2013 年 3 月 5 日，巴马县某医院又收治一例麻疹疑似病例，但没有通过中国疾病预防控制信息系统进行网络直报，而是依据“惯例”先口头向时任巴马县疾病预防控制中心免疫规划科科长的被告人周某某报告，后周某某向中心主任李某（已被判刑）汇报，李某让免疫规划科去进行流行病学个案调

① （2014）巴刑初字第 64 号。

查、采样，但调查、采样后并没有依照规定要求中心工作人员进行网络直报，而是将采样标本存放该中心冻库保存。

2013 年 3 月 7 日，广西壮族自治区疾病预防控制中心副主任卓某通过中国疾病预防控制信息系统发现巴马县网络直报并实验室检验确诊一例麻疹病例，便打电话给李某讲巴马已出现一例麻疹病例，要求其做好防控，加强疫苗接种工作，不能出现第二例麻疹病例。

2013 年 3 月 15 日，被告人又接到巴马县某医院报告收治一例麻疹疑似病例，当日其在外出差，就向李某汇报，李某当时在县政府参加计划生育工作会议，便发一条短信给中心免疫规划科副科长韦某甲，短信内容为："某甲，我在县里参加计划生育会议，县医院儿科有一例疑似麻疹，你现在上去调查核实相关信息及技术处理，不得再上报了。"韦某甲收到短信后，便带免疫规划科的其他同事到巴马县某医院进行流行病学个案调查及采样，并依其理解的"技术处理"让医院的医生在病历上将"麻疹"更改为"肺炎""支气管炎"等，并根据李某"不得再上报"的指示，要求医院不能进行网络直报。调查、采样回来后，李某也没有依照规定要求中心工作人员进行网络直报，而是将采样标本存放该中心冻库保存。周某某出差回来后，韦某甲向其报告该例麻疹疑似病例的处理情况，周某某对此没有提出反对意见，对瞒报麻疹疫情表示认可。

2013 年 3 月 26 日，被告人再次接到巴马县某医院报告的一例麻疹疑似病例，该患者为巴马县甲篆乡甲篆村金边屯人，入院时间为 3 月 23 日。周某某接到报告后向李某汇报，李某让周某某带人去进行流行病学个案调查及采样，并让周某某告知医院不能进行网络直报，病历诊断上不能出现"麻疹"字样。后周某某依李某的指使传达给县某医院的医生。后周某某等人进行个案调查及采样后并没有依规定进行网络直报，而是将采样标本存放该中心冻库保存。同月 29 日，百色市右江民族医学院附属医院通过中国疾病预防控制信息系统网络直报在该医院确诊的巴马县一例麻疹病例，患者为巴马县甲篆乡甲篆村金边屯人。依据麻疹暴发定义，巴马县甲篆乡甲篆村金边屯在 10 天发生 2 例，已达到麻疹暴发的标准。

2013 年 4 月 10 日上午，巴马县卫生局召开疫情防控协调会，参加会议的人中有卫生局领导班子、县某医院、县妇幼保健院正副院长及李某，会上黎某（已被判刑）再次强调在医院救治记录上不要出现“麻疹”字样，不能进行网络直报。县某医院分管儿科副院长会后交待儿科按卫生局要求在病历上不出现“麻疹”字样，可改为“肺炎”“支气管炎”等，该医院儿科医生在被告人周某某等人的指使下先后更改10多份麻疹病历。当天下午，巴马县妇幼保健院感染控制科医务人员黄某乙收到两例麻疹病例报告卡，于是请示该医院分管副院长，其就要求黄某乙向县疾控中心免疫规划科报告，黄某乙就拿这两份麻疹病例报告卡去找被告人，周某某接收报告卡后说由中心免疫规划科处理。次日，黄某乙又收到两例麻疹病例报告卡，于是电话报给被告人，周某某就带科室人员到妇幼保健院进行个案调查和采样，但也没有进行网络直报和将样本送检。

从2013年3月15日至4月14日，医疗机构发现的每一例麻疹病例均按巴马县疾控中心等单位的要求，不进行网络直报，而是报告给被告人周某某，后周某某汇报给李某，并进行流行病学个案调查和采样，先后共采样27份，采样标本均存放中心冻库，没有及时送检。

2013年4月14日晚，自治区、市卫生（厅）局及疾病预防控制中心领导、专家组到巴马县调查核实麻疹疫情，发现巴马县有瞒报行为，要求巴马县按规定网络直报，及时将采集标本送检。当晚，县疾病预防控制中心将采集的27例瞒报麻疹标本送市疾病预防控制中心专家，专家直接在该县疾病预防控制中心进行实验室检测。

2013年4月15日，在巴马县人民政府召开全市麻疹疫情防控工作会议，区、市及全市各县卫生系统领导参加，会上通报巴马县麻疹疫情，部署防控救治工作。4月15日以后各医院按规定如实网络直报并补报之前瞒报的病例，各项防控救治工作按工作方案进行。

广西壮族自治区疾病预防控制中心于2013年5月3日发布的《广西巴马县麻疹暴发疫情处理情况（续报）》、河池市人民政府于2013年5月22日下发的河政发（2013）25号文件《河池市人民政府关于巴马县瞒报假报麻疹疫情的通报》、广西壮族自治区卫生厅于2013年7月9日下发的桂卫疾控（2013）33号文件《自治区卫生厅关于巴马县麻疹暴发疫情的情况通报》，都指出巴马疫情暴发原因之一是瞒报迟报疫情，错过最佳处置时机，导致疫情蔓延扩散。

2013 年 8 月 5 日，河池市疾病预防控制中心出具的《2013 年巴马县麻疹疫情结案报告》证实：截止 6 月 28 日，全县 10 个乡镇均有病例报告、累计报告麻疹病例 540 例，排除 12 例，确诊 528 例，除死亡 1 例，其余 527 例经治疗痊愈。疫情出现两个流行峰：4 月 1 日至 8 日出现第一个小流行峰，发病 22 例；4 月 14 日至 5 月 13 日出现第二个大流行峰，发病 432 例。疫情发生、蔓延的原因之一是“瞒报迟报疫情错过最佳处置时间”。

案后，被告人在检察机关立案前询问时如实供述其全部犯罪事实经过。上述事实，有经庭审举证、质证，法院予以确认的证据证实，足以认定。

法院认为，被告人周某某身为依法从事传染病防治的国家工作人员，在履行传染病防治职责过程中，严重不负责任，对麻疹疫情瞒报迟报，使上级有关部门没有及时掌握疫情动态，致使麻疹疫情错过最佳防控时机，导致传染病麻疹传播和流行，造成 528 人感染麻疹病和 1 人医治无效死亡的严重后果，情节严重，其行为已触犯刑律，构成了传染病防治失职罪。公诉机关指控被告人周某某犯传染病防治失职罪的罪名成立。被告人的行为符合传染病防治失职罪的构成要件，其因为工作失职受到党纪严重警告处分，并不影响对其的刑事处罚，故被告人关于其已受到党纪严重警告处分，不应该认定为犯罪的辩解本院不予采纳。根据专家的分析及自治区卫生厅的通报，造成巴马县麻疹疫情暴发的原因有多种，一是当地免疫规划基础工作严重滑坡、接种率低下；二是乡、村两级防保网络破溃，导致预防接种服务无法做到全面覆盖；三是瞒报迟报疫情错过最佳处置时机，导致疫情蔓延扩散；四是没有认真贯彻落实自治区卫生厅的文件精神，未成立独立的防保组，且专职防保人员不足，没有落实免疫规划工作经费。据此，被告人周某某的瞒报迟报行为与造成麻疹疫情暴发的后果虽有刑法上的因果关系，但属一果多因，被告人的责任较轻。麻疹疫情扑灭后，被告人于 2013 年 8 月 15 日在接受河池市人民检察院对事件调查时主动交代其全部犯罪事实，2014 年 1 月 20 日，巴马县人民检察院对被告人涉嫌犯罪立案侦查，被告人的上述行为属自首，依法可以从轻或者减轻处罚。综上，被告人的犯罪情节轻微不需要判处刑罚，可以免予刑事处罚。

裁判结果：

依照《刑法》第 409 条、第 67 条第 1 款、第 37 条之规定，判决如下：被告人周某某犯传染病防治失职罪，免予刑事处罚。

知识要点

1. 哪些传染病需要报告。
2. 哪些机构或人员负有传染病报告的义务。
3. 传染病报告内容、程序、方式和时限。
4. 违反传染病报告义务的法律后果。

案例解析

在上述案例中，县疾病预防控制中心免疫规划科科长周某某对麻疹疫情瞒报迟报，导致传染病麻疹传播和流行，被认定为构成传染病防治失职罪。下文对传染病报告的相关法律规定进行介绍和说明。

一、哪些传染病需要报告

根据原国家卫计委制定的《传染病信息报告管理规范（2015年版）》要求，要求进行报告的传染病种类如下。

1. 法定传染病。

（1）甲类传染病：鼠疫、霍乱。

（2）乙类传染病：传染性非典型肺炎、艾滋病（艾滋病病毒感染者）、病毒性肝炎、脊髓灰质炎、人感染高致病性禽流感、麻疹、流行性出血热、狂犬病、流行性乙型脑炎、登革热、炭疽、细菌性和阿米巴性痢疾、肺结核、伤寒和副伤寒、流行性脑脊髓膜炎、百日咳、白喉、新生儿破伤风、猩红热、布鲁氏菌病、淋病、梅毒、钩端螺旋体病、血吸虫病、疟疾、人感染H7N9禽流感。

（3）丙类传染病：流行性感冒、流行性腮腺炎、风疹、急性出血性结膜炎、麻风病、流行性和地方性斑疹伤寒、黑热病、包虫病、丝虫病，除霍乱、细菌性和阿米巴性痢疾、伤寒和副伤寒以外的感染性腹泻病、手足口病。

（4）国家卫生计生委决定列入乙类、丙类传染病管理的其他传染病和按照甲类管理开展应急监测报告的其他传染病。例如，2020年1月20日，国家卫健委发布1号公告，将新型冠状病毒感染的肺炎纳入《传染病防治法》规定的乙类传染病，并采取甲类传染病的预防、控制措施。将新型冠状病毒感染的肺炎纳入《国境卫生检疫法》规定的检疫传染病管理。

2. 其他传染病。

省级人民政府决定按照乙类、丙类管理的其他地方性传染病和其他暴发、流行或原因不明的传染病。

3. 不明原因肺炎病例和不明原因死亡病例等重点监测疾病。

二、哪些机构和人员负有传染病报告的义务

根据《传染病防治法》第30条的规定，疾病预防控制机构、医疗机构和采供血机构及其执行职务的人员发现本法规定的传染病疫情或者发现其他传染病暴发、流行以及突发原因不明的传染病时，应当遵循疫情报告属地管理原则，按照国务院规定的或者国务院卫生行政部门规定的内容、程序、方式和时限报告。军队医疗机构向社会公众提供医疗服务，发现前款规定的传染病疫情时，应当按照国务院卫生行政部门的规定报告。

三、传染病报告内容、程序、方式和时限

根据原国家卫计委制定的《传染病信息报告管理规范（2015年版）》要求，传染病报告内容、程序、方式和时限如下。

（一）填报内容

1. 传染病报告卡填写。

《传染病报告卡》统一格式，可采用纸质或电子形式填报，内容完整、准确，填报人签名。纸质报告卡要求用A4纸印刷，使用钢笔或签字笔填写，字迹清楚。电子交换文档应当使用符合国家统一认证标准的电子签名和时间戳。

传染病报告卡中须填报患者有效证件或居民健康卡、社会保障卡、新农合医疗卡等身份识别号码；患者为学生或幼托儿童须填报其所在学校/幼托机构全称及班级名称。

2. 传染病专项调查、监测信息报告。

国家根据传染病预防控制工作需要开展的专项调查、报告和监测的传染病，应在本规范基础上按照有关要求执行。

（二）报告程序与方式

传染病报告实行属地化管理，首诊负责制。传染病报告卡由首诊医生或其他执行职务的人员负责填写。现场调查时发现的传染病病例，由属地医疗机构诊断并报告。采供血机构发现阳性病例也应填写报告卡。

1. 传染病疫情信息实行网络直报或直接数据交换。不具备网络直报条件的医疗机构，在规定的时限内将传染病报告卡信息报告属地乡镇卫生院、城市社区卫生服务中心或县级疾病预防控制机构进行网络报告，同时传真或寄送传染病报告卡至代报单位。

2. 区域信息平台或医疗机构的电子健康档案、电子病历系统应当具备传染病信息报告管理功能，已具备传染病信息报告管理功能的要逐步实现与传染病报告信息管理系统的数据自动交换功能。

3. 军队医疗卫生机构向社会公众提供医疗服务时，发现传染病疫情，应当按照本规定进行传染病网络报告或数据交换。

（三）报告时限

责任报告单位和责任疫情报告人发现甲类传染病和乙类传染病中的肺炭疽、传染性非典型肺炎等按照甲类管理的传染病人或疑似病人时，或发现其他传染病和不明原因疾病暴发时，应于 2 小时内将传染病报告卡通过网络报告。

对其他乙、丙类传染病病人、疑似病人和规定报告的传染病病原携带者在诊断后，应于 24 小时内进行网络报告。

不具备网络直报条件的医疗机构及时向属地乡镇卫生院、城市社区卫生服务中心或县级疾病预防控制机构报告，并于 24 小时内寄送出传染病报告卡至代报单位。

四、违反传染病报告义务的法律后果

负有传染病报告义务的机构和人员，如果违反法律规定的传染病报告义务，将可能承担行政责任乃至刑事责任。

（一）行政责任

1. 医疗机构

医疗机构未按照规定报告传染病疫情，或者隐瞒、谎报、缓报传染病疫情的，依据《传染病防治法》第 69 条规定，由县级以上人民政府卫生行政部门责令改正，通报批评，给予警告；造成传染病传播、流行或者其他严重后果的，对负有责任的主管人员和其他直接责任人员，依法给予降级、撤职、开除的处分，并可以依法吊销有关责任人员的执业证书；构成犯罪的，依法追究刑事责任。

其中，个体或私营医疗保健机构瞒报、缓报、谎报传染病疫情或突发性公共卫生事件的，依据《突发公共卫生事件与传染病疫情监测信息报告管理办法》第 41 条的规定，由县级以上卫生行政部门责令限期改正，可以处 100 元以上 500 元以下罚款；对造成突发性公共卫生事件和传染病传播流行的，责令停业整改，并可以处 200 元以上 2000 元以下罚款，触犯刑律的，对其经营者、主管人员和直接责任人移交司法机关追究刑事责任。

2. 采供血机构

采供血机构未按照规定报告传染病疫情，或者隐瞒、谎报、缓报传染病疫情的，依据《传染病防治法》第 70 条规定，由县级以上人民政府卫生行政部门责令改正，通报批评，给予警告；造成传染病传播、流行或者其他严重后果的，对负有责任的主管人员和其他直接责任人员，依法给予降级、撤职、开除的处分，并可以依法吊销采供血机构的执业许可证；构成犯罪的，依法追究刑事责任。

3. 疾病预防控制机构

疾病预防控制机构未依法履行传染病疫情报告、通报职责，或者隐瞒、谎报、缓报传染病疫情的，依据《传染病防治法》第 68 条的规定，由县级以上人民政府卫生行政部门责令限期改正，通报批评，给予警告；对负有责任的主管人员和其他直接责任人员，依法给予降级、撤职、开除的处分，并可以依法吊销有关责任人员的执业证书；构成犯罪的，依法追究刑事责任。

4. 医疗卫生人员

执行职务的医疗卫生人员瞒报、缓报、谎报传染病疫情的，依据《突发公共卫生事件与传染病疫情监测信息报告管理办法》第 40 条的规定，由县级以上卫生行政部门给予警告，情节严重的，责令暂停六个月以上一年以下执业活动，或者吊销其执业证书。

责任报告单位和事件发生单位瞒报、缓报、谎报或授意他人不报告突发性公共卫生事件或传染病疫情的，对其主要领导、主管人员和直接责任人由其单位或上级主管机关给予行政处分，造成疫情播散或事态恶化等严重后果的，由司法机关追究其刑事责任。

（二）刑事责任

从事传染病防治的政府卫生行政部门的工作人员，如果存在隐瞒、谎报、缓报传染病疫情等严重不负责任的行为，可能构成刑事犯罪。

《刑法》第409条规定了传染病防治失职罪，即从事传染病防治的政府卫生行政部门的工作人员严重不负责任，导致传染病传播或者流行，情节严重的，处三年以下有期徒刑或者拘役。

例如在上文的案例中，周某某身为依法从事传染病防治的国家工作人员，在履行传染病防治职责过程中，严重不负责任，对麻疹疫情瞒报迟报，使上级有关部门没有及时掌握疫情动态，致使麻疹疫情错过最佳防控时机，导致传染病麻疹传播和流行，造成528人感染麻疹病和1人医治无效死亡的严重后果，情节严重，其行为已触犯刑律，构成了传染病防治失职罪，被法院判处刑罚。

法律依据

《中华人民共和国刑法》

第四百零九条　从事传染病防治的政府卫生行政部门的工作人员严重不负责任，导致传染病传播或者流行，情节严重的，处三年以下有期徒刑或者拘役。

《中华人民共和国传染病防治法》

第三十条　疾病预防控制机构、医疗机构和采供血机构及其执行职务的人员发现本法规定的传染病疫情或者发现其他传染病暴发、流行以及突发原因不明的传染病时，应当遵循疫情报告属地管理原则，按照国务院规定的或者国务院卫生行政部门规定的内容、程序、方式和时限报告。

军队医疗机构向社会公众提供医疗服务，发现前款规定的传染病疫情时，应当按照国务院卫生行政部门的规定报告。

第三十七条　依照本法的规定负有传染病疫情报告职责的人民政府有关部门、疾病预防控制机构、医疗机构、采供血机构及其工作人员，不得隐瞒、谎报、缓报传染病疫情。

第六十八条　疾病预防控制机构违反本法规定，有下列情形之一的，由县级以上人民政府卫生行政部门责令限期改正，通报批评，给予警告；对负有责任的主管人员和其他直接责任人员，依法给予降级、撤职、开除的处分，并可以依法吊销有关责任人员的执业证书；构成犯罪的，依法追究刑事责任：

……

（二）未依法履行传染病疫情报告、通报职责，或者隐瞒、谎报、缓报传染病疫情的；

……

第六十九条　医疗机构违反本法规定，有下列情形之一的，由县级以上人民政府卫生行政部门责令改正，通报批评，给予警告；造成传染病传播、流行或者其他严重后果的，对负有责任的主管人员和其他直接责任人员，依法给予降级、撤职、开除的处分，并可以依法吊销有关责任人员的执业证书；构成犯罪的，依法追究刑事责任：

……

（二）未按照规定报告传染病疫情，或者隐瞒、谎报、缓报传染病疫情的；

……

第七十条　采供血机构未按照规定报告传染病疫情，或者隐瞒、谎报、缓报传染病疫情，或者未执行国家有关规定，导致因输入血液引起经血液传播疾病发生的，由县级以上人民政府卫生行政部门责令改正，通报批评，给予警告；造成传染病传播、流行或者其他严重后果的，对负有责任的主管人员和其他直接责任人员，依法给予降级、撤职、开除的处分，并可以依法吊销采供血机构的执业许可证；构成犯罪的，依法追究刑事责任。

非法采集血液或者组织他人出卖血液的，由县级以上人民政府卫生行政部门予以取缔，没收违法所得，可以并处十万元以下的罚款；构成犯罪的，依法追究刑事责任。

《突发公共卫生事件与传染病疫情监测信息报告管理办法》

第四十条　执行职务的医疗卫生人员瞒报、缓报、谎报传染病疫情的，由县级以上卫生行政部门给予警告，情节严重的，责令暂停六个月以上一年以下执业活动，或者吊销其执业证书。

责任报告单位和事件发生单位瞒报、缓报、谎报或授意他人不报告突发性公共卫生事件或传染病疫情的，对其主要领导、主管人员和直接责任人由其单位或上级主管机关给予行政处分，造成疫情播散或事态恶化等严重后果的，由司法机关追究其刑事责任。

第四十一条　个体或私营医疗保健机构瞒报、缓报、谎报传染病疫情或突发性公共卫生事件的，由县级以上卫生行政部门责令限期改正，可以处100元以上500元以下罚款；对造成突发性公共卫生事件和传染病传播流行的，责令停业整改，并可以处200元以上2000元以下罚款，触犯刑律的，对其经营者、主管人员和直接责任人移交司法机关追究刑事责任。

后记

《医药健康合规法律实务丛书》的第一本《医疗合规典型案例解析》从决定撰写至今，已一年有余，现终于付梓面世。

律师的专业化，是一名律师安身立命之根本。如何成为专业律师及专业团队，除了办理案件以外，还需要不断思考、总结、提炼。基于这种考虑，我们团队成员在日常办案之余，留心将办案过程中遇到的常见问题、疑难问题予以整理，并大量参考过往裁判文书，进而成为本书的主要内容。

撰写过程中，我们也曾困惑、犹豫，但最终，本书仍然得以交稿，感谢上海市联合律师事务所医药健康团队成员的辛苦和努力，感谢中国法制出版社的编辑不厌其烦的校对，也感谢家人晓峰、尚谦、尚择的支持。一路有你，阳光更加灿烂！

特别感谢于佳佳、李恒、崔宇杰、魏俊璟、赵丹蕾、陆因、戎晓溪、石国景、于伟勇、黄玥、汤晖等律师，为本书出版做出的巨大贡献！

“凡是过往，皆为序章”，让我们共同期待系列丛书第二本、第三本……的顺利出版，共同为医药健康法治建设添砖加瓦，为行业健康发展保驾护航。

卢意光

2021 年 4 月 18 日

图书在版编目（CIP）数据

医疗合规典型案例解析／卢意光主编．—北京：中国法制出版社，2021.6

ISBN 978－7－5216－1987－4

Ⅰ．①医…　Ⅱ．①卢…　Ⅲ．①医药卫生组织机构－法规－案例－中国　Ⅳ．①D922.165

中国版本图书馆 CIP 数据核字（2021）第 120180 号

策划/责任编辑　靳晓婷　　　　封面设计　周黎明

医疗合规典型案例解析

YILIAO HEGUI DIANXING ANLI JIEXI

主编/卢意光
经销/新华书店
印刷/三河市紫恒印装有限公司
开本/730 毫米×1030 毫米　16 开　　　印张／22　字数／252 千
版次/2021 年 6 月第 1 版　　　2021 年 6 月第 1 次印刷

中国法制出版社出版
书号 ISBN 978－7－5216－1987－4　　　定价：75.00 元

北京西单横二条 2 号
邮政编码 100031　　　传真：010－66031119
网址：http：//www.zgfzs.com　　　**编辑部电话：010－63141827**
市场营销部电话：010－66033393　　　**邮购部电话：010－66033288**

（如有印装质量问题，请与本社印务部联系调换。电话：010－66032926）